Videos online

Reihe Doppelstunde Sport

Doppelstunde Leichtathletik

Band 2

Michael Belz • Günter Frey

Klasse 8–10 (13- bis 17-Jährige)
Unterrichtseinheiten und Stundenbeispiele
für Schule und Verein

2. Auflage

9

hofmann.

Bibliografische Information der Deutschen Nationalbibliothek
Die Deutsche Nationalbibliothek verzeichnet diese Publikation in der Deutschen Nationalbibliografie; detaillierte bibliografische Daten sind im Internet über http://dnb.d-nb.de abrufbar.

Die Verfasser bedanken sich bei Petra Belz für das Schneiden der Videos, bei Christiane Schiller-Frey für das Korrekturlesen und bei Sebastian Frey für das Aufnehmen eines Teils der Videos und Fotos.

Videos online

Kostenlose **Videos**

finden Sie unter

www.sportfachbuch.de/m/A25193

Bestellnummer 0592

2. Auflage 2022

www.hofmann-verlag.de

Erschienen als Band 9 der „Reihe Doppelstunde Sport“

Druck: Druck- und Kalender-Marketing Sosset GmbH, Kißlegg

Printed in Germany · ISBN 978-3-7780-0592-7

Reihe Doppelstunde Sport

Herausgegeben von
Stefan König

Inhaltsverzeichnis

Vorwort des Herausgebers

Die Leichtathletik ist seit vielen Jahren und Jahrzehnten eine der Kernsportarten des Schulsports; vermutlich gibt es fast keine Schülerin und keinen Schüler, die bzw. der nicht mit leichtathletischen Inhalten im Laufe der eigenen Schulkarriere konfrontiert wurde. Und dennoch ist die Leichtathletik im Kanon der Schulsportarten eher wenig beliebt, wofür es aus meiner Sicht vor allem einen Grund gibt: Zu häufig orientiert sich die Schul-Leichtathletik viel zu eng an der „Olympischen Leichtathletik", was in aller Regel zu Misserfolg, zu Frust und letztendlich auch zu schlechten Noten bei den Schülerinnen und Schülern führt.

An dieser Stelle setzt auch der zweite Band der **Doppelstunde Leichtathletik** an und führt den in Band 1 begonnenen Weg konsequent fort: Standen im ersten Buch breite Erfahrungen im Laufen, Springen und Werfen im Mittelpunkt, fokussieren die Doppelstunden des zweiten Bandes sehr viel stärker Disziplinen und deren Techniken unter schulischen Bedingungen, ohne allerdings in den Fehler zu verfallen Techniken des Spitzensports einfach zu kopieren. Vielmehr bildet die **Doppelstunde Leichtathletik** Band 2 die gesamte Bandbreite der Leichtathletik ab, d. h. Lauf, Sprung und Wurf sind mehr oder weniger gleichermaßen repräsentiert. Darüber hinaus ist auch innerhalb dieser drei Blöcke disziplinäre Vielfalt eine der leitenden didaktischen Ideen.

Als Herausgeber freue ich mich sehr, dass die Leichtathletik in der Reihe **Doppelstunde Sport** jetzt um einen weiteren Band speziell für die Mittelstufe ergänzt wurde. Ich gratuliere den beiden Autoren zu ihrem gelungenen Werk und wünsche ihnen, aber auch all denjenigen, die mit diesem Buch arbeiten, zukünftig viel Spaß und Erfolg bei allen möglichen Leichtathletik-Aktivitäten.

Prof. Dr. Stefan König

Vorwort des Lehrwartes im Württembergischen Leichtathletikverband

Mit dem zweiten Band der **Doppelstunde Leichtathletik** (Klasse 8 bis 10) haben die Autoren eine erfolgreiche, interessante und attraktive Buchreihe zur Leichtathletik in der Schule weitergeführt und ergänzt. Dabei verdeutlichen sie die künftigen Herausforderungen, denen sich die Leichtathletik in der Schule stellen muss. Es werden Unterrichtskonzeptionen dargestellt, wie diese Sportart im Schulsport inhaltlich, methodisch und organisatorisch umgesetzt werden kann. Im Mittelpunkt stand die Weiterentwicklung der Ansätze von Band 1 „Doppelstunden für die Klassen 5 bis 7“.
So werden in den jeweils vier dargestellten Bausteinen zum Laufen, Springen und Werfen Übungsformen zusammengestellt, die den Lehrerinnen und Lehrern Hilfestellung geben, das „Projekt Leichtathletik“ praxisorientiert in das Unterrichtsgefüge des Sportunterrichts zu integrieren. Handlungsempfehlungen zur Planung und Durchführung eines effektiven, didaktisch und methodisch durchdachten Unterrichts werden angeboten. Mit den beiden Bänden wird der Bogen nun von Klasse 5 bis Klasse 10 gespannt. Disziplinen, konditionelle und koordinative Inhalte bauen aufeinander auf, Übungs- und Trainingsformen sind verflochten und die zur Umsetzung notwendigen Verfahren und Mittel sind miteinander verbunden.
Dabei werden deutlich die Ziele, die konzeptionellen Strukturen, die Inhalte und der zeitliche Verlauf der jeweiligen Unterrichtseinheiten aufgezeigt. Der Lehrkraft liefert der Band eine ergiebige Fundgrube fachlichen Wissens und eine gezielte Anleitung zur Planung und Durchführung des Unterrichts. Die beispielhaften Theorie- und Praxisbeiträge zeigen den aktuellen Stand, fordern aber auch zu weiteren Überlegungen auf.

Fred Eberle
Lehrwart im Württembergischen Leichtathletikverband und Vorsitzender des DLV Bundesausschusses „Aus- und Fortbildung, Wissenschaft und Trainerschule“

Vorwort zur zweiten Auflage

Auch die einstige schulische Kernsportart Leichtathletik hat in den letzten Jahren einen schleichenden Bedeutungsverlust hinnehmen müssen. In vielen seit der ersten Auflage der Doppelstunde inzwischen aktualisierten Bildungsplänen taucht die Sportart Leichtathletik gar nicht mehr auf. Sie ist still und leise durch das Bewegungsfeld „Laufen-Springen-Werfen“ ersetzt worden.
Doch „Laufen-Springen-Werfen“ ist nicht nur sprachlich etwas anderes als Leichtathletik. Mit der veränderten Bezeichnung ist auch ein neues Begriffsverständnis verbunden. Der Zugang zur Leichtathletik soll nunmehr mehrperspektivisch erfolgen. Mehrperspektivität bedeutet in diesem Zusammenhang, dass Schülerinnen und Schüler sich die Sportart über die Perspektiven Eindruck, Ausdruck, Wagnis, Miteinander, Gesundheit und Leistung erschließen sollen. Ein solcher Zugang vernachlässigt m. E. aber, dass sich die Leichtathletik historisch betrachtet ausschließlich über die Leistungsperspektive entwickelt hat. „Höher, schneller, weiter“ das waren über viele Jahre die akzeptierten Maxime der Leichtathletik. In diesem Kontext haben sich die verschiedenen Disziplinen der Leichtathletik ausdifferenziert und weiterentwickelt – und nur in diesem Kontext machen sie auch heute noch Sinn. Wenn man heute nun auch andere Zugänge zum Bewegungsfeld Laufen-Springen-Werfen anbieten möchte, sollte man sich dessen immer bewusst sein.
Das besondere an der Sportart Leichtathletik ist, dass sie vornehmlich unter der Perspektive Leistung betrieben wird. Hier kann sie vor allem in der Schule im Sinne der ganzheitlichen Entwicklung einer positiven Leistungsbereitschaft wertvolle Dienste leisten. Denn in keinem anderen Schulfach können Schüler*innen so unmittelbar erleben, wie sich ein konsequentes Üben und Trainieren auf ihre individuelle Leistungsfähigkeit auswirkt.
Gerade auch unter diesem Aspekt ist ein Buch wie die vorliegende Doppelstunde Leichtathletik für die Mittelstufe enorm wichtig. Gib sie doch wichtige Hinweise, wie die Schwerpunkte der Leichtathletikausbildung über die Schulzeit hinweg didaktisch strukturiert werden können, wenn man als Lehrkraft der Leistungsperspektive einen angemessenen Stellenwert einräumen möchte.
In diesem Sinne wünschen wir Ihnen ertragreiche und bewegungsintensive Unterrichtsstunden in der Leichtathletik.
Michael Belz

I

Leichtathletik unterrichten

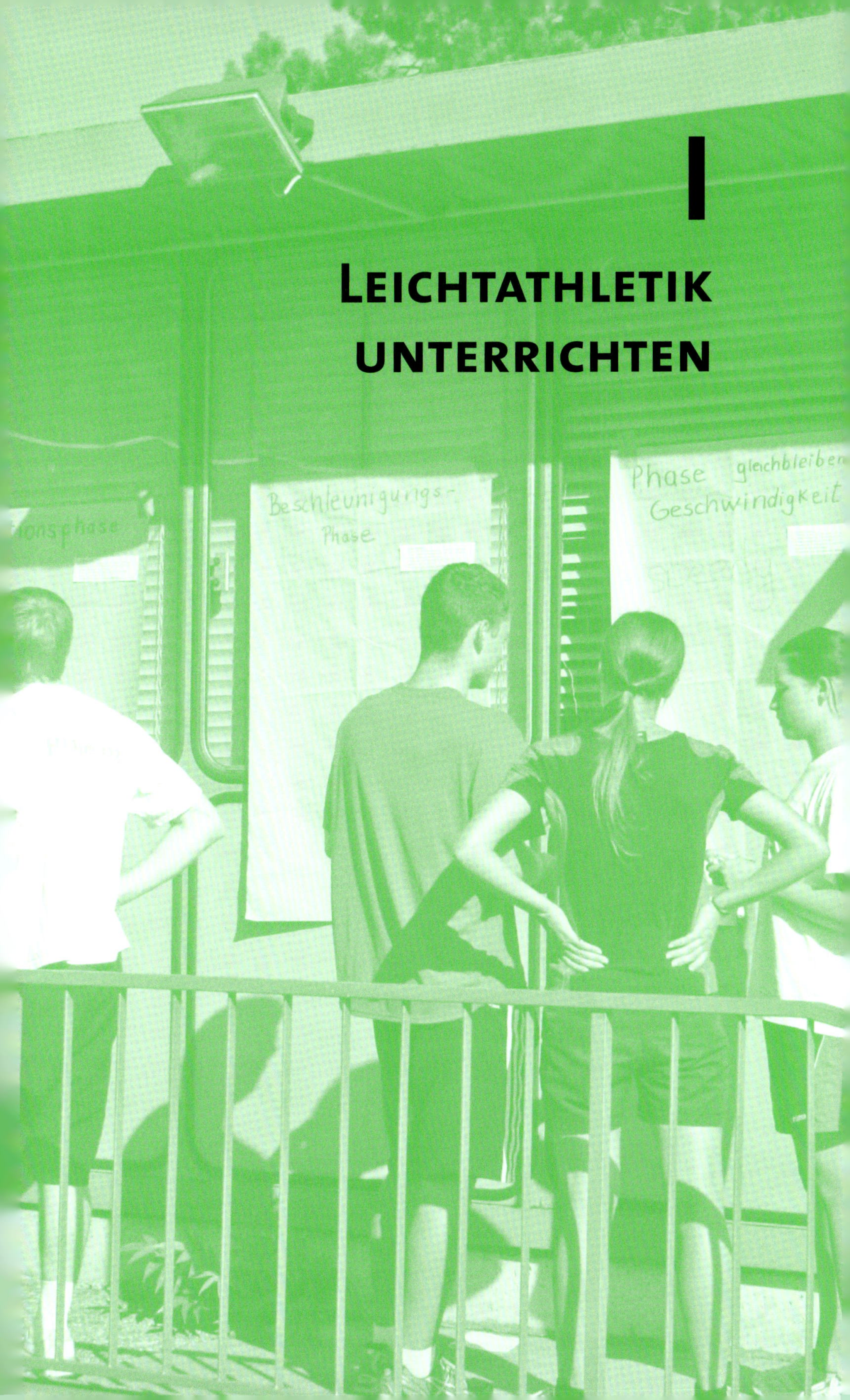

1 Vorbemerkungen

Die **Doppelstunde Leichtathletik** ist bislang das einzige Buch in der Reihe, das in drei Bände aufgeteilt wurde. Neben der Vielfalt an leichtathletischen Disziplinen, die in nur einem Doppelstundenband kaum unterzubringen gewesen wäre, waren dafür vor allem inhaltliche Gründe maßgeblich. Die vom Deutschen Leichtathletikverband als Kinderleichtathletik[1] „vermarktete“ Variante für die 7- bis 11-Jährigen deckt inhaltlich sowohl den Bereich der Grundschule, die ersten beiden Klassenstufen der weiterführenden Schulen – als auch den Bereich der Vereinsleichtathletik in diesem Altersbereich ab. Hier existiert zwischen der Schul- und Vereinsleichtathletik noch eine weitgehende Übereinstimmung. Dieser Auffassung folgt auch der erste Band der Doppelstunde Leichtathletik für die 10- bis 12-Jährigen. Die dort beschriebenen Doppelstunden lassen sich Gewinn bringend sowohl im Verein als auch in der Schule durchführen.

Für die daran anschließenden Altersstufen der 13- bis 18-Jährigen gilt diese Übereinstimmung nur noch bedingt. Mit fortschreitendem Alter entwickeln sich hier immer weiter auseinander liegende Zielstellungen zwischen dem „Pflichtsport Leichtathletik“ in der Schule auf der einen und der „freiwilligen Wettkampfleichtathletik“ für Jugendliche im Verein auf der anderen Seite. Während für den Schulsport auch in diesem Altersbereich ein breites, umfassendes Leichtathletikangebot zwingend notwendig ist, das nur auf wenigen Voraussetzungen aufbauen darf, um für alle (talentierte und untalentierte) Zugangsmöglichkeiten zu schaffen, hat hier die Vereinsleichtathletik gänzlich andere Voraussetzungen und Rahmenbedingungen. In den Nachwuchsgruppen des Vereins hat man es als Übungsleiter in der Regel mit einer hoch motivierten Auslese an talentierten Jugendlichen zu tun, die sich aus eigenem Antrieb für die Sportart Leichtathletik entschieden haben. Mit einer solchen besonderen Gruppenkonstellation lassen sich natürlich ganz andere Leistungsbereiche erschließen als in der Schule. Das bedeutet, mit zunehmenden Trainingsjahren in der Leichtathletik lassen die im

[1] (Z. B. Bader, Chounard, Eberle, Kromer & Mayer, 1998; Bader, Chounard, Eberle, Kromer & Mayer, 2001; Katzenbogner, 2002).

Verein organisierten Jugendlichen ihre Alterskohorte in der Schule bezogen auf das leichtathletische Können bzw. Leistungsniveau immer weiter hinter sich.

Ein Leichtathletik-Lehrbuch wie die **Doppelstunde Leichtathletik** Band 2 muss dem Rechnung tragen. Wir haben uns daher entschlossen, ein Buch für die *Schule* zu schreiben. Der vorliegende Band orientiert sich speziell an den Voraussetzungen und Interessenslagen von Schülerinnen und Schülern[2] einer allgemein bildenden weiterführenden Schule. Die beschriebenen Doppelstunden sind vor dem Hintergrund der Bildungspläne vor allem auf die dortigen Bedürfnisse zugeschnitten.

Trotzdem bietet das Buch auch für die Vereinsleichtathletik wichtige Impulse. Vor allem werden jugendliche Leichtathleten, die noch nicht ganz das „Kaderniveau“ der Verbände erreicht haben, von den methodischen Vorgehensweisen profitieren.

---

[2] Aus Gründen der besseren Lesbarkeit wird ab sofort ausschließlich die männliche Form verwendet.

2 Leichtathletik – eine alte und neue Kernsportart

Bedeutung und Probleme der Leichtathletik

Leichtathletik war für mehrere Generationen eine zentrale Kernsportart. Viele Lehrerinnen und Lehrer unterrichten nach wie vor auch viel und gerne im Bewegungsfeld des Laufens, Springens und Werfens, das in allen Bildungsplänen verankert ist. Und das ist begründet. Leichtathletik ist nicht einfach nur ein „Klassiker des Sportartenkonzepts“. Aber der Sport und damit auch der Schulsport ist ständigen Veränderungen und Ausdifferenzierungen unterworfen. Es gibt inzwischen viele „Kernsportarten“.

Doch Leichtathletik hat eine besondere **Bedeutung**: Vielfältige Bewegung, Koordination, Kondition, unverzichtbarer Wettbewerb als Teil des Sich-Erprobens und Sich-Vergleichens Heranwachsender. Das ist Legitimation für diese Sportart und Basis für viele andere Sportarten. Fertigkeiten und Fähigkeiten zu beanspruchen, das ist in der heutigen Zeit pädagogisch sinnvoll und aufgrund sämtlicher vorliegender Untersuchungen aus dem Bereich der Trainingswissenschaft und der Entwicklungspsychologie nahe liegender denn je: Schüler vielseitig fordern und damit fördern ist in der Leichtathletik zentral.

Sie weist aber auch eine unverkennbare **Problematik** für Schüler auf, wenn sie zunächst nicht in der richtigen Art angeboten wird. Diese betrifft vor allem die Unterstufenschüler der Zehn- bis Zwölfjährigen und durchaus auch die jüngeren Jahrgänge der Mittelstufe. „Fordern“ und „Leichtathletik“ meinen keinesfalls eine „konservative Eindimensionalität des Sports der 60er Jahre“. **Spaß, Bewegungsfreude, Erlebnisreichtum** und **Mannschaftsgefühl** sollten heute auch mit dabei sein.

Laufen, Springen und Werfen boten einst eine Fülle vielseitiger Bewegungsmöglichkeiten. Es gab z. B. den „Dreibeinsprung“, den „Hochweitsprung“ und den „Hexenritt mit Stab“. Durch Reglementierung und biomechanisch zweckrationales Denken unter der Maxime ständiger Leistungsverbesserung reduzierte sich diese Vielfalt in dem Maße auf wenige genormte Disziplinen der olympischen Leichtathletik wie die damit verbundene und zweifellos faszinierende Leistungsexplosion um sich griff.

Diesem olympischen Rest einer vormals üppigen Bewegungskultur begegnen auch die Schülerin und der Schüler in Schule und Verein. Im Unterschied zur „großen“ Leichtathletik sind lediglich die Strecken verkürzt und die Gewichte verringert. Der Beliebtheitsgrad einer solchen Leichtathletik hält sich in Grenzen. Sie zeigt sich dem Schüler als Messen und Stoppen, bedeutet fast ausschließlich Konkurrenz. Leichtathletik scheint für ihn nur etwas für Individualisten und Begabte zu sein. Leichtathletik basiert auf körperlichen Voraussetzungen, die über einen längeren Zeitraum kontinuierlich erworben werden müssen und über die Schülerinnen und Schüler heute immer weniger verfügen. Die sportlichen Ergebnisse sind meist vorhersehbar, für eine schnelllebige „Psychokick-Generation“ oft langweilig.

Hinzu kommen weitere Negativkontakte – ein langes monotones Training im Verein für wenige Wettkämpfe (zu) früh im Jahr oder Leichtathletik in der Schule ohne Einführung und Üben zum reinen (bequemen) Konditionstest der Notenfindung degradiert!

Daraus resultieren in der Schule bei den „Einsteigerklassen“ Motivierungsprobleme und im Verein, in einer Zeit zunehmender Fun-Sportarten bei zurückgehenden Kinderzahlen und gesellschaftsbedingt geringerer Anstrengungsbereitschaft, Rekrutierungsschwierigkeiten. Diese Probleme sind „selbst gemacht“. Sie liegen nicht am „Laufen, Springen und Werfen“. Sie ergeben sich aus Entscheidungen des Verbandes und der Schulsportverwaltung sowie ebenso aus dem Verhalten des Lehrers oder Übungsleiters.

Das müsste nicht sein, denn diese Sportart ist nichts für alle Zeiten Festgeschriebenes. Leichtathletik ist gestaltbar. Was zu ihr gezählt wird, legen zunächst einmal Lehrpläne oder Verbände fest. Änderungs- und Ergänzungsvorschläge wollen die Leichtathletik nicht abschaffen; sie sind Ausdruck des Bemühens, sie für Kinder und Jugendliche attraktiver zu machen, um damit langfristig den Bestand der Sportart zu sichern. Sportlehrerausbildungsstätten und einige Verbände haben das erkannt, und diese „Philosophie“ floss in den Band 1 der **Doppelstunde Leichtathletik** richtungsweisend mit ein.

Leichtathletik als Erlebnis

Leichtathletik soll möglichst viele Schüler ansprechen. Aufforderungscharakter besitzen eher variantenreichere Situationen als einseitige. Leichtathletik muss daher zunächst einen spielerischen Zugang haben und ein motivierendes Erlebnis sein:

- Erleben kann man den **Körper**, das „Feeling“ kinästhetischer Empfindungen z. B. des (auch instrumentell unterstützten) „kleinen Fliegens“ bei Stabsprüngen hinunter oder Hoch-Weitsprüngen von der Kastentreppe.
- Erleben kann man die „Freude am **Effekt**“, beim Erkunden der Flugeigenschaften verschiedener Wurfgeräte oder beim Treffen verschiedener Ziele, wie Leitkegel, Reifen oder Schachteln bei der „Golfpartie“.
- Erleben kann man z. B. bei kleineren Gelände- oder Orientierungsläufen aller Art die **Natur**, denn Leichtathletik ist keine Hallensportart aus der Retorte.
- Erleben kann man z. B. bei Hochsprüngen nach Gewichtheberregeln, bei Blitzmehrkämpfen oder Zeitungstransportstaffeln das die Spannung erhöhende **Risiko**.
- Erleben kann man das „Wir-Gefühl“ und Miteinander-Gegeneinander der **Gruppe** bei Kleinen Spielen, beim Parallel- oder Reißverschluss-Hochsprung, beim Additions-Stoßen oder Summenspringen über Kisten und bei den vielfältigen Staffeln, wie Würfel- oder Puzzlesprint.
- Erleben kann man das **Wetteifern**, denn es ist nicht unpädagogisch. Aber Wettbewerbe müssen nicht nur in Form der Notengebung oder der Bundesjugendspiele „klassischer Art“ sein.
  Das kann zwar durchaus auch einmal ein auf absoluter Weite beruhender unmittelbarer Vergleich zweier Kontrahenten beim Schleuderballtreiben oder beim Schiebekampf sein, aber auch ein Relativ-Hochsprung in Bezug zur Körpergröße bzw. ein Hochsprung-Maximierungs-Limbo-Minimierungs-Differenzwettkampf, der den kleineren Schüler nicht benachteiligt. Es kann ein Mehrkampf aus verschiedenen Hochsprungtechniken mit Streichergebnis sein oder ein Risiko-Hochsprung mit insgesamt begrenzter Versuchsanzahl. Hier entscheidet eher die Taktik und beim Zeitschätzlauf das Einschätzungsvermögen anstatt die pure Ausdauer. Schließlich gibt es viele reizvolle Mannschaftswettbewerbe, bei denen jeder seinen Beitrag zum gemeinsamen Erfolg beisteuern kann – von der Wurfstaffette oder der „Nordischen Kombination“ über das Rollbrett-Rennen bis zur Biathlonstaffel oder dem Team-Orientierungslauf.

- Und Erleben kann man den **Erfolg**. Er ist die beste Motivationsverstärkung, und er kann im Sinne eines breiten attraktiven Leichtathletikangebotes aufgrund der verschiedenartigsten Fähigkeiten zustande kommen. Tempogefühl beim Viereckslauf zu zeigen, das Lösungswort beim Stern-OL zu erschließen oder beim Memory-Joggen erfolgreich zu sein, beim Nummern-Buchstabensprint richtig zu reagieren – das ist eher eine **kognitive** Angelegenheit, das Treffen beim Wurf, z. B. an der Medizinball-Langbankschiene oder beim Schachteltreiben eine **koordinative** und das Steigern der Durchhaltezeit beim Minutenlauf mit „Wassergraben" eine **konditionelle**. Hier muss der Lehrer – auch im Sinne eines breit angelegten, kompetenzorientierten Unterrichts – variieren, um mit einer breiteren Palette einen größeren Schülerkreis anzusprechen.

Die Wahl der richtigen Technik und vereinfachte, schülergemäße methodische Reihen

Insbesondere aber dann, wenn es nun über das rein Spielerische hinausgehend auch um das Vermitteln bestimmter Bewegungstechniken z. B. in der Mittelstufe geht, spielt der **Erfolg** eine Rolle. Er stellt sich (a) dann eher ein, wenn in der Unterstufe beispielsweise die Bewegungsgrundmuster „Rhythmisch über Bananenkisten laufen" (statt Hürdenlaufen), „Mit dem Fahrradmantel aus der Drehung werfen" (statt Diskuswerfen) oder „Rüberspringen mit dem Bambusstab" (statt Stabhochsprung) altersadäquat und schülergerecht gelegt wurden. Darauf lässt sich aufbauen.

Und (b) ist der Erfolg dann eher gewährleistet, wenn auch in der Mittelstufe vereinfachte methodische Reihen zur schülergemäßen Technik vom Lehrer eingesetzt werden. Klassische Wettbewerbe mit zu schweren Geräten und den z. B. falschen Stoß- und Wurftechniken frustrieren. Welcher Schüler käme bei der Aufforderung möglichst weit zu stoßen auf die Idee, rückwärts und tief unten mit einem Prellkontakt anzugleiten? Er schafft diesen Bewegungsablauf koordinativ nicht, er kommt muskulär nicht schnell genug durch den Ring und mit einer verbandsnormierten Kugel auch nicht aus der Stoßauslage; denn diese biomechanisch sinnvolle Technik des langen Beschleunigungswegs passt nun mal nur für den überdurchschnittlich schweren Olympioniken.

Zumindest der jüngere Mittelstufenschüler aber ist in der Pubertät: beschleunigtes Wachstum, lange Extremitäten, (noch) keine ausgeprägte Muskulatur. Ihm fehlen die Voraussetzungen für die Technik der Golden-League-Stars.

So wie die Unterstufenschüler ohne weitere Vorgaben statt rückwärts tief mit einem Kontakt anzugleiten mit „links-rechts-links" vorwärts anlaufen würden – zu viert mit einem leichteren Wackerstein aus der Regenrinne statt mit der zu schweren Kugel quer in die Weitsprunggrube 10 Meter stoßend und diese Disziplin plötzlich „cool" findend –, so ist für den noch „schlaksigen" Mittelstufenschüler zwischen der Angleittechnik des Athleten und dem Dreierkontakt vorwärts „links-rechts-links" des Unterstufenschülers ein zunächst auch eher aufrechtes „Seit-ran-seit" und ein „Rück-ran-rück" als Angehen angebracht. Eine am maximalen Beschleunigungsweg orientierte rationale Erwachsenentechnik mit schwierigem Einerkontakt ist dann der Oberstufe vorbehalten und kann möglicherweise mit einem Teil der Klasse tatsächlich in der Praxis ausprobiert werden.

Unter diesen Voraussetzungen ist auch der bei Mädchen im Vergleich zum geradlinigen Wurf beliebte Drehwurf kein Hexenwerk: Ein frontales „Links-dreh-links" in Wurfrichtung – und schon fliegt das Alternativgerät Fahrradmantel bestens über die ausgestreckten Arme der gegenüberstehenden Partnerin. In der Mittelstufe wird dann das Alternativgerät durch den Schleuderball ersetzt.

Alle methodischen Reihen, auch die des Starts, des Hürdenlaufens, der Staffel oder des Springens können in ähnlicher Weise auf den Schüler zugeschnitten und vereinfacht werden. Diese Intention zieht sich durch den gesamten Unterstufenband der **Doppelstunde Leichtathletik**, der Grundlage für den Unterricht in der beginnenden Mittelstufe ist. Für die höheren Klassenstufen mit ausgeprägtem Breiten- statt Längenwachstum und Muskelaufbau gelten dann eher die körperlichen Voraussetzungen und Ausführungen zur Oberstufe – allerdings ohne den theoretischen Anteil.

Viele „hausgemachte" **Motivationsprobleme**, die die **didaktisch legitimierbare** Leichtathletik hat, liegen seit einiger Zeit eigentlich nicht mehr an den „Vorgaben von oben" durch Verbände und Behörden und lassen sich daher bereits im Ansatz weitgehend vermeiden. Die aktuellen Bildungspläne sind sehr offen und eröffnen jedem inhaltliche Gestaltungsfreiheit. Zudem hat der Dachverband nach vielen Jahren des Widerstands mit seinem Konzept der Kinderleichtathletik offensichtlich den richtigen Weg eingeschlagen. Viele Sportpädagogen haben diese Entwicklung erkannt und werden ihr gerecht. Aber es wird auch noch so manchen Lehrer und

Übungsleiter geben, der in der Tradition der herkömmlichen Leichtathletik verharrt. Das muss nicht grundsätzlich falsch sein. 50 m auf Zeit rennen macht durchaus ab und zu Sinn. Diese Facette der Leichtathletik wird vor allem Kinder und Jugendliche ansprechen, die freiwillig und oftmals aufgrund ihrer besonderen Fähigkeiten im Laufen, Springen oder Werfen in den Verein gekommen sind. Aber Leichtathletik darf sich in der Schule nicht nur so darstellen. Keine ausschließliche Degradierung dieser Sportart zur bequemen Notenfindung!

Die Besonderheit der Mittel- und Oberstufe

„Erlebnisse vermitteln“ und „vereinfachte schülergemäße methodische Reihen anbieten“! Diese beiden Prämissen sind der Zugang zur Motivation der Unterstufen- und der jüngeren Mittelstufenschüler.

Je jünger die Schüler sind, desto eher gelangt man damit zum Erfolg. Nicht jeden, insbesondere nicht die älteren Schüler der Klassen acht und neun – im Verein hört man entweder auf oder man konzentriert sich sehr stark auf die Leichtathletik – kann man aber selbst mit dieser abgestimmten Vorgehensweise begeistern. Im Ansehen der Schüler rangiert die Leichtathletik heute eher auf einem abgeschlagenen Platz. Schüler identifizieren sich im Vergleich zu früher inzwischen seltener mit Wettkampfsportlern aus der Leichtathletik, deren Medienpräsenz immer weniger wahrnehmbar ist.

Durch die Schule aber geprägt ist der Leistungsgedanke. Und dieser ist bei den heute eher angepassten Schülern zentraler als früher. Man akzeptiert das System, stellt das in den Mittelpunkt, was die beste Note oder am meisten Punkte bringt. Und hierfür eignet sich die klassische Leichtathletik – trotz der notwendigen vereinfachten methodischen Reihen – natürlich besonders.

Man mag dies als nur extrinsische Motivation der älteren Mittelstufenschüler z. B. der Klassen 8 und 9 sehen, aber dies liegt auch im Wesen dieser Entwicklungsstufe. Die körperliche Veränderung führt gegebenenfalls nicht nur zu einer Verunsicherung, die sich als Verlegenheit, Angst, Nervosität und als eine geringe Ich-Stärke äußert. Zu diesem Entwicklungsabschnitt gehört auch die Identitätsfindung. Und zu ihr sind nicht nur das Lösen von Autoritäten, rasche Stimmungsumschwünge, eine manchmal hohe Affektbereitschaft sowie vor allem die kindliche Konstanz verlierende, geänderte Motivations- und Werthaltungen eigen. Zur Identitätsfindung gehören auch: Sich-Vergleichen, Sich-Messen, Kämpfen „Mann gegen Mann“, bzw. „Frau gegen Frau“, Leistung erbringen und einen sozialen Status über den des Kindes hinaus und in der Klasse bzw. der Vereinsgruppe erwerben.

Alles Spielerische, das in der Unterstufe und noch in der ersten Klasse der Mittelstufe angeboten wurde, das mag sich teilweise wieder einleitend oder als „Abschluss-Schmankerl“ gar in der Oberstufe anbieten. Für die beiden älteren Klassen der Mittelstufe eignet sich das weniger. „Leistung“ rückt in ihrem Lebensfeld in den Vordergrund – und damit auch im Sport. Etwas lernen, etwas können, geprüft werden, möglichst gut sein ... und erwachsen!

Zumindest in der fortgeschrittenen Mittelstufe muss daher der Anteil der klassischen Leichtathletik (auch in diesem Buch) zunehmen. Hier stehen vor allem in der Schule umsetzbare methodische Übungsreihen für die traditionellen Disziplinen im Vordergrund. Und der Unterricht darf für diese Altersstufe ab und zu auch wieder stärker lehrerzentriert sein.

Der in Arbeit befindliche Oberstufenteil (**Doppelstunde Leichtathletik** Band 3) wird darüber hinaus zusätzliche theoretische Impulse enthalten, die beispielsweise im Zuge einer Theorie-Praxis-Verknüpfung aufgegriffen und im Unterricht bearbeitet werden können.

Wir sind davon überzeugt, dass mit einem solchen Verständnis der Sportart Leichtathletik diese für viele Schüler attraktiv bleibt, bzw. wieder attraktiv wird.

3 Leichtathletik in der Mittelstufe – Inhalte und Methoden

Im Mittelstufenteil nimmt der Anteil der klassischen Leichtathletik zu. Dort stehen vor allem in der Schule umsetzbare methodische Übungsreihen für die traditionellen Disziplinen im Vordergrund. In allen weitgehend lehrerzentrierten Stunden dieses Buches, deren einleitender Teil aus den genannten Gründen daher auch eher weniger spielerisch oder zumindest altersadäquat-spielerisch und vorwiegend klassisch ist, sind neben dem Hauptteil der herkömmlichen Kerndisziplin allerdings auch ergänzend weniger bekannte Inhalte angeboten. Diese sind nur „anders“ und verschließen sich dem Gedanken eines auch in dieser Altersstufe gewissen Erlebnisreichtums, der Motivierung und dem Leistungsvergleich keinesfalls.

So kann man beim Springen z. B. sehr gut andere Wettkampfregeln anwenden als die üblichen: Teamweitsprung, Hochsprung relativ, Risiko- oder Partnersprünge, bei „Känguru-Limbo“ gar eine Mischung aus Höhen- und Tiefenmaximierung. Beim Werfen in einen Reifen treffen, ein Hütchen herunterwerfen, vom Rasen auf die vorhergesagte Laufbahn stoßen und bei der „Golfpartie“ einlochen, das ist nicht weniger kampfbetont oder leistungsfordernd. Und das Ziel der sozialen Kompetenzen braucht auch in der Mittelstufe nicht völlig unbeachtet zu bleiben: Die Gruppe muss sich überlegen, welche Taktik sie beim Mannschaftswettbewerb ins Spiel bringen will: Wer wirft? Wer schleudert? Wer stößt? Wer nimmt dieses oder jenes Gerät? Wer nimmt den rechten oder linken Arm, wer das weite Ziel, wer das nähere, aber präziser zu treffende? Wie organisieren wir am besten unsere „Biathlonstaffel“?

Kern der Mittelstufenstunden dieses Buches aber sind die herkömmlichen Disziplinen:

Laufen und Sprinten

Zwei Ausprägungen des Laufens sind erstrebenswerte Ziele für den Schulsport: Ausdauer und Schnelligkeit. Lange Zeit wurde die Ausdauer vernachlässigt. Und oft wurde durch die falsche Vorgehensweise auch abgeschreckt. Das ist inzwischen anders. Ausdauer ist „in". Heute wird durch die Lehrer die Joggingwelle unterstützt, die zwei Jahrzehnte lang am Schulsport völlig vorbei lief. Ausdauer ist leistungslimitierend für viele Sportarten. Ausdauer ist Grundlage freudvollen Bewegungshandelns sowie der Gesundheit. Voraussetzungen bei den Schülern findet der Unterrichtende dabei trotzdem wenig vor. Ausdauer beginnt im Schulsport heutzutage in der Regel bei Null. Umso wichtiger ist sie als Stundeninhalt.

Aber Ausdauer ist nicht alles. Schüler können heute vielfach auch nicht mehr sprinten. Sie können es sowohl aus „koordinativ-optischer" als auch aus „muskulär-druckvoller" Sicht nicht. Das einst „natürliche" Sprintvermögen ist wohl doch nicht natürlich. Aus diesem Grund sollte neben der Ausdauer auch die Schnelligkeit endlich wieder ein wichtiger Schwerpunkt des Sportunterrichts werden. Dies käme den meisten Sportarten zugute, denn das Sprinten ist eine echte Basisfähigkeit.

Schnell oder ausdauernd laufen zu können, das macht aber über hürden- bzw. wassergrabenähnliche Hindernisse noch mehr Spaß. Und vor allem ist es als Staffel reizvoll: Team und Emotionen. Hier hat die Sportart Leichtathletik Nachholbedarf.

Springen

Im Gegensatz zum Werfen, bei dem „nur" ein Gerät zu beschleunigen ist, muss der Schüler beim Springen den eigenen Körper bewegen, dies wiederum im Gegensatz zum Laufen nicht zyklisch, sondern punktuell. Im Grunde entscheidet während des Absprungs eine einzige Zehntelsekunde, in der der Körperschwerpunkt nachhaltig getroffen werden muss. Diese Aufgabe erfolgreich zu lösen ist koordinativ nicht einfach und zudem elementar von der körperlichen Fähigkeit „Sprungkraft" abhängig.

Oft können Schüler die „Endformen der Disziplinen", d. h. die Technikleitbilder der Erwachsenen aber gar nicht ausführen. Man muss daher im Sinne des Erfolges eine Art „reduzierte" oder andere Technik anbieten: didaktische Reduktion. So genügt im Schulsport z. B. der einfache *Schrittweitsprung*. Im Mittelpunkt stehen ein schneller Anlauf und ein effektiver *Schwungbein*einsatz, nicht das „Zappeln" für die (bei geringen Sprungweiten überflüssige) Flugstabilisierung und Landevorbereitung des Lauf- oder Hangsprungs.

Auch das Hochspringen bietet durchaus manchmal Leistungszuträglicheres als den Flop, bei dem in der Unterstufe und zu Beginn der Mittelstufe oft beidbeinig oder gar nicht abgesprungen wird. Meist legen sich Schüler nach dem Anlaufen nur zurück. Dadurch laufen sie Gefahr, gleich zu Beginn ein Fehlerbild zu erlernen.
Ein *Schersprung* aus bogenförmigem Anlauf ist leichter und oft effektiver. Der *Wälzer* als Vorwärtssprung von links auf rechts sicher kindgemäßer als ein einbeiniger Rückwärtssprung.

Warum zudem immer nur Weit- und Hochsprung? Erfahrungsgemäß ist der *Mehrfachsprung*, der durch eine geschickte Raumaufteilung nicht so absolut sprungkraftabhängig ist wie der Weitsprung, als Abwechslung recht beliebt. Es muss nicht gleich der Dreisprung sein, aber selbst bei ihm besteht im Schulsport keine größere Verletzungsgefahr als bei anderen Inhalten. Lehrer sollten sich trauen, auch einmal seltenere Disziplinen anzubieten.

Werfen und Stoßen

Das Werfen ist weitgehend aus der Bewegungskultur der Schüler verschwunden. Wer an der Konsole sitzt, der benötigt es nicht mehr in seiner Alltagsmotorik. Das Schleudern von Steinen, Tannenzapfen oder selbst geschnitzten Speeren aus Weiden ist Kindern heutzutage fremd. Und Schneeballschlachten sind zumindest im Umfeld der Schule verboten. Man kann im Schulsport nur noch auf wenigen Vorerfahrungen aufbauen, sollte den Wurf deshalb aber in der motorischen Ausbildung nicht vollends wegfallen lassen, sondern ihn im Gegenteil besonders pflegen – zumal er auch denen eine Chance gibt, die nicht so schnell sind oder ein für den Sprung weniger günstiges Last-Kraft-Verhältnis haben.

Auf der wichtigen Basis des „Viel werfens“ durch geschickte Organisationsformen und mit den verschiedensten Geräten sowie des „Zielwerfens“ und des „Zielweitwerfens“ im Rahmen des Unterstufenunterrichts, der „Freude am Effekt“ und das „Treffen des Geräts“ fördern soll, rückt nun das „Weitwerfen“ unter maximaler Impulsgebung, die vorher wegen des möglichen Einschleifens schwer korrigierbarer Fehler weniger geeignet ist, in den Vordergrund.

Dabei dürfen aber die Geräte nicht zu schwer sein, und es muss eine schülergemäße altersadäquate Technik ausgewählt werden. Das bedeutet beispielsweise im Kugelstoßen: es wird ein aufrechteres „Seit-Ran-Seit“ mit drei Kontakten vermittelt und (noch) kein tiefes Rückwärts-Angleiten mit einem Kontakt (siehe vorne).

Das bedeutet aber auch, dass z. B. der Schleuderball als ein, für Schüler nach eher kurzer Übungszeit, relativ weit fliegendes Gerät im Schulsport seine Berechtigung hat, wenngleich Schleuderballwerfen in der offiziellen Verbandsleichtathletik heute gar nicht mehr vorkommt. Schleuderballwerfen ist für Schüler attraktiver (und ungefährlicher) als Diskuswerfen ... und die kinästhetischen Erfahrungen des Drehwerfens lassen sich mit diesem Wurfgerät den Schülern genauso gut erschließen.

Lehren nach Funktionsphasen

Bei der Vermittlung disziplinspezifischer Techniken aus den Bereichen des Laufens, Springens und Werfens orientieren wir uns an der von Göhner (1975) vorgestellten klassischen Funktionsanalyse und dem daraus abgeleiteten „Lehren nach Funktionsphasen".
Er geht davon aus, dass es bei sportlichen Bewegungen stets einen mehr oder weniger gut erkennbaren Zeitabschnitt gibt, in dem die eigentliche Bewegungsaufgabe gelöst wird. Dieser Zeitabschnitt wird Hauptfunktionsphase genannt und steht (zunächst) im Zentrum jeglicher Vermittlungsbemühungen beim Neulernen einer Bewegung. Die Aktionen der Hauptfunktionsphase werden dann im weiteren methodischen Vorgehen sukzessive um weitere Funktionsphasen ergänzt. Vor der Hauptfunktionsphase können „einleitende" bzw. „überleitende" Funktionsphasen gesetzt werden, deren Aufgabe es ist, für die nachfolgende Hauptfunktionsphase günstigere Ausgangsbedingungen zu schaffen. Im Anschluss an die Hauptfunktionsphase schließen sich „aussteuernde" Funktionsphasen an, die die Bewegung in einen (Ruhe-)Endzustand oder aber bei zyklischen Bewegungen in einen für den nachfolgenden Bewegungszustand brauchbaren Zustand überführen sollen (Göhner, 2012, S. 34).

Beispielsweise beginnen wir deshalb den methodischen Lehrweg zum Speerwerfen mit dem *„frontalen Wurf aus dem Stand"* (Hauptfunktionsphase). Vor diese werden nun im weiteren Verlauf des Lehrweges jeweils weitere vorbereitende Funktionsphasen (z. B. der frontale Anlauf, die Schulter- und Hüftrotation, etc.) gesetzt, die die energetischen Bedingungen des Abwurfes fortlaufend verbessern.

4 Benotung in der Leichtathletik

Funktionen der Sportnote

Noten haben unterschiedliche Funktionen. Um als Fach im Fächerkanon der Schule „ernst genommen" zu werden bzw. langfristig zu bestehen, muss es auch eine Sportnote geben, die sich an den allgemeinen, für alle Fächer verbindlichen Standards, ausrichtet, wenngleich speziell für das Fach Sport auch Argumente für einen Verzicht auf die Sportnote existieren.

Noten haben vor allem eine *Berichtsfunktion*, d. h. sie melden den Eltern zurück, wie der Stand der Lernbemühungen ihrer Kinder aktuell einzuschätzen ist. Daraus lassen sich unter anderem auch Prognosen hinsichtlich des zu erwartenden Leistungsstandes am Ende der Klassenstufe bzw. des Halbjahres ableiten, die Rückschlüsse über das Erreichen des Klassenziels zulassen. Oftmals ist die „schlechte" Note in einem Schulfach leider einziger Anlass für Eltern, mit den Lehrern das Gespräch zu suchen. Für das Fach Sport stellt dies aber auch eine nicht zu unterschätzende Chance dar, die Erziehungsberechtigten über motorische Defizite ihrer Kinder und sich daraus möglicherweise ergebender längerfristiger Beeinträchtigungen zu informieren.

Für Schüler hat die Sportnote zunächst eine *Rückmeldefunktion*, d. h. sie informiert über den Erfolg ihrer Lernbemühungen. Dabei ist nun nicht unbedingt gesagt, dass die Ursachenzuschreibung für eine gute bzw. schlechte Sportnote primär die eigenen Lernbemühungen in den Fokus nimmt. Im Rahmen der theoretischen Anteile des Unterrichts – und hier sind in der **Doppelstunde Leichtathletik** Band 2 einige Beispiele vorhanden – kann aber über die Identifizierung leistungsbestimmender Fähigkeiten und die für deren Verbesserung notwendige Trainingsmittel die Grundaussage der Trainingslehre für die Schüler unmittelbar erfahrbar gemacht werden: *„Nur durch systematisches Training lässt sich eine Leistungssteigerung (z. B. in Richtung Sprung- oder Wurfkraft) erzielen"*.

Noten haben zudem eine *Berechtigungs-*, *Zuteilungs-* und *Selektionsfunktion*. Jahres- und Abschlusszeugnisse sind maßgeblich für die

Versetzung in die nächsthöhere Klasse, für den Übergang zu weiterführenden Schulen, für den Hochschulzugang und/oder für den Eintritt in eine qualifizierende Berufsausbildung.[3] Diese drei Funktionen leiten sich primär aus dem Leistungsprinzip ab, das nach wie vor die Grundlage unseres heutigen Schulsystems bildet.

In der Schulpädagogik unterscheidet man darüber hinaus auch noch eine *Anreiz- und Disziplinierungsfunktion*. Diese sorgt dafür, dass Schüler sich im positiven Fall durch die Aussicht auf gute Noten freiwillig mit dem Lernstoff auseinandersetzen. Im negativen Fall tun sie das möglicherweise auch durch die Furcht vor einer schlechten Note. Dabei existiert speziell für die mit Maßband und Stoppuhr erhobene Leichtathletiknote ein sehr enger Zusammenhang zwischen der tatsächlich erbrachten Leistung (intrinsische Motivation) und der dafür gewährten Note (extrinsische Motivation).

Bezugsnormen

Die von Schülern erbrachten Leistungen können mit unterschiedlichen Maßstäben beurteilt werden. Man unterscheidet hierbei die soziale, individuelle und die kriteriumsbezogene Bezugsnorm. Von *sozialer Bezugsnorm* spricht man dann, wenn die individuelle Leistung des Schülers mit einer ähnlich gearteten Referenzgruppe verglichen wird. Beispielsweise stellen die von der KMK (2005) für das fachpraktische Abitur in der Leichtathletik vorgegebenen Richtwerte für fünf bzw. 11 Notenpunkte eine solche soziale Bezugsnorm dar. Hier werden die von den Abiturienten erbrachten Leistungen mit einem bundesweit einheitlichen Maßstab verglichen.[4]

Für die Leichtathletik in der Schule existieren lokal, regional oder teilweise auch überregional verbindliche Notentabellen, die eine Einordnung der individuell erbrachten Leistung ermöglichen. Im Bereich des Deutschen bzw. Internationalen Leichtathletikverbandes entspricht diesen Notentabellen die Internationale Mehrkampfwertung bzw. die daraus abgeleitete nationale Nachwuchsmehrkampfwertung. Existieren solche verbindlichen Tabellen, müssen diese vor dem Hintergrund des Gütekriteriums der Objektivität auch eins zu eins umgesetzt werden. Objektivität bedeutet in diesem Zusammenhang, dass die Benotung unabhängig vom Lehrer zum gleichen Ergebnis führen muss.

---

[3] Vgl. Wengert (1994, S. 223).

[4] Einheitliche Prüfungsanforderungen in der Abiturprüfung Sport (Beschluss der KMK vom 01.12.1989 i.d.F. vom 10.02.2005).

Die in der Praxis häufig beobachtbare „Aufweichung“ der Tabellenwerte („Ihr bekommt zwei Notenpunkte aufgebessert, weil wir heute Gegenwind hatten“ oder „Wir stoßen heute mit der leichteren Kugel ... nehmen aber trotzdem die Tabelle für die schwerere“) lehnen wir ab. Eine solche würde die erbrachte Leistung entwerten.

Von *individueller Bezugsnorm* spricht man dann, wenn z. B. die erbrachte Weitsprungleistung eines Schülers zu mindestens zwei Zeitpunkten miteinander verglichen wird. „Individuelle Lernfortschritte können so auch dann sichtbar und mittelbar gemacht werden, wenn sich die Rangposition des betreffenden Schülers innerhalb der Lerngruppe nicht geändert hat“.[5] Die Berücksichtigung der individuellen Bezugsnorm zur Notenfindung stößt an enge Grenzen. Aus der Trainingslehre weiß man, dass vor allem Untrainierte zu Beginn eines Trainingsprozesses die größten Leistungszuwächse haben, wogegen mit zunehmendem Leistungsniveau der Leistungszuwachs trotz eines größeren Trainingsaufwandes immer geringer wird. Auf die Schule übertragen bedeutet dies, dass sich vor allem die leistungsschwachen Schüler bezogen auf ihre individuelle Bezugsnorm am stärksten verbessern. Beispielsweise ist die Verbesserung im Weitsprung von 4,50 m auf 5,00 m leichter als von 5,50 m auf 6,00 m. Würde man diese Verbesserung nun als Grundlage für eine Benotung nehmen, wären alle leistungsstarken Schüler deutlich benachteiligt. Söll (2008, S. 169) fordert in diesem Zusammenhang, dass die Relativierung der Noten niemals die tatsächliche Leistungsrangfolge innerhalb einer Klasse auf den Kopf stellen darf! Da in der Leichtathletik – im Unterschied zur qualitativen Beurteilung der Spielleistung in einem Sportspiel – die Rangreihenfolge über die erbrachten Leistungen für alle transparent und offensichtlich ist, empfehlen wir, die individuelle Bezugsnorm nur zur Feinabstufung der Noten mit maximal ± einer halben Note heranzuziehen.

Von *kriteriumsbezogener Bezugsnorm* spricht man dann, wenn ein bestimmtes absolutes Lernziel bzw. eine bestimmte Kompetenzstufe tatsächlich erreicht wird. Streng genommen kann der Lehrer bei einer solchen Vorgehensweise lediglich feststellen „Ziel erreicht“ bzw. „Ziel noch nicht erreicht“. Dass eine Überführung dieser beiden Merkmalsausprägungen in die sechsstufige Notenskala nicht möglich ist, liegt auf der Hand. Wir empfehlen, diesen kriteriumsbezogenen Maßstab – z. B. das genaue Treffen des Absprungbalkens beim Weitsprung – daher nur zu Rückmeldezwecken, nicht aber zur Notenfindung einzusetzen.

---

[5] Wengert (1994, S. 226).

Die Leichtathletiknote in der Praxis

Wir empfehlen, dass in der Leichtathletik prinzipiell ein Mehrkampf geprüft wird, um den unterschiedlichen Leistungsanforderungen dieser Sportart einigermaßen gerecht zu werden. Was verbindet z. B. einen Langstreckenläufer und einen Hammerwerfer? Beide fühlen sich zu Recht als Leichtathleten, wenngleich die leistungsbestimmenden motorischen Anforderungen ihrer beiden Disziplinen sehr weit auseinander liegen. Der Hammerwerfer wird aufgrund des Anforderungsprofils seiner Disziplin niemals überdurchschnittliche Leistungen im Langstreckenlauf erzielen können. Umgekehrt gilt dies genauso.

Daraus lässt sich der Grundsatz ableiten, dass mehrere konditionelle Leistungsfaktoren in die Leichtathletiknote einfließen sollen. Zur Strukturierung bieten sich die vier Disziplingruppen der Leichtathletik (Sprint, Lauf, Sprung und Wurf) an. Diese erfordern jeweils ganz spezifische Fähigkeiten. Besonders bedeutsam für eine erfolgreiche Wettkampftätigkeit sind (in gleicher Reihenfolge) die Schnelligkeit, die Ausdauer, die Schnellkraft und die Kraft.

In der Schule sollte daher ein Dreikampf mit je einer Disziplin aus einer Disziplingruppe durchgeführt werden.[6] In der praktischen Umsetzung gibt es nun mehrere Möglichkeiten:

- Der Lehrer gibt drei feste Disziplinen vor.
- Der Lehrer gibt drei Disziplingruppen vor – überlässt den Schülern aber die Wahl unter mindestens je zwei Disziplinen.
- Der Lehrer überlässt die Wahl der Disziplinengruppen den Schülern – bestimmt aber innerhalb der Disziplingruppen die Disziplin.
- Der Lehrer überlässt die Wahl der Disziplinen komplett den Schülern.

Für jede der aufgeführten Möglichkeiten können Vor- bzw. Nachteile angeführt werden. Letztendlich muss die endgültige Entscheidung jeder Lehrer selber treffen.

[6] Für den Drei- statt einem Vierkampf sprechen vor allem zwei Gründe: Erstens lässt das begrenzte Zeitbudget für die Leichtathletikausbildung im Schuljahr in der Regel nicht die Behandlung von vier Disziplinen aus unterschiedlichen Disziplingruppen zu. Zweitens können die Schüler – entsprechende Wahlfreiheit vorausgesetzt – genau die Disziplingruppe abwählen, die ihren persönlichen Fähigkeiten am wenigsten entspricht.

Empfehlung: Je älter die Schüler, desto mehr Wahlmöglichkeiten sollten sie zugestanden bekommen.

Auch Inhalte ohne Benotung

Innerhalb der Leichtathletikeinheit sollten aber auf alle Fälle auch Inhalte „ohne Benotung“ möglich sein. Auf eine praktische Leistungsbewertung zu verzichten macht vor allem dort Sinn, wo eine technisch anspruchsvolle Disziplin neu eingeführt wurde (z. B. Stabhochsprung). Diese würde aber zur „gefühlten Benotungsreife“ noch einen längeren Trainings- und Übungsprozess erfordern, der in der Regel unter den Rahmenbedingungen der Schule zeitlich nicht zu leisten sein wird. Falsch wäre in diesem Zusammenhang, auf den Inhalt gänzlich zu verzichten. Die Leichtathletik als turnusmäßig in allen Klassenstufen wiederkehrende Kernsportart gewinnt bei den Schülern gerade durch diese nur schwierig zu benotenden Inhalte ungemein an Attraktivität und Akzeptanz.

Eine Benotung, die sich an diesen skizzierten allgemeinen Prinzipien orientiert, dürfte dazu führen, dass der Schüler seine Leichtathletiknote als „gerechte“ Note akzeptiert.

5 Sportanlagen, Geräte und Medien

Die Rahmenbedingungen, unter denen Sportunterricht heutzutage stattfindet, sind nicht immer die besten. Sportanlagen, Geräte und Medien spielen eine nicht unerhebliche Rolle beim Gelingen oder Misslingen einer Sportstunde.

Sportanlagen

Einige der in diesem Band vorgeschlagenen Spiel- und Übungsformen benötigen zur gefahrlosen Durchführung einen festen Untergrund. Hier ist eine bei Regen oder am frühen Morgen feuchte Rasenfläche aufgrund der Rutschgefahr nicht geeignet. Im Idealfall steht ein zusätzliches Kleinspielfeld mit einem Kunststoffbelag zur Verfügung. Im Normalfall muss man sich mit den zur Verfügung stehenden Flächen mit festem Untergrund auf der Sportanlage behelfen. Steht eine Hochsprunganlage zur Verfügung, kann das *Anlaufsegment* verwendet werden.

Bei der Übungsauswahl für die **Doppelstunde Leichtathletik** sind wir vom Vorhandensein eines Leichtathletikstadions vom Typ C mit

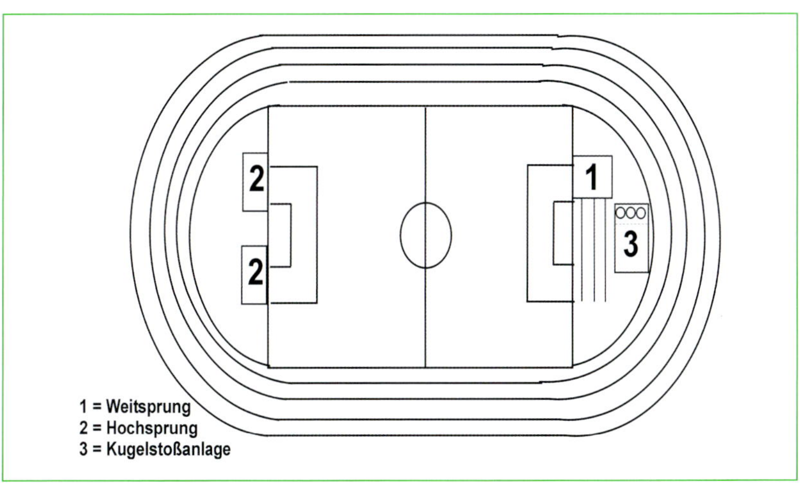

Abb. 1: Leichtathletikstadion Typ C

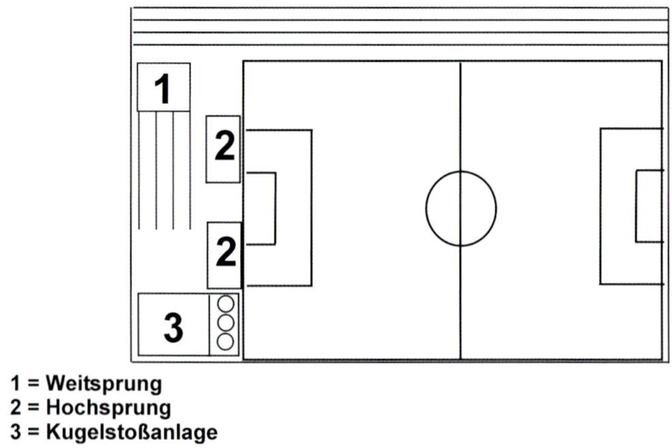

Abb. 2: Schulsportanlage ohne Rundbahn

4 Rundbahnen und mindestens einer leichtathletischen Anlage für Kugelstoßen, Hoch- und Weitsprung ausgegangen (vgl. Abb. 1). Dabei ist es unerheblich, ob es sich hierbei um eine Aschen-, Gras- oder moderne Kunststoffbahn handelt.

Alle vorgeschlagenen Spiel- und Übungsformen lassen sich mit kleinen Modifikationen auch auf einer Schulsportanlage mit (Kunst-)Rasenplatz, 100m Laufbahn und mindestens einer Anlage für Kugelstoßen, Hoch- und Weitsprung durchführen (vgl. Abb. 2). In der Regel sind bei solchen Anlagen die Hochsprungsektoren mit einem Kunststoffbelag versehen, der dann für alle Spiel- und Übungsformen, die einen festen Untergrund benötigen, verwendet werden kann.

Geräte

Um eine möglichst hohe Übungsintensität zu gewährleisten, sollten im Idealfall alle Geräte in zumindest halber Klassenstärke zur Verfügung stehen. Dies wird erfahrungsgemäß nicht an allen Übungsstätten der Fall sein. Wir haben dort, wo dies uns möglich erschien, für die vorgeschlagenen Geräte in der jeweiligen Stundenbeschreibung Alternativen angegeben. Um die Doppelstunden mit der angestrebten Intensität durchführen zu können, sollte die Summe aus vorgesehenem Wurfgerät und Alternativen die halbe Klassenstärke erreichen. In diesem Fall bietet es sich an, nach einer bestimmten Zeit die Wurfgeräte unter den Schülern zyklisch zu tauschen, so dass alle Schüler mit allen Geräten werfen können.

6 Aufbau der Doppelstunden dieses Buches

Wir haben uns bei der Zusammenstellung der Doppelstunden von strukturellen Gegebenheiten in der Leichtathletik leiten lassen. Die Leichtathletik umfasst eine Reihe von Disziplinen, die alle den drei grundlegenden Bewegungsformen Laufen, Springen und Werfen zugeordnet werden können. In diesem Sinne gibt es zu jeder der drei grundlegenden Bewegungsformen jeweils vier thematisch passende Doppelstunden für den Unterricht im Freien. Sie sind für den Einsatz in der Mittelstufe (MS) konzipiert und nach einem Baustein-Prinzip aufgebaut. Das bedeutet, dass prinzipiell jede Doppelstunde als (horizontal) unabhängige Einheit aus dem dargestellten Angebotspool herausgenommen und durchgeführt werden kann. Die Reihenfolge der angebotenen Doppelstunden für die MS ist nicht im Sinne einer methodischen Reihe, wie z. B. vom Leichten zum Schweren, aufgebaut. Allerdings knüpfen die Mittelstufen-

Oberstufe		Theorie und Praxis des Hochsprungs – „Vom Hocksprung über Rollsprung und Straddle zum Flop" ↑	Theorie und Praxis des Dreisprungs ↑	
Mittelstufe	Weitsprung aus dem vollständigen Anlauf ↑	Hochsprung – nach dem Erfahrungsfeld „Hochspringen" nun der Flop ↑	Dreisprung – eine zeitweilige Alternative zum Weitsprung ↑	Stabhoch – erstmals über die Latte in die Zehnkampfwertung ↑
Unterstufe	Mannschaftswettbewerbe: Additionsspringen	Mannschaftswettbewerbe: Additionsspringen	Mannschaftswettbewerbe: Additionsspringen	Mannschaftswettbewerbe: Additionsspringen
	Weit Springen: Altersgerecht zum einfachen Schrittweitsprung	Hoch Springen: Der Schersprung als Vorstufe zum Flop	Mehrfachsprünge: Rhythmenwechsel und verkürzte Dreisprünge	Springen mit dem Stab: Runter- und Rüberspringen an der Weitsprunggrube
		Hoch Springen: Alte Techniken neu entdeckt		

Abb. 3: Horizontale und vertikale Zusammenhänge zwischen den einzelnen Doppelstunden am Beispiel Springen

stunden an den im Unterstufenband (vgl. **Doppelstunde Leichtathletik** Band 1) dargestellten Stunden an. Insofern ergibt sich daraus eine vertikale oder stufenspezifische Abhängigkeit. D. h. die Mittelstufenstunde setzt in der Regel Wissen bzw. sportmotorisches Können aus der Unterstufe voraus. An allen Stellen, wo dies zur erfolgreichen Umsetzung der Stunde unabdingbar notwendig erscheint, ist ein entsprechender Querverweis auf die Stunde aus dem Unterstufenband enthalten. Es wird empfohlen, erst die dort beschriebene Unterstufenstunde durchzuführen, bevor der Inhalt der darauf aufbauenden Stunde angegangen wird.

Bei allen Doppelstunden, die sich mit einer technischen Disziplin beschäftigen, finden sich in den einführenden Bemerkungen *Strukturbilder* des in der **Doppelstunde Leichtathletik** vorgeschlagenen Lehrweges. Der Lehrer kann daraus erkennen, wie die Erarbeitung einer Zieltechnik im Sinne einer fortlaufenden Progression auf Unter-, Mittel- und Oberstufe verteilt werden kann.
Allen Doppelstunden liegt eine einheitliche Struktur zugrunde. Sie sind für 80–90 Minuten ausgerichtet und setzen sich aus den folgenden drei Bausteinen zusammen (vgl. Tab. 1):

Tab. 1: Stundenaufbau der Doppelstunden Leichtathletik

Unterrichtsabschnitt	Zeit	Inhalte/Prinzipien
Einleitender Stundenteil [Aufwärmen] a) Allgemeines Aufwärmen b) Spezielles Aufwärmen	20–25 Minuten	• Physische und psychische Vorbereitung • Übungen zur sportartspezifischen Koordinationsfähigkeit (Lauf-, Sprung- und Wurf-ABC) • Prophylaktische Übungen zur Beweglichkeit
Hauptteil (MS)	45–50 Minuten	• Einführung und Schulung technischer Inhalte
Schluss [Wettbewerbsform]	10–15 Minuten	• Anwenden der erlernten Techniken im mannschaftsbezogenen Wettbewerbsrahmen

Die Unterrichtsinhalte orientieren sich hinsichtlich ihres Umfangs an einer Vereinsgruppe bzw. einer sehr guten Schulklasse. Eine solche in Organisationsformen und Koordinationsaufgaben geübte Gruppe sollte in der Lage sein, das angegebene Pensum innerhalb des vorgegebenen Zeitrahmens zu absolvieren. Eine „schwache" Schulklasse schafft dagegen nur etwa die Hälfte der vorgeschlagenen Inhalte in einer Doppelstunde.

An einigen Stellen (z. B. im einleitenden Stundenteil) sind bereits Inhalte als optional gekennzeichnet. Diese können aus Sicht der Autoren problemlos weggelassen werden, ohne den „roten Faden“ der Stunde zu verlieren. Teilweise sind im Hauptteil der Stunden mehrere Varianten dargestellt, aus denen der Lehrer in Kenntnis seiner Klasse und/oder seiner spezifischen Rahmenbedingungen die am besten passende Variante auswählen muss. Beispielsweise soll im Hauptteil der Doppelstunde 2 *„Ausbau der Ausdauer (MS)“* ein Zeitgefühl für gleichmäßiges ausdauerndes Laufen entwickelt werden. Für die Erarbeitungsphase werden hierzu insgesamt drei verschiedene Vorschläge dargestellt, wie dies erreicht werden kann. Die unterschiedlichen Varianten sollen aus unserer Sicht jeweils altersspezifische bzw. motivationale Aspekte berücksichtigen.

Im weiteren Verlauf der Stunde werden dann unter leistungsspezifischen Aspekten (geringe – mittlere bzw. gute Ausdauerleistungsfähigkeit der Klasse) noch drei verschiedene Formen des „Laufens, Orientierens und Suchens“ dargestellt. Der Lehrer muss auch hier eine Einschätzung treffen und den aus seiner Sicht passenden Orientierungslauf auswählen.

Sollten die verbleibenden Inhalte immer noch zu umfangreich sein, können einzelne Teile in der dritten Sportstunde angeboten werden. Oder aber aus einer Doppelstunde werden zwei gemacht. Bei einem zu knappen Angebot empfiehlt es sich, den Schlussteil zu verlängern und z. B. einen zweiten Durchgang zu starten.

Das Bild- und Videomaterial der **Doppelstunde Leichtathletik** wurde ganz bewusst weitgehend mit Schülern der Sportprofilklasse 9a und des Neigungsfaches Sport des Gustav-Stresemann-Gymnasiums Fellbach erstellt, um ein realistisches Ausführungsniveau der einzelnen Übungsformen zu dokumentieren. Nur an wenigen Stellen wie z. B. in der Doppelstunde zum Stabhochsprung, Dreisprung oder der Doppelstunde zum Diskuswerfen wurde auf Schüler der LG Leinfelden-Echterdingen, der LAV Tübingen, des TSV Gomaringen und des VfL Pfullingen zurückgegriffen.

7 Aufbau einer selbst zusammengestellten Doppelstunde

Nicht jeder wird mit der für dieses Buch gewählten Vorgehensweise, lediglich eine Disziplin pro Doppelstunde zu behandeln, einverstanden sein. Oftmals werden für eine Leichtathletikstunde verschiedene Disziplinen mit unterschiedlichem Anforderungscharakter „gemischt“. Beispielsweise bietet sich die Koppelung von bewegungsintensiven Disziplinen mit solchen Disziplinen an, bei denen es mehr um eine exakte Ausführung geht. In diesem Sinne könnten z. B. Elemente aus der Doppelstunde 1 *„Entwicklung der Sprintfähigkeit“* mit Elementen aus der Doppelstunde 12 *„Drehwürfe mit dem Schleuderball“* kombiniert werden.

Der Vorteil bei einer solchen Vorgehensweise ist, dass die intensiven Sprint- oder Sprungformen unter Belastungsaspekten gut zu den eher intensitätsärmeren Wurfbelastungen passen, die dafür die Schüler mehr im kognitiven Bereich fordern. So können innerhalb der 90 Minuten Phasen hoher Intensität mit Phasen niedrigerer Intensität geplant ineinander übergeführt werden.

Möchte man unter diesen Aspekten zwei Doppelstunden „mischen“, so ist dies von der Konzeption der Stunden her betrachtet durchaus möglich.

Ein „Mischen“ zweier Disziplinen sollte dabei unter Berücksichtigung folgender Grundsätze (vgl. Abb. 4) geschehen: Die Grundstruktur mit allgemeinem Aufwärmen, speziellem Aufwärmen und erstem Hauptteil sollte erhalten bleiben. Für den ersten Hauptteil ist zu überlegen, welche der vorgeschlagenen Elemente hier aus Zeitgründen weggelassen werden müssen. Anschließend bietet sich die Auswahl mindestens eines Elementes aus dem speziellen Aufwärmen für den zweiten Hauptteil an. Dieser muss ggf. ebenfalls gekürzt werden. Eine Wettbewerbsform zum Schluss der Stunde empfiehlt sich ebenfalls. Hier bietet sich vorrangig die für den zweiten Hauptteil vorgeschlagene Wettbewerbsform an. Insgesamt entsteht so wieder eine 90-Minuten-Einheit mit klarer Struktur – nun allerdings mit zwei Hauptteilen.

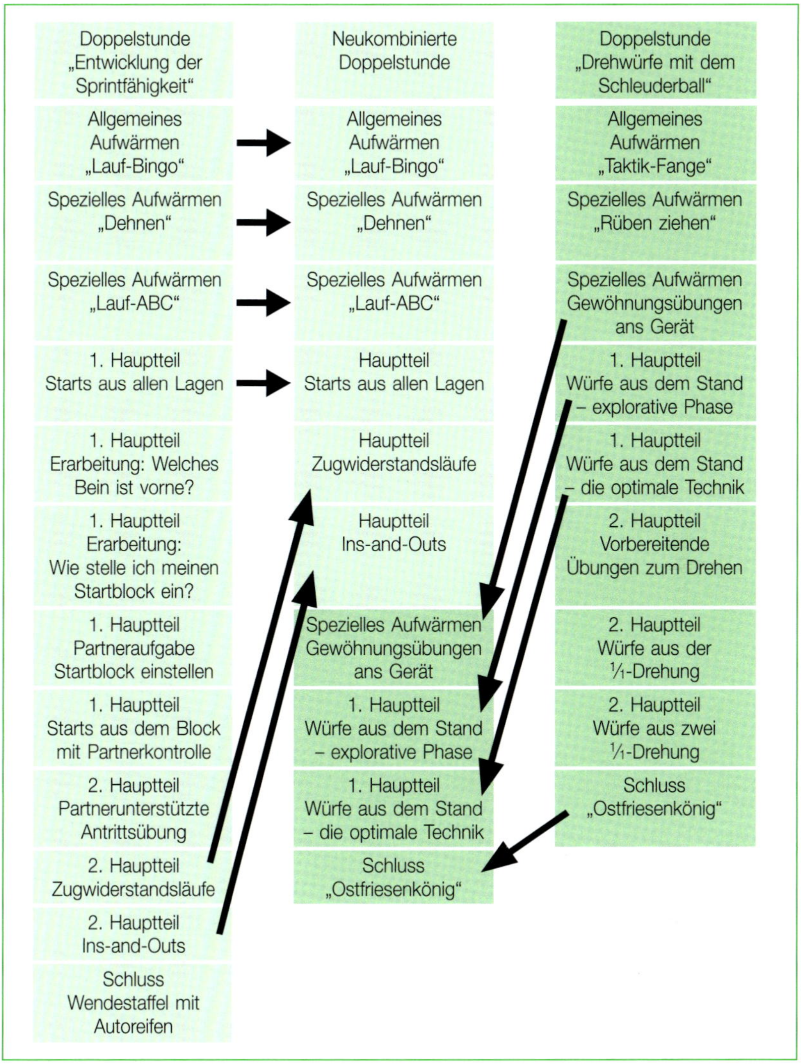

Abb. 4: Entwicklung einer Doppelstunde mit zwei Hauptteilen

II

Sprinten und Laufen vier Doppelstunden für die Klassen 8 bis 10

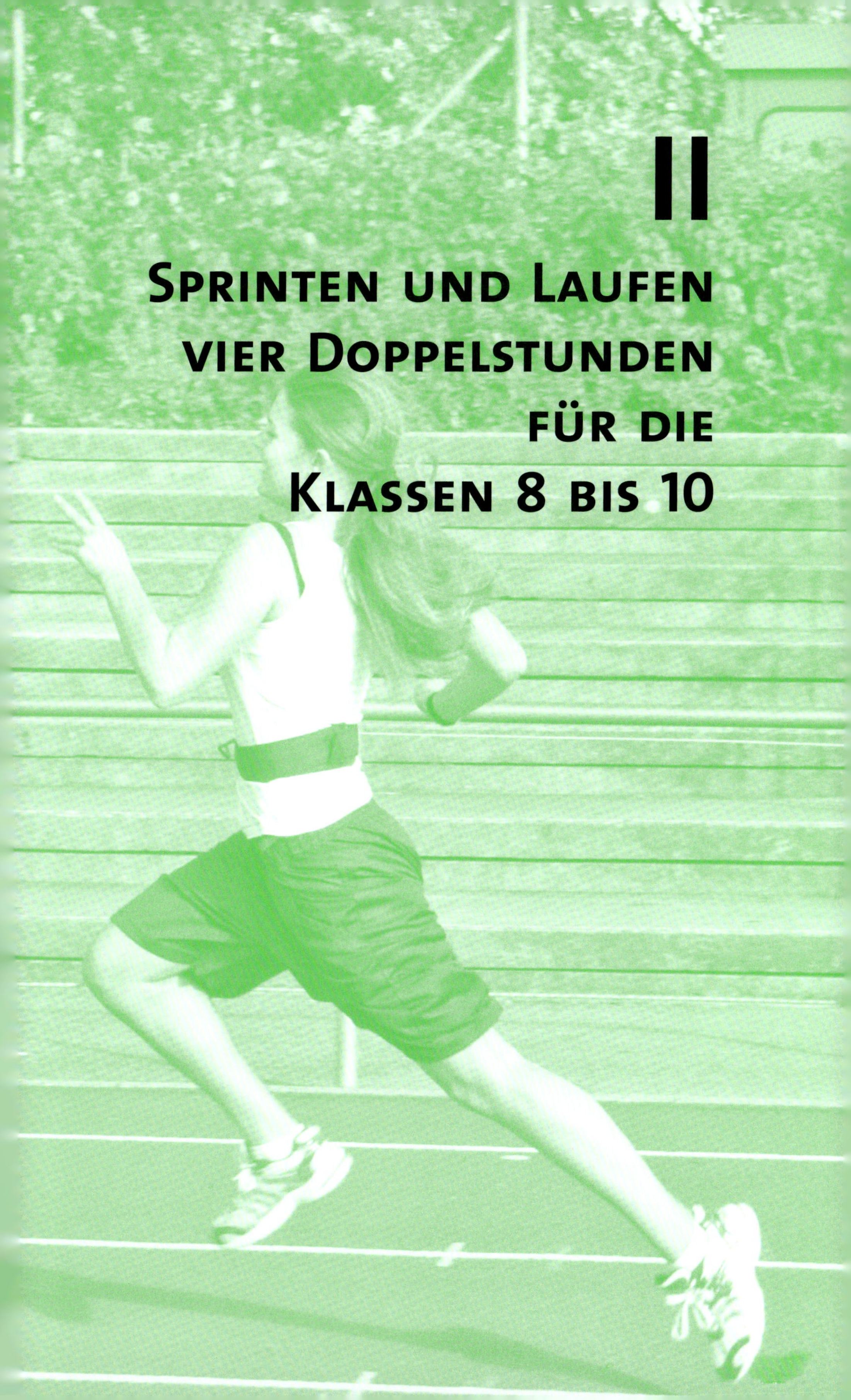

1 Doppelstunde 1: Entwicklung der Sprintfähigkeit

Einführung

Die Fähigkeit, schnell zu laufen, bildet für viele Sportarten und ihre Disziplinen eine grundlegende Voraussetzung. Entsprechend wichtig ist die Ausbildung dieser Fähigkeit auf ein ausreichend hohes Niveau. Das Ziel, eine bestimmte Strecke in möglichst kurzer Zeit zu durchlaufen, lässt sich über zwei unterschiedliche Wege erreichen: es gibt die frequenz- und die kraftorientierte Vorgehensweise. Im Unterstufenband wurde aus entwicklungsbedingten Gründen der frequenzorientierte Weg verfolgt (vgl. **Doppelstunde Leichtathletik** Band 1). In der Mittelstufe ist vor allem der kraftorientierte Weg empfehlenswert, da die Schüler in und nach der Pubertät einerseits besonders gut auf Kraftreize ansprechen, andererseits aber die Entwicklung der koordinativen Fähigkeiten stagniert bzw. nicht mit der Entwicklung im Kraftbereich Schritt halten kann. In der Praxis zeigt sich dies häufig durch ein schwerfälliges und verkrampftes Laufmuster.

Darüber hinaus zeigen sich deutliche geschlechtsspezifische Entwicklungsunterschiede in der körperlichen Entwicklung. Es gibt „Frühentwickler“, die sich zu Beginn der Mittelstufe bereits mitten in der Pubertät befinden, aber auch „Spätentwickler“, die erst gegen Ende der Mittelstufe Anzeichen des körperlichen Umbaus aufweisen. Für den Sportunterricht ergibt sich daraus die Notwendigkeit einer Differenzierung, über die zumindest ansatzweise auf die unterschiedlichen körperlichen Voraussetzungen Rücksicht genommen wird. Beispielsweise kann bei den im Hauptteil dieser Doppelstunde vorgeschlagenen Zugwiderstandsläufen über die Höhe des zu schleppenden Gewichtes differenziert werden: großes Schleppgewicht für „Frühentwickler“, kleines Schleppgewicht für „Spätentwickler“.

Die Entwicklung der kraftorientierten Schnelligkeitsfähigkeit wird vor allem durch hohe Intensitäten bei ausreichenden Wiederholungszahlen gewährleistet. Aufgrund der hohen Intensität ist zwischen zwei Belastungen jeweils eine ausreichende Erholungspause einzuplanen. Außerdem muss die Streckenlänge entsprechend kurz (bis maximal 50m) gewählt werden, um die geforderten hohen Intensitäten über die komplette Strecke aufrecht halten zu können.

Kompetenzen

Motorisch: Die Schüler können ihre altersgemäßen sprintspezifischen Fähigkeiten und Fertigkeiten in einer Wettkampfsituation anwenden.

Kognitiv: Die Schüler kennen den Ablauf des Startkommandos und können beschreiben, wie ein Tiefstart ausgeführt wird.

Sozial-kommunikativ: Die Schüler können sich gegenseitig beobachten und aufgabenspezifische Rückmeldungen über den Bewegungsvollzug geben.

Didaktisch-methodische Anmerkungen

Die Stunde beginnt mit dem Spiel „Lauf-Bingo“ zur allgemeinen Erwärmung, an das sich ein kurzes gehaltenes Dehnprogramm für die wichtigsten beim Sprinten beanspruchten Muskeln anschließt. Mit zunehmender Intensität folgen Aufgaben aus dem *Lauf-ABC* und zum Abschluss der Aufwärmphase noch Steigerungsläufe.

Der Hauptteil der Stunde ist zweigeteilt; im ersten Teil wird der Tiefstart aus dem Startblock eingeführt bzw. bei Gruppen, die diesen bereits kennen gelernt haben, wiederholt. Die Einführung beginnt zunächst unspezifisch mit verschiedenen „Starts aus allen Lagen“. Daran schließt sich im Rahmen eines kleinen Selbstversuches die Frage an: „Welches Bein muss ich beim Starten nach vorne nehmen?“ Im weiteren Verlauf wird ausführlicher die Einstellung des Startblockes thematisiert und von den Schülern in Partnerarbeit individuell optimiert. Zum Abschluss des ersten Hauptteiles wird die von den Schülern als optimal erachtete Einstellung unter Kontrolle des Partners noch ein paar Mal eingeübt.

Im zweiten Teil werden Übungen zur Verbesserung der kraftorientierten Sprintfähigkeit angeboten. Dieser Stundenteil hat explorativen Charakter und soll die Schüler mit bisher unbekannten Trainingsmitteln vertraut machen. Den Verfassern ist dabei durchaus bewusst, dass in einer Doppelstunde hier keine physiologischen Anpassungen erzielt werden können. Dies kann nur durch mehrmaliges Wiederholen der vorgestellten Trainingsmittel erreicht werden.

Der Einstieg erfolgt über eine Antrittsübung, bei der ein Partner versucht, gegen den variablen Widerstand des zweiten Partners zu starten. Daran schließen sich Zugwiderstandsläufe an, die für die Schüler aufgrund der unbekannten Schleppwiderstände in der Regel einen hohen Aufforderungscharakter besitzen. Mit der Intention einer sofortigen Anwendung der zuvor abverlangten höheren Krafteinsätze (Utilisation) folgen Ins-and-Outs, bei denen jeweils ein geplanter Wechsel zwischen Beschleunigen und „Treiben lassen" stattfindet.

Den Abschluss der Stunde bildet ein Mannschaftswettbewerb in Form einer Wendestaffel, wobei die Zugwiderstandsläufe aus dem Hauptteil der Stunde nochmals aufgegriffen werden.

Methodische Alternative

Die Anzahl der zur Verfügung stehenden Startblöcke beeinflusst im ersten Hauptteil maßgeblich die Dauer der Erarbeitungsphase des Tiefstarts. Bei der in der tabellarischen Verlaufsplanung angegebenen Anzahl von sechs bis acht Startblöcken dürfte dieser Teil der Stunde bei den empfohlenen Wiederholungszahlen pro Schüler zeitlich so machbar sein. Stehen weniger Startblöcke zur Verfügung, so entsteht bei durchschnittlicher Klassengröße hier zwangsläufig „Leerlauf". Aus diesem Grunde ist zu überlegen, ob die beiden Hauptteile mit jeweils der Hälfte der Klasse im Wechsel durchgeführt werden können. Dazu muss einer der beiden Hauptteile von den Schülern eigenverantwortlich durchgeführt werden, während zeitgleich die andere Gruppe durch den Lehrer betreut wird. Dies dürfte bei Mittelstufenklassen allerdings nicht immer ganz einfach sein.

Für die eigenverantwortliche Erarbeitung des Tiefstarts befinden sich im Anhang (vgl. Material „Tiefstart_Schüler" bzw. „Tiefstart_Schülerin") zwei Arbeitskarten.

Hinweise zur Vorbereitung

Für diese Doppelstunde werden im Hauptteil auch Materialien benötigt, die möglicherweise nicht in allen Sportstätten vorhanden sind. Diese können aber im Vorfeld recht einfach beschafft werden. Für die Zugwiderstandsläufe werden alte Autoreifen mit Felge oder Schleppbretter z. B. vom Trainingsgerät Speedy® oder Rollbretter aus dem Baumarkt benötigt. Außerdem wird jeweils ein Springseil und ein Fahrradschlauch (oder ein zweites Springseil) benötigt.

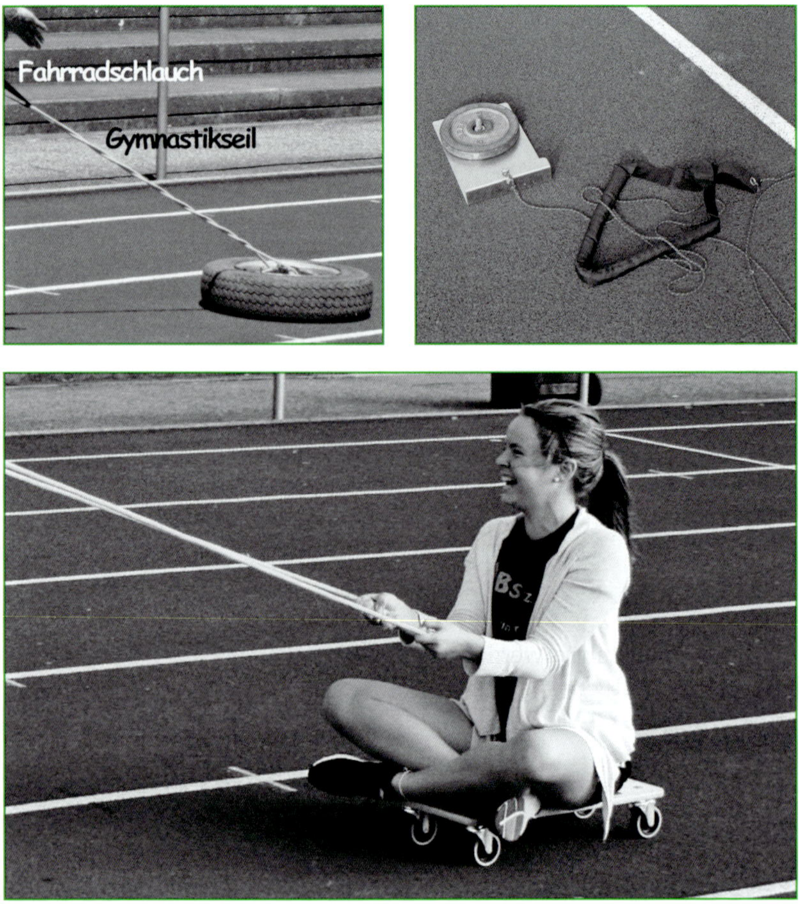

Bild 1 bis 3: Unterschiedliche Materialien für Zugwiderstandsläufe

Doppelstunde 1: *Entwicklung der Sprintfähigkeit*

Stundenabschnitte und Unterrichtsinhalte	Organisatorische Hinweise

Einleitender Stundenteil (Aufwärmen)

***Allgemeines Aufwärmen* „Lauf-Bingo“**

Der Lehrer markiert mit vier Markierungshütchen eine ca. 30 m x 20 m große Laufrunde auf dem Rasen. Die Klasse wird in mehrere Gruppen à drei bis fünf Schüler aufgeteilt. Jede Gruppe erhält eine Bingo-Karte, einen Würfel und einen Stift zugeteilt, die an einem ausgewählten Platz am Rande der Laufstrecke deponiert werden.
Aufgabe der Gruppe ist es nun zu würfeln, die gewürfelte Zahl auf der Bingo-Karte abzustreichen und eine Runde zu laufen. Es wird solange gewürfelt und gelaufen, bis die Gruppe ein „Bingo“ zusammen hat.

Hinweis: Je nach gewünschtem Umfang wird die Anzahl der zu erlaufenden „Bingos“ erhöht. Alternativ können auch eine „große Bingokarte“ mit Ziffernfolgen von eins bis zwölf und zwei Würfel benutzt werden.

1	5	9
4	2	6
7	8	3

Regeln:

- Pro Runde darf nur einmal gewürfelt werden!
- Entweder mit einem oder mit zwei Würfeln agieren.
- Bei zwei Würfeln wird die Zahl der Augen addiert.
- Die Zahl wird auf der BINGO-Karte abgestrichen.
- Ist eine der drei Spalten oder Zeilen oder eine der beiden Diagonalen komplett abgestrichen, ruft die Gruppe laut „BINGO“.

Abb. 5: Bingo-Karte

Materialbedarf: Vier Markierungshütchen; je Gruppe eine vorbereitete Bingokarte (vgl. Material „Bingokarte“), einen Stift und zwei Würfel.

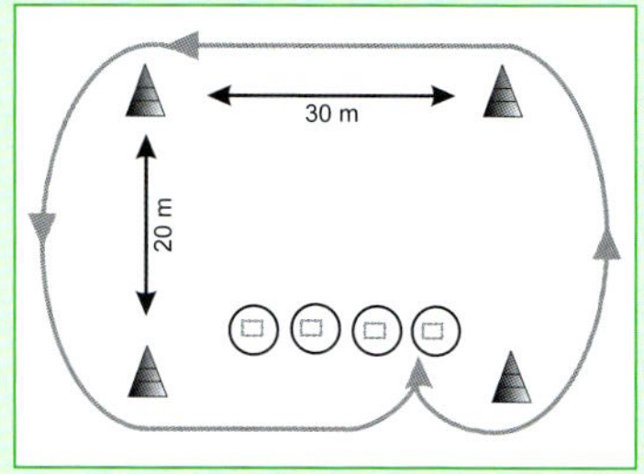

Abb. 6: Aufbauskizze Lauf-Bingo

***Spezielles Aufwärmen* „Dehnen“**

Die Klasse absolviert zusammen mit dem Lehrer ein kurzes gehaltenes Dehnprogramm für Wade und Oberschenkel. Ergänzend zur Erklärung und Demonstration der Dehnübung bekommen die Schüler eine altersgemäße Information über die gedehnte Muskelgruppe und deren Funktion beim Sprinten.

Pro Übung 20 sec Haltedauer → danach lockern

Materialbedarf: Keiner.

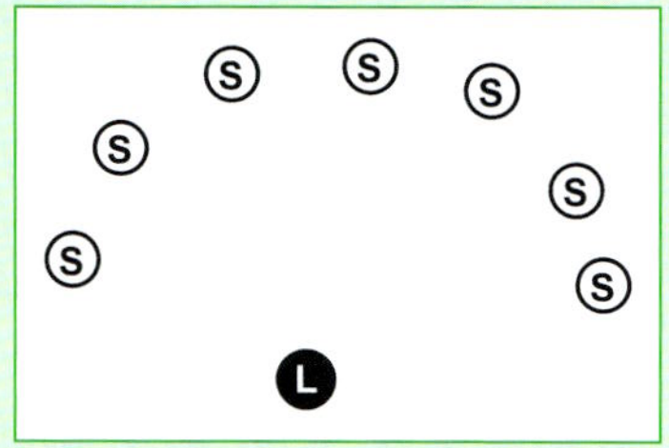

Abb. 7: Aufstellung in Halbkreisformation

Stundenabschnitte und Unterrichtsinhalte	Organisatorische Hinweise
• Übung (1) → In Schrittstellung die hintere Ferse Richtung Boden drücken. • Übung (2) → In Schrittstellung leicht nach unten absitzen. • Übung (3) → Einen Fuß am Knöchel fassen und Richtung Gesäß ziehen. • Übung (4) → Bei angezogener Fußspitze den Oberkörper in Richtung des gestreckten Beines leicht absenken.	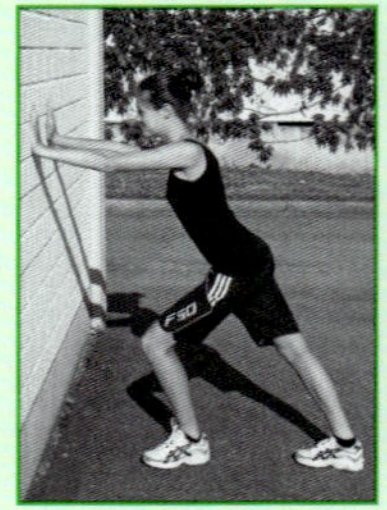 Bild 4: Übung (1) obere Wade 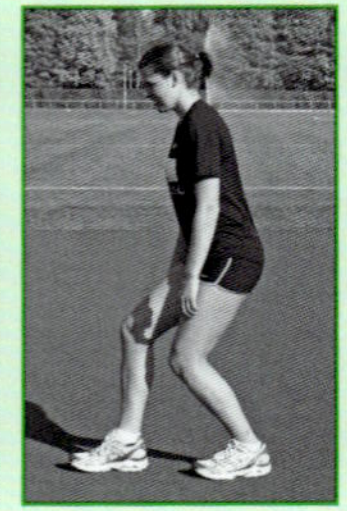 Bild 5: Übung (2) untere Wade 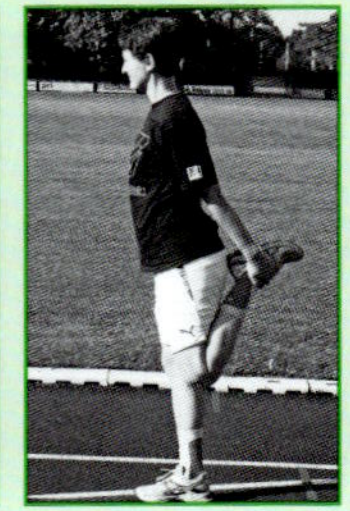 Bild 6: Übung (3) OS-Vorderseite 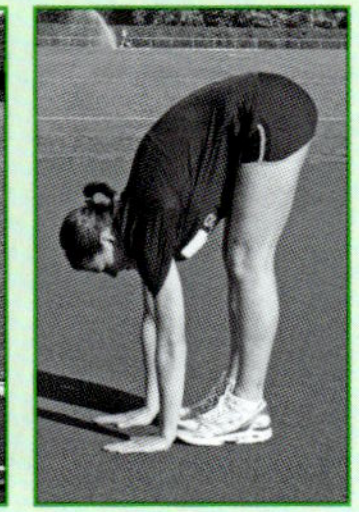 Bild 7: Übung (4) OS-Rückseite
***Spezielles Aufwärmen* „Lauf-ABC“** Die Schüler sammeln sich auf der Kunststoffbahn und sollen verschiedene Aufgaben aus dem Lauf-ABC erfüllen. Dazu stehen sie in der Ausgangsstellung zu dritt oder viert auf einer Linie nebeneinander und starten jeweils auf ein Kommando der Lehrkraft bis zu einer ca. 10–15 m entfernten Zielmarkierung. Je nach Leistungsfähigkeit der Gruppe sollten vier bis fünf Aufgaben mit je zwei bis drei Wiederholungen durchgeführt werden. **Variation:** Die Schüler erhalten die Aufgabe, die Übungen nebeneinander „im gleichen Takt“ auszuführen.	**Materialbedarf:** Keiner. **Laufaufgaben:** Fußgelenksarbeit, Skippings, Kniehebeläufe, Stephüpfer, „Storchenlauf“, etc. 1
***Spezielles Aufwärmen* „Steigerungen“** Die Schüler erhalten nun die Aufgabe, über eine bestimmte Strecke ihr Lauftempo Schritt für Schritt so zu erhöhen, dass sie am Ende der Strecke ihr maximales Tempo erreicht haben. Dazu stehen sie in der Ausgangsstellung wieder zu dritt oder viert auf einer Linie und starten von dort aus mit einem moderaten Tempo. Einer aus der Gruppe gibt jeweils das Tempo vor. Ziel ist es, bis zum Zielstrich die Laufgeschwindigkeit stetig zu erhöhen und dort möglichst gemeinsam anzukommen. Je nach Leistungsfähigkeit der Gruppe sollte eine Streckenlänge zwischen 50 m und maximal 70 m gewählt und etwa zwei bis drei Wiederholungen absolviert werden.	**Materialbedarf:** Keiner.

Stundenabschnitte und Unterrichtsinhalte	Organisatorische Hinweise

Erster Hauptteil (Start)

Starts aus allen Lagen

Die Schüler begeben sich nun jeweils zu dritt oder viert nebeneinander hinter eine Linie in die vom Lehrer angesagte Startposition. Auf ein Kommando hin haben sie die Aufgabe, die markierte Strecke so schnell wie möglich aus der Ausgangsstellung heraus zu durchsprinten.

Als Streckenlänge sollten je nach Leistungsstärke der Gruppe etwa 20 m bis max. 30 m markiert werden. In der Regel können zwischen fünf und acht Starts durchgeführt werden. Durch die Organisationsform in gleichzeitig startenden Kleingruppen ergeben sich für den einzelnen Schüler ausreichende Erholungszeiten bis zum nächsten Start.

Materialbedarf: Markierhütchen.

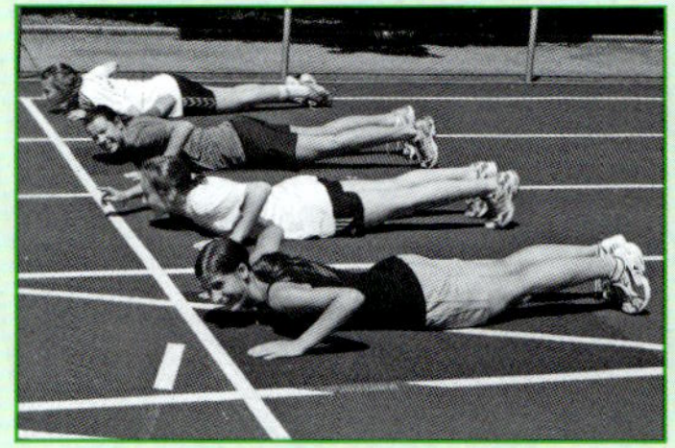

Bild 8: Start aus der Bauchlage

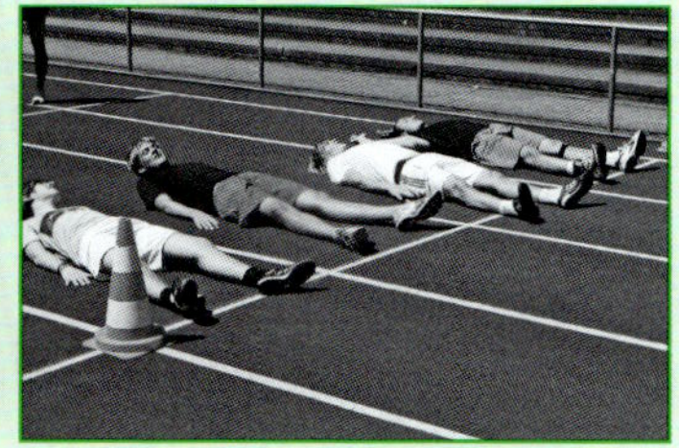

Bild 9: Start aus der Rückenlage

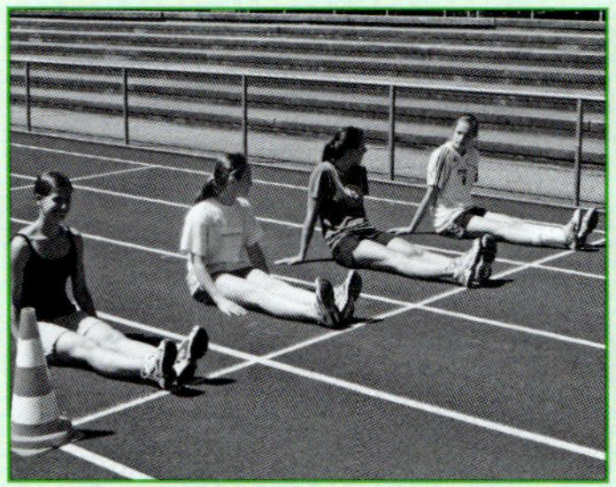

Bild 10: Start aus dem Langsitz

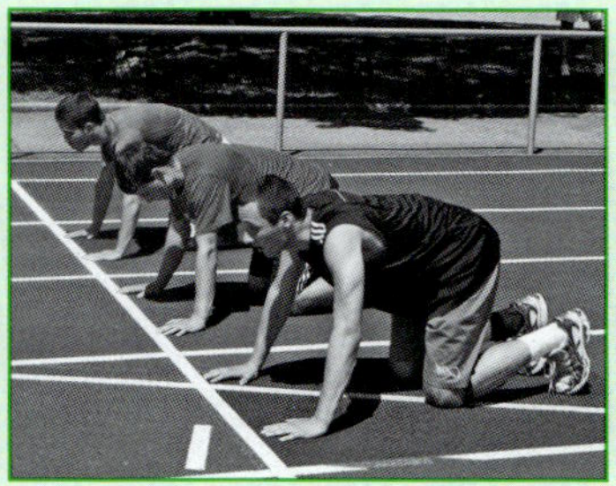

Bild 11: Start aus der Bankstellung

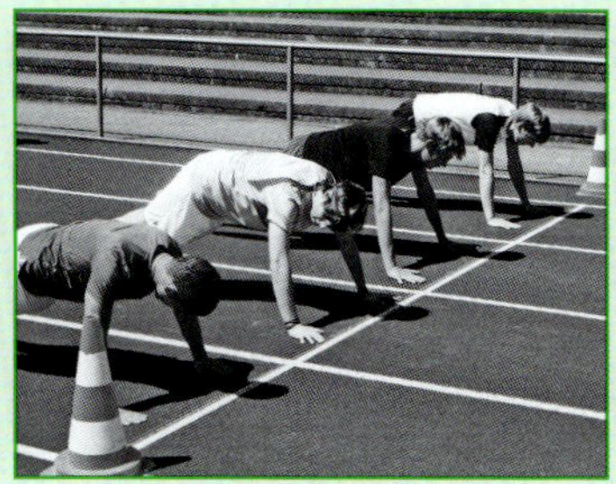

Bild 12: Start aus der Liegestütz

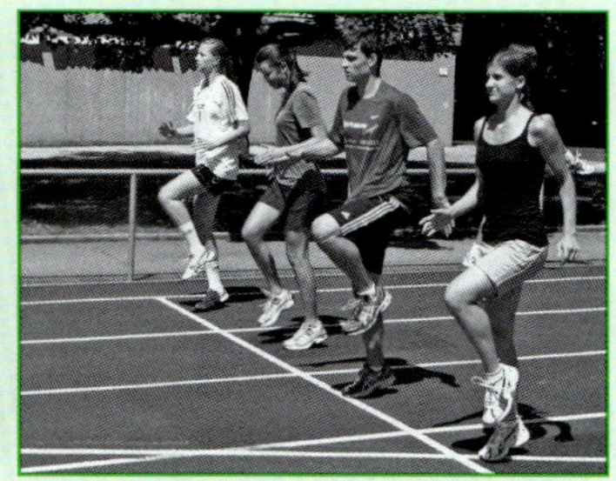

Bild 13: Start aus stationären Skippings

Erarbeitung: Welches Bein ist vorne?

Im nächsten Schritt sollen die Schüler individuell das Bein herausfinden, welches im Startblock später vorne sein soll. Dazu gehen sie paarweise zusammen. Ein Partner übernimmt jeweils die Bewegungs-, der andere die Beobachtungsaufgabe.

Materialbedarf: Keiner.

Stundenabschnitte und Unterrichtsinhalte	Organisatorische Hinweise

Bewegungsaufgabe: Der Schüler stellt sich an eine Linie, schließt seine Augen, lässt sich langsam gestreckt nach vorne umfallen und sprintet drei bis vier Schritte los. Diese Übung wird dreimal wiederholt.

Beobachtungsaufgabe: Der jeweilige Partner beobachtet, mit welchem Bein sein Partner jeweils losgesprintet ist. Das Bein, mit dem häufiger der erste Schritt gemacht worden ist, wird anschließend im Startblock nach vorne genommen.

Hinweis: Bei Sportgruppen, die bereits ihr „stärkeres Bein“ bzw. ihr „im Startblock vorne befindliches Bein“ kennen, kann dieser Teilschritt weggelassen werden.

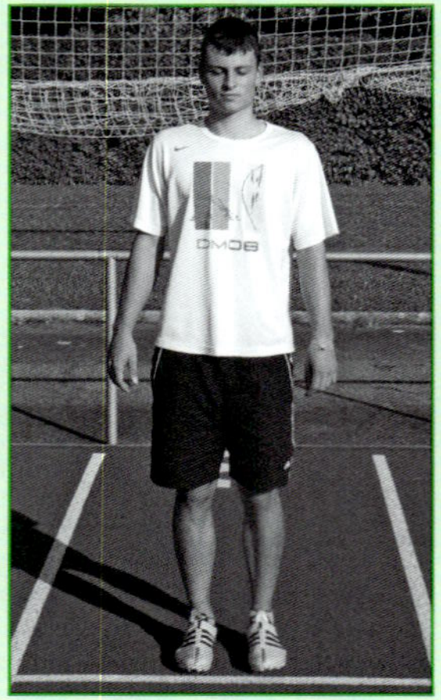

Bild 14: Geschlossene Augen

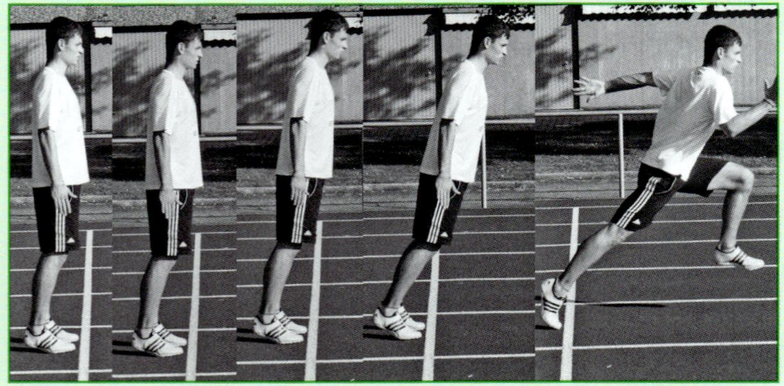

Bild 15: Starts aus dem Umfallen

Alternative: Der Schüler soll ein paar Schritte traben und locker nach oben abspringen, sich dabei um 180° in der Luft drehen und in einer kniestandähnlichen Kauerposition landen. Sie entspricht der Startposition.

Erarbeitung: Wie stelle ich meinen Startblock ein?

Im nächsten Schritt erläutert der Lehrer den Schülern zunächst nochmals das regelgerechte Startkommando: Vor dem eigentlichen Startvorgang stehen die Schüler jeweils hinter ihrem Startblock. Auf das Kommando „Auf die Plätze“ begeben sie sich an den Startblock, setzen beide Füße auf die beiden Widerlager des Blockes und das Knie des vorderen Fußes auf der Bahn ab. Nun werden noch die Hände auf den Fingerspitzen mit abgespreiztem Daumen hinter die Startlinie gesetzt. Wenn alle Schüler im Startblock eine ruhige Startposition gefunden haben, folgt das Kommando „Fertig“. Die Schüler heben ihr Gesäß nach vorne oben an und verlagern gleichzeitig ihren Schwerpunkt ein wenig nach vorne. Wenn alle Schüler eine ruhige „Fertigposition“ eingenommen haben, erfolgt der Schuss bzw. das Kommando „Los“ (vgl. Video 2).

Materialbedarf: Sechs bis zehn Startblöcke.

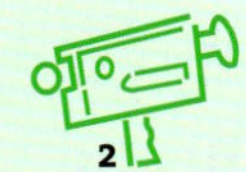

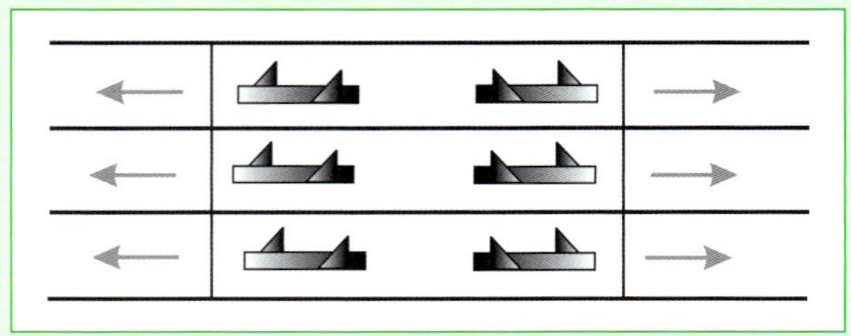

Abb. 8: Grundaufstellung der Startblöcke

Stundenabschnitte und Unterrichtsinhalte	Organisatorische Hinweise

Partneraufgabe: Startblock einstellen

Die Schüler bleiben paarweise zusammen und sollen nun den Start mehrfach abwechselnd ausprobieren. Aufgabe ist es, eine individuell optimale Einstellung des Startblockes zu finden. Optimal heißt in diesem Fall, dass der Schüler das Gefühl hat, eine Position gefunden zu haben, aus der er explosiv starten kann. Dazu sollen verschiedene Abstände zwischen den beiden Widerlagern und verschiedene Abstände vom vorderen Widerlager zur Startlinie ausprobiert werden.

Hinweis: Der Abstand zwischen der Startlinie und dem ersten Block hängt von der Körpergröße ab. Für Schüler der Mittelstufe liegt er etwa bei eineinhalb bis zwei Fußlängen.

Hinweis: Zwischen dem ersten und dem zweiten Widerlager des Startblockes sollten etwa eine (bis eineinhalb) Fußlänge(n) Abstand sein.

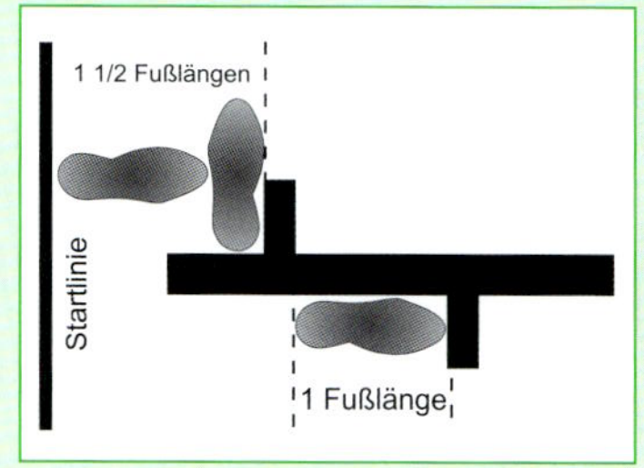

Abb. 9: Einstellen des Startblockes

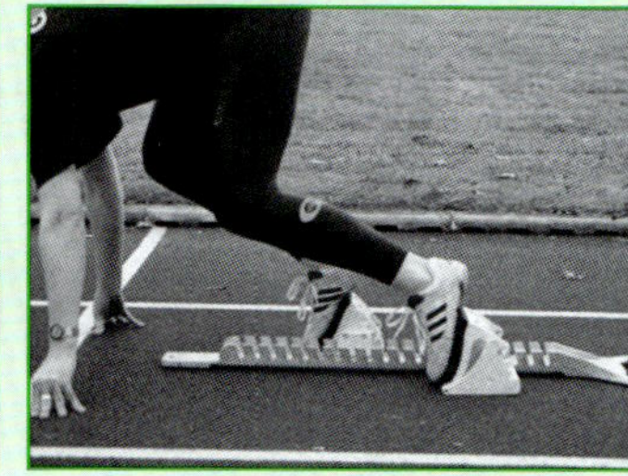
Bild 16: Mittelweite Startstellung

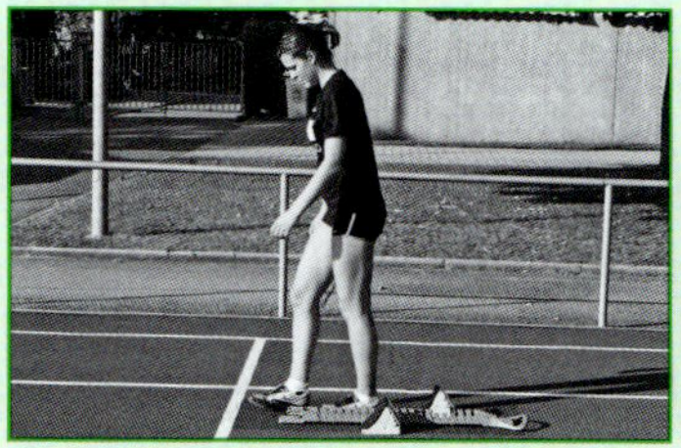
Bild 17: Vorbereitung

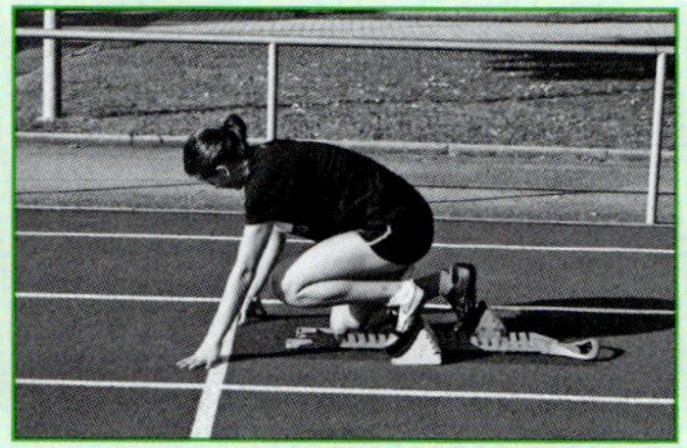
Bild 18: Einnehmen der Startposition

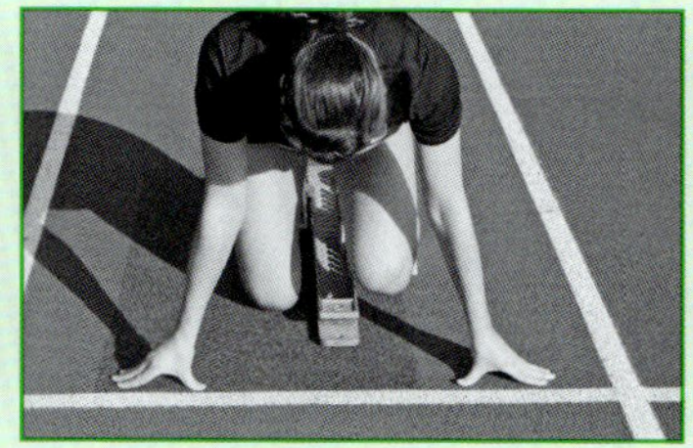
Bild 19: Handhaltung

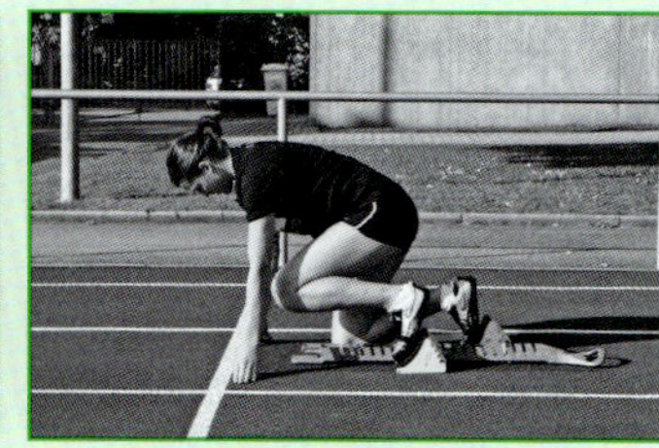
Bild 20: Ruhige Startposition

Hinweis: Der komplette Startvorgang kann den Schülern mit Hilfe einer Technikkarte (vgl. Material „Tiefstart_Schülerin“ bzw. „Tiefstart_Schüler“) nochmals verdeutlicht werden.

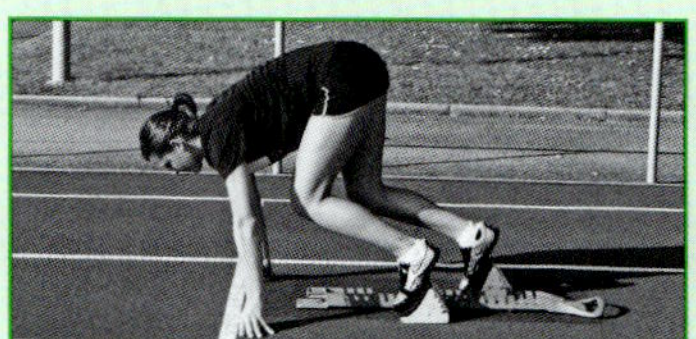
Bild 21: „Fertig“

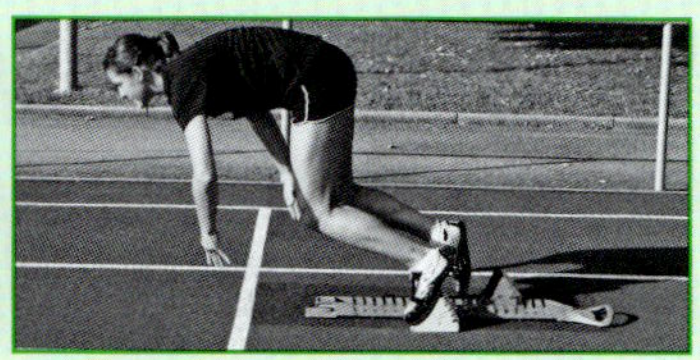
Bild 22: „Los“

Starts aus dem Block mit Partnerkontrolle

Ist die optimale Stellung gefunden, absolvieren die Schüler nochmals zwei bis drei Starts mit regelgerechtem Kommando durch den Partner.

Materialbedarf: Drei bis vier Startblöcke.

Stundenabschnitte und Unterrichtsinhalte	Organisatorische Hinweise

Zweiter Hauptteil (Kraftorientiertes Sprinttraining)

Partnerunterstützte Antrittsübung

Die Schüler bleiben paarweise zusammen, holen sich ein Seil und stellen sich hintereinander auf. Der vorne stehende Partner legt sich das Seil um den Hüftknochen. Der hinten stehende Partner greift beide Seilenden und hält das Seil unter leichter Spannung.
Nun beginnt der vordere Partner auf Kommando gegen den Widerstand des Seiles kräftige Skippings auszuführen. Der hintere Partner geht mit den Füßen langsam mit nach vorne und löst nach kurzer Zeit eine Hand vom Seil, sodass sein Partner nun ohne Widerstand nach vorne lossprinten kann.

Materialbedarf: Seile in halber Klassenstärke.

3

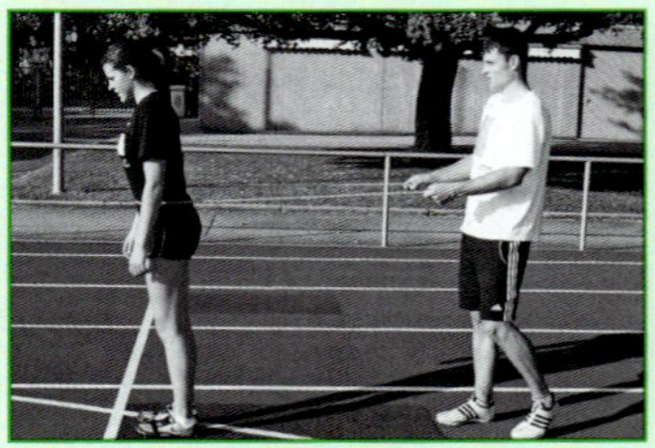

Bild 23: Ausgangsposition

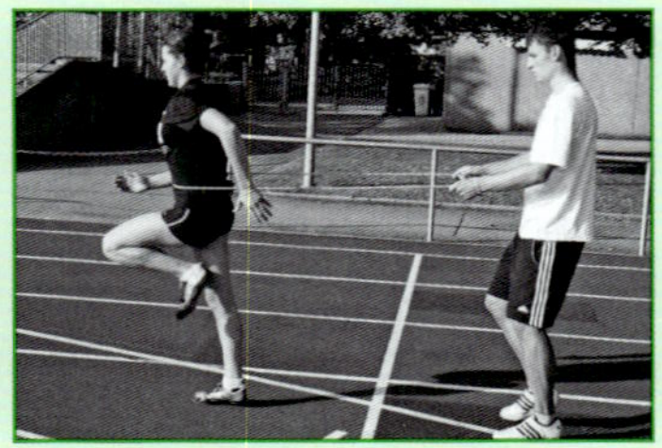

Bild 24: „Antreten mit Widerstand"

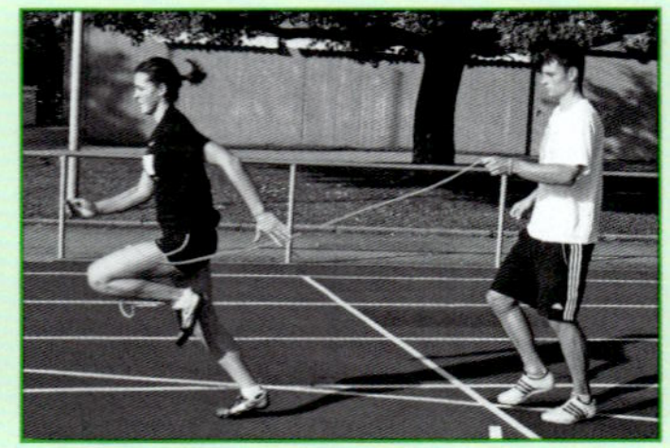

Bild 25: „Seil loslassen"

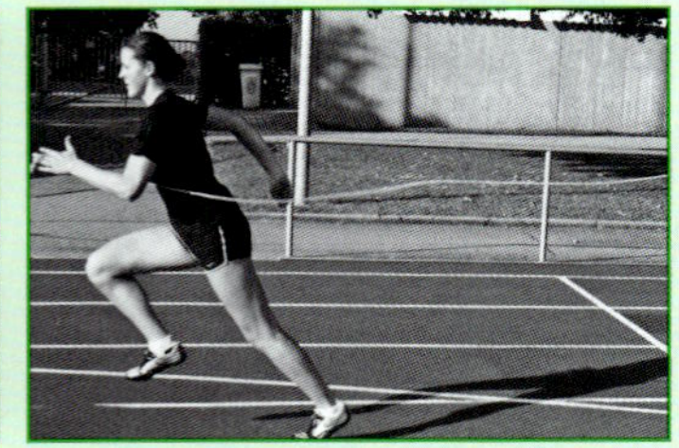

Bild 26: „Wegsprinten"

Zugwiderstandsläufe

Der Lehrer markiert auf der Laufbahn entsprechend der Anzahl der zur Verfügung stehenden Schleppgewichte drei bis vier parallele Streckenabschnitte von etwa 50 m mit Hilfe von Markierungshütchen. Die Klasse verteilt sich gleichmäßig auf die sechs bzw. acht Markierungshütchen. Die Schüler legen das Schleppgewicht an und durchsprinten mit diesem die markierte Strecke so schnell wie möglich. Am erreichten Markierungshütchen wird gewechselt. Je nach Leistungsfähigkeit der Gruppe sollten etwa zwei bis fünf Wiederholungen absolviert werden.
Hinweis: Das Schleppgewicht kann entweder mit zwei Gymnastikseilen oder mit einem Gymnastikseil und einem Fahrradschlauch am Schleppgewicht befestigt werden, wobei die letztere Variante durch den dehnbaren Gummischlauch etwas komfortabler ist.

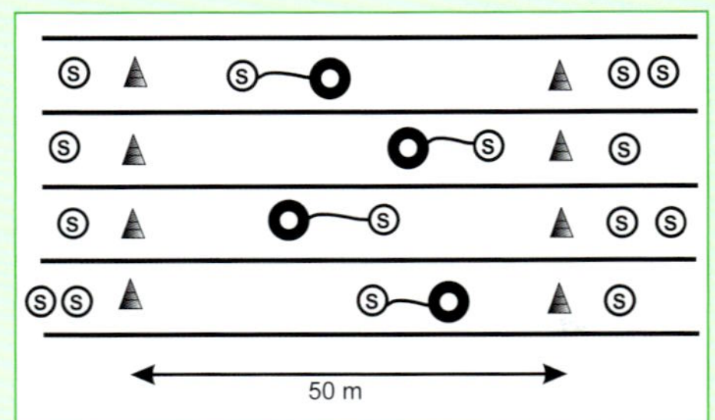

Abb. 10: Grundaufstellung Zugwiderstandsläufe

Materialbedarf:
Drei bis vier Schleppgewichte und pro Schleppgewicht jeweils ein Seil und ein Fahrradschlauch (oder alternativ zwei Seile).

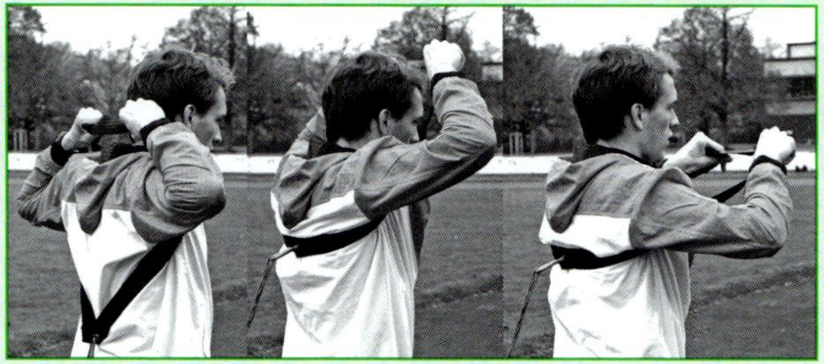

Bild 27: Anlegen des Zugseiles

Hinweis: Zum Anlegen des Zugseils nimmt der Schüler das Seil zunächst über seinen Kopf, hält es in beiden Händen vor dem Körper und zieht es bis unter die Achseln nach oben (vgl. Bild 27 rechter Bildteil). Anschließend führt er das Zugseil von vorne nach hinten über den Kopf und legt es im Nacken ab (vgl. Bild 27 mittlerer und linker Bildteil).

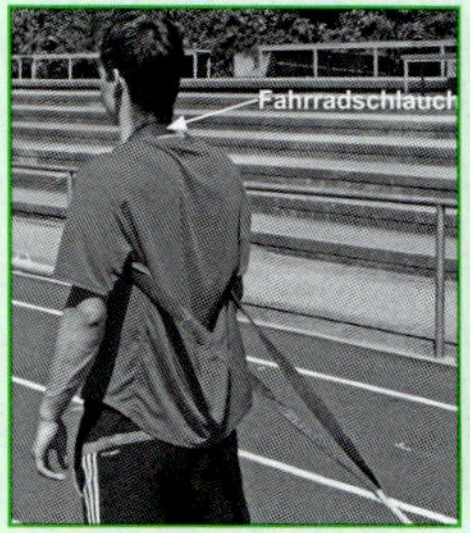

Bild 28: Fertig angelegtes Zugseil

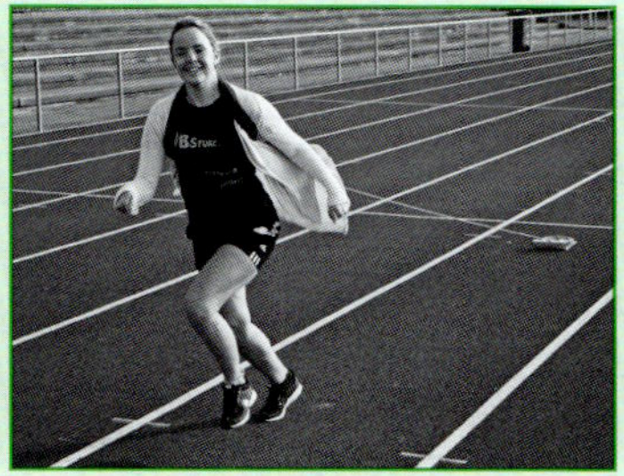

Bild 29: Zugwiderstandslauf mit Schleppbrett

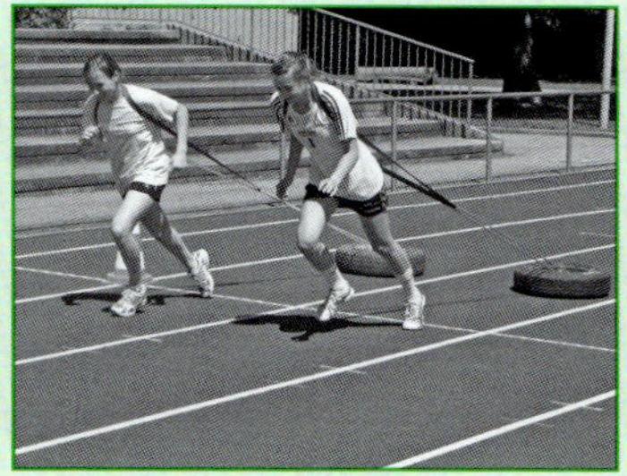

Bild 30: Zugwiderstandslauf mit Autoreifen

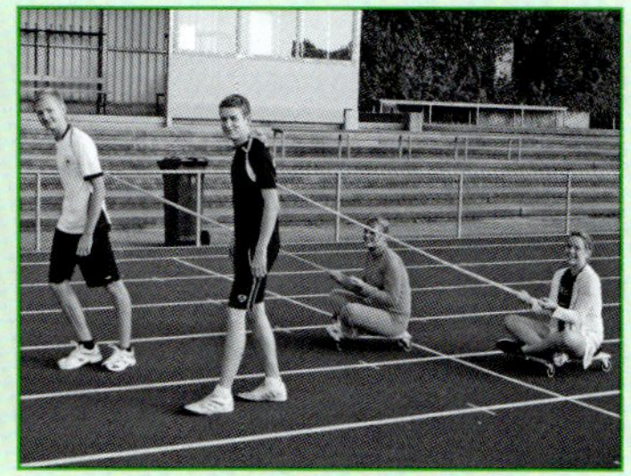

Bild 31: Zugwiderstandslauf mit Rollbrett

Ins-and-Outs

Der Lehrer markiert auf der Laufbahn eine Startlinie und fünf fortlaufende Streckenabschnitte von jeweils 20m Länge.

Die Klasse stellt sich hinter der Startlinie in Gruppen von drei bis fünf Schülern auf. Die Gruppen bekommen die Aufgabe, von der Start- bis zur Ziellinie jeweils im Wechsel bis zum nächsten Hütchen schnellstmöglich zu beschleunigen bzw. bis zum übernächsten Hütchen mit der erreichten Geschwindigkeit „locker weiterzulaufen“.

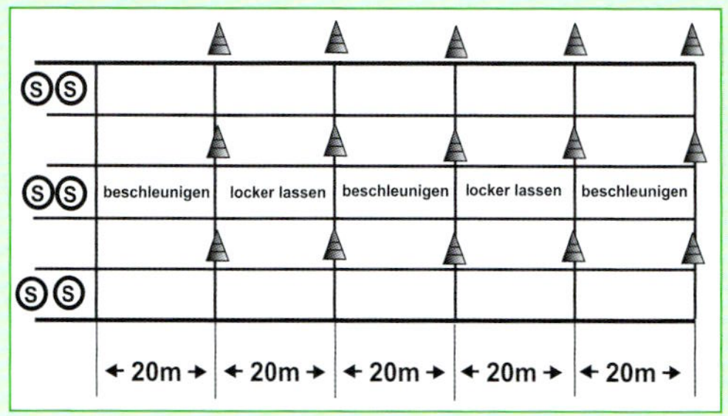

Abb. 11: Aufbauskizze Ins-and-Outs

Materialbedarf:
Fünf Markierhütchen.

Stundenabschnitte und Unterrichtsinhalte	Organisatorische Hinweise

Schluss (Wettbewerbsform)

Wendestaffel mit Autoreifen

Den Abschluss der Stunde bildet eine Wendestaffel mit Autoreifen als Schleppgewicht. Die Klasse wird in zwei bzw. drei Gruppen aufgeteilt. Jede Gruppe stellt sich an der Startlinie auf. Das jeweils erste Mannschaftsmitglied legt den Autoreifen an und begibt sich zur Startlinie. Auf ein Kommando sprinten die Schüler bis zur ca. 20 m entfernten Wendemarkierung, um diese herum und wieder zurück. Erst wenn Schüler und Reifen wieder komplett hinter der Startlinie sind, darf gewechselt werden.

Variation: Sollten keine Autoreifen zur Verfügung stehen, kann die Pendelstaffel auch mit Rollbrettern aus dem Baumarkt durchgeführt werden.

Materialbedarf: Zwei bis drei alte Autoreifen mit Felge und pro Reifen jeweils ein Seil und ein alter Fahrradschlauch.

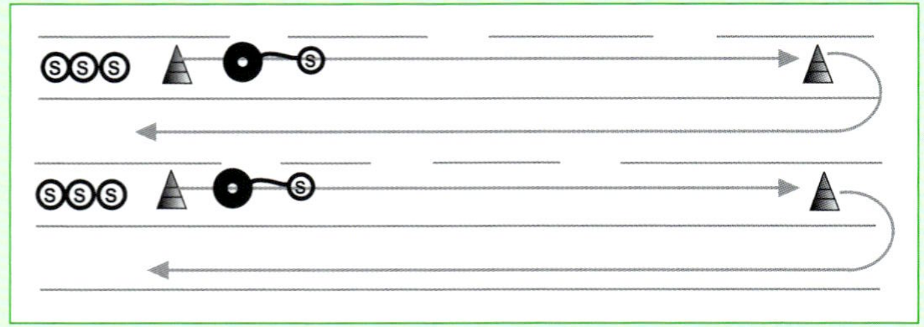

Abb. 12: Aufbauskizze Wendestaffel

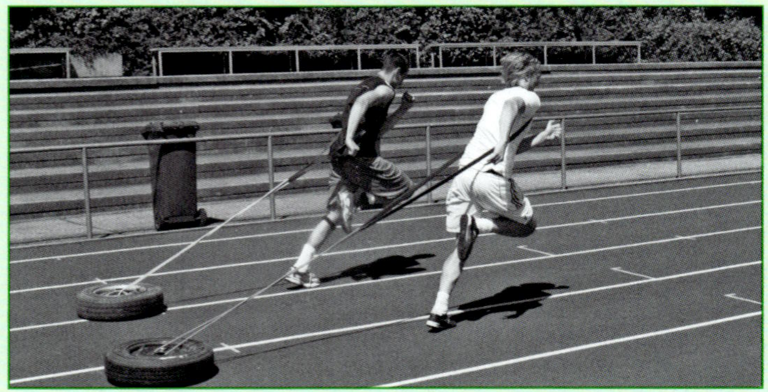

Bild 32: Schüler bei der Wendestaffel

2 Doppelstunde 2: Ausbau der Ausdauer

Einführung

Im Unterstufenband galt die Prämisse: „Kindgemäß aufbauen und nicht abschrecken“. Vor allem sollte die Ausdauer nicht zur Notenfindung herangezogen werden, wenn nie etwas in Richtung Ausdauerförderung vorausgegangen ist. Im Mittelpunkt standen spielerische Formen: Arche Noah, Zahlen-Teamtraben, Schätzläufe, Bilderrätselläufe und ein Biathlon.
In der Mittelstufe kann nun deutlich mehr erwartet werden. Schon der 1994er Bildungsplan des Landes Baden-Württemberg sieht Folgendes vor: „800–2000 m, 15–20 Minuten, Tempogefühl, Atemtechnik“. Unser Grundsatz „Aerob vor anaerob“ bzw. „Länger und Weiter vor Schneller“ gilt aber für die Mittelstufe genauso wie für die Unterstufe. Angesagt ist für den Schulsport ein gleichmäßig ruhiges Laufen. „Laktazide Tempohärte“ ist (zumindest zunächst) nur etwas für Vereinssportler, die über eine gewisse aerobe Grundlage verfügen.
Die Motivation spielt in der Mittelstufe eine besondere Rolle, doch werden die kindlichen Ausdauerangebote aus der Unterstufe wie z. B. Tierspiele von den inzwischen älter gewordenen Schülern meist abgelehnt. Das reine und weitgehend monotone Joggen auf der Bahn aber auch. Unsere Inhalte konzentrieren sich daher auf mit einer Kreislaufbeanspruchung verbundene Aufgabenstellungen, die mit Partner, Zeitgefühl oder Orientierung zu tun haben.

Kompetenzen

Motorisch: Die Schüler können 20 Minuten in moderatem Tempo gleichmäßig laufen.

Kognitiv: Die Schüler besitzen ein der Zeit oder Streckenlänge angepasstes Tempogefühl und können sich gleichmäßig belasten.

Sozial-kommunikativ: Die Schüler können sich auf einen Partner einstellen, sich in eine Gruppe einfügen und zu gemeinsamen Lösungen beitragen.

Didaktisch-methodische Anmerkungen

Allgemeines und spezielles Aufwärmen werden in dieser Doppelstunde zusammen durchgeführt, da es vorrangig um das Ansprechen des Herz-Kreislauf-Systems geht.

Die Schüler wärmen sich zunächst durch die zwei Aufgaben des „verschiedenartigen Kontakts beim Durcheinandertraben" und des paarweisen „Komm mit – sitz' ab" etwa zehn Minuten auf. Im Anschluss führen sie dann zwei ausgewählte Formen zur Verbesserung des Tempogefühls durch. Insgesamt gibt es vier Varianten, aus denen der Lehrer zwei auswählt: „Nach x Minuten Feld verlassen" oder „Beim Pfiff am Hütchen" oder „Auf derselben Höhe wie der Partner drüben" oder „Zeitansage". Das dürfte sie physisch nicht überfordern. Statt des reinen Joggens macht es danach Sinn, eine weitere Aufgabe zu stellen, die dem Laufen übergeordnet ist und es in den Gedanken der Klasse zurückdrängt: „Laufen, Suchen und Orientieren".

Dabei sind eventuell kleinere Zwischenpausen zur Erholung angebracht. Die in manchen Lehrbüchern teilweise empfohlene Mischung aus Lauf- und Gehminuten auf der Bahn stellt hier kaum eine motivationale Herausforderung dar. Paar-Stern-Orientierungsläufe, Schmetterlings-Orientierungsläufe oder Traben verbunden mit einer Suche nach Lösungsbuchstaben sind interessanter.

Die physische Leistungsstärke von Klassen oder ihr motivationales Engagement sind oft sehr unterschiedlich. Obwohl die bisherige Belastung ca. 20 reine Laufminuten mit mehreren Unterbrechungen beträgt, kann bereits an dieser Stelle „Ende" sein. „Zieht" die Gruppe hingegen mit, dann heißt es zum Schluss: „Wer kann bei selbst gewähltem Tempo sein Alter ohne zu gehen in Minuten laufen"?

Hinweise zur Vorbereitung

Im Rahmen der Vorbereitung der Stunde muss für jede Gruppe eine Gruppenlaufkarte (vgl. Material „Laufkarte_Stern-OL") den örtlichen Gegebenheiten angepasst und ausgedruckt werden. Außerdem müssen die Buchstaben des Lösungswortes ausgedruckt und laminiert werden.

Am Tag der Durchführung reicht es, wenn der Lehrer kurz durch das Stadiongelände joggt und für den Orientierungslauf seine Buchstaben an den verschiedenen Stellen aufhängt, solange sich die Schüler umziehen. Dazu benötigt der Lehrer geeignetes Befestigungsmaterial wie z. B. Reißnägel, Klebeband oder eine Schnur. Wenn die Schüler während des Unterrichts eine Pause brauchen, dann kann das Anbringen der Buchstaben auch während dieser Zeit geschehen.

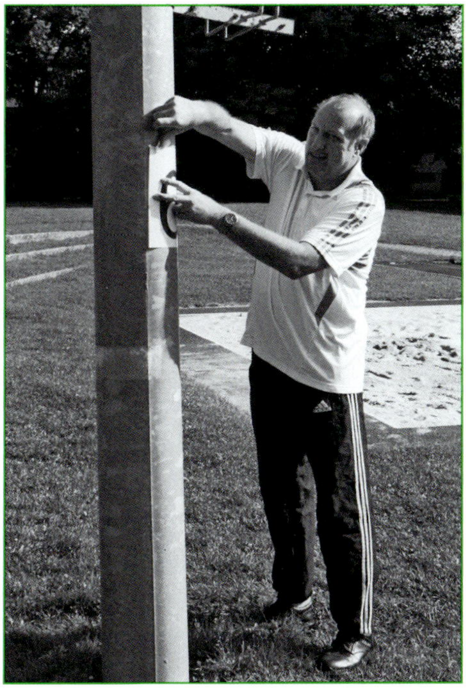

Bild 33: Lehrer beim Vorbereiten einer Station

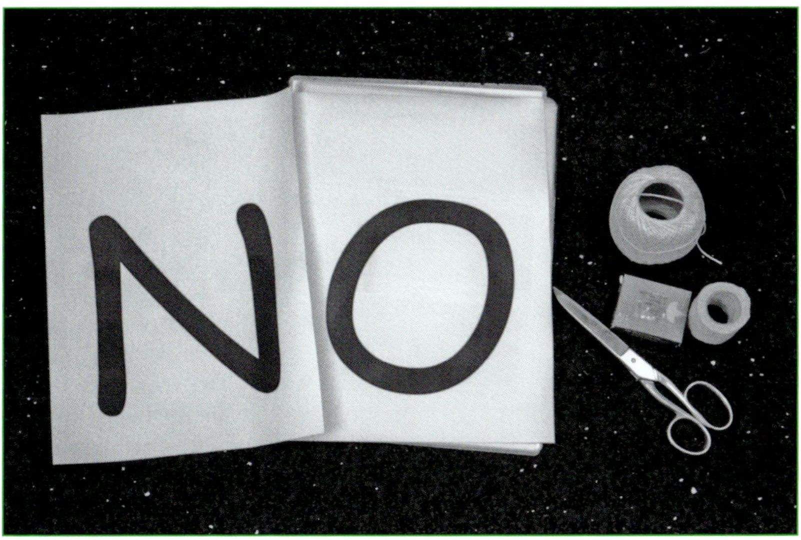

Bild 34: Buchstaben und Befestigungsmaterial

Doppelstunde 2: *Ausbau der Ausdauer*

Stundenabschnitte und Unterrichtsinhalte	Organisatorische Hinweise

Einleitender Stundenteil (Aufwärmen)

***Aufwärmen* „Begegnungslauf mit Aufgaben"**

Die Schüler laufen in einem Feld, z. B. im Strafraum des Rasenplatzes oder im Kurvensegment durcheinander und erledigen bei jeder Begegnung mit einem Mitschüler eine Aufgabe, die vom Lehrer ca. alle 30 Sekunden neu angesagt wird: Abklatschen, Handschlag, Arm einhaken und kreisen links/rechts, Bockstellung und Überspringen etc.

Hinweis: mindestens 6 Aufgaben (= 3 Minuten), besser 10 Aufgaben (= 5 Minuten). Der Lehrer kann auch nur „Wechsel" rufen, und ein Schüler sagt die nächste während des Joggens erdachte Aufgabe an.

Materialbedarf: Keiner.

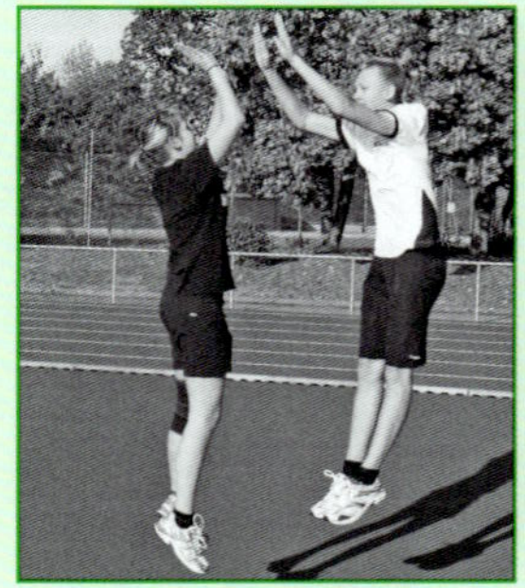

Bild 35: Begegnungsaufgabe Abklatschen

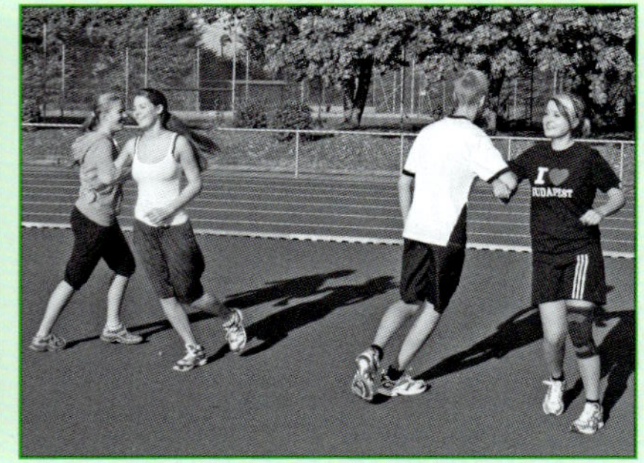

Bild 36: Begegnungsaufgabe Kreisen

***Aufwärmen* „Komm mit – sitz ab"**

Der Lehrer markiert mit vier Hütchen ein ca. 40 m x 60 m großes Feld. Das Feld muss so groß sein, dass die Schüler nicht in Versuchung geraten, zu sprinten. Die Hütchen können z. B. auch an den Strafraumecken des Fußballfeldes und zur Wegstreckenverlängerung am Mittelkreis stehen.

Die Schüler bilden eine durch vier teilbare Anzahl an Kleingruppen, verteilen sich gleichmäßig auf die vier Hütchen des abgesteckten Feldes und sitzen dort ab. An jeder Ecke eines Feldes sitzen dann mindestens drei bis eher vier Schülerpaare. Die ersten Paare jedes Hütchens traben eine Runde, nehmen dann das zweite Paar, nach einer weiteren Runde das dritte Paar und dann das vierte Paar auf die Trabrunde mit. Sind alle Schüler eines Hütchens eine gemeinsame Runde gelaufen, bleibt das erste Paar wieder sitzen, nach einer weiteren Runde das zweite usw.

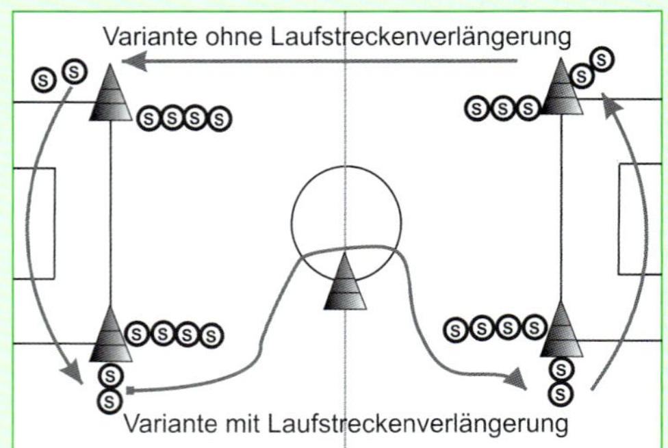

Materialbedarf: Vier Markierungshütchen.

Abb. 13: Grundaufstellung „Komm mit – sitz ab"

Stundenabschnitte und Unterrichtsinhalte	Organisatorische Hinweise
Hinweis: „Kein Rennen! Es geht um ein einlaufendes Joggen!“ **Hinweis:** Vier Ecken drei (vier) Paare = 24 (32) Schüler. Anpassung an die reale Klassengröße: Es können bei einer Schülerzahl dazwischen neben den Paaren auch Dreiergruppen laufen. Und es kann einzeln gelaufen werden. Aber es müssen für jeden Schüler in der Summe mindestens drei Runden zusammenkommen.	
Hauptteil (Vom Tempogefühl über moderate Intervalle mit Pausen zum zusammenhängenden Laufen)	
Gleichmäßiges Tempo und Zeitgefühl entwickeln – „Zurück zum Lehrer“ Die Schüler sammeln sich im Anspielkreis des Fußballfeldes. Der Lehrer erklärt die einführende Zeitschätzaufgabe: Die Schüler sollen selbstständig kreuz und quer auf dem Fußballfeld joggen und dann, wenn sie denken, genau eine Minute sei vorbei, wieder beim Lehrer (im Anspielkreis) sein. **Hinweis:** Im ersten Durchlauf gibt der Lehrer allen bei ihm ankommenden Schülern eine zeitliche Rückmeldung: „Zehn Sekunden zu früh“, „exakt eine Minute“, „eine Minute und fünf Sekunden ... eine Minute und zehn Sekunden ...“. Danach wird ein zweiter Durchgang gestartet. Sollten die Schüler außerhalb eines vorgegebenen Intervalls von z. B. +/– 10 sec ankommen, so wird im Nachhinein nochmals allen Schülern eine zeitliche Rückmeldung gegeben und der zweite Durchgang wiederholt: „Der erste Schüler (Name) ist bei mir 23 sec zu früh angekommen, der letzte Schüler (Name) 12 sec zu spät“. Klappt die Rückkehr innerhalb der anvisierten 50 sec bis 70 sec, so wird die Schätzzeit auf zwei bzw. drei Minuten verlängert.	**Materialbedarf:** eine Stoppuhr. 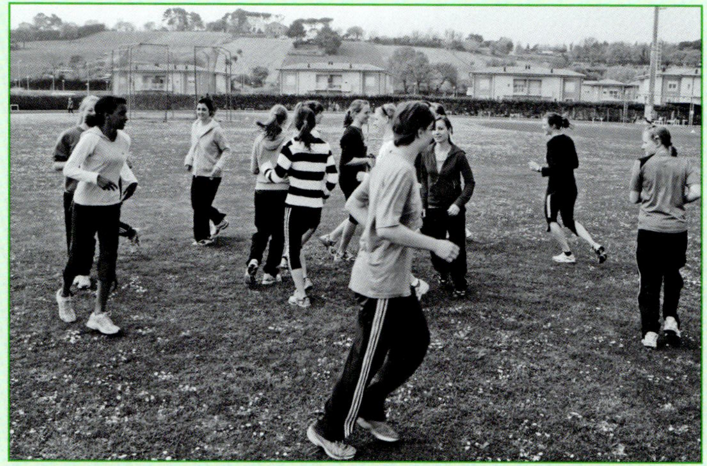 Bild 37: Laufbeginn im Anspielkreis **Differenzierung:** Bei geübten Schülern kann auch der Lehrer selbst innerhalb des Fußballfeldes joggen. Die Schüler müssen dann zusätzlich die Veränderung seiner Position mit einkalkulieren.

Stundenabschnitte und Unterrichtsinhalte	Organisatorische Hinweise

Gleichmäßiges Tempo und Zeitgefühl entwickeln – Alternative „Bei Pfiff am Hütchen“

Der Lehrer markiert mit Hütchen ein etwa 40 m mal 40 m großes, quadratisches Feld. Die Schüler erhalten die Aufgabe, außen um dieses Feld zu joggen und ihre Laufgeschwindigkeit so zu timen, dass sie jeweils beim Pfiff am nächsten Hütchen sind.

Hinweis: Anfangs kann es kurz dauern, bis sich die Schüler auf das Zeitintervall (10 sec) und den Rhythmus eingestellt haben. Das Zeitintervall muss immer gleich und der Strecke angepasst sein. Am besten nimmt man sich einen Schüler als Maß, der ein vernünftiges Tempo läuft und orientiert sich an ihm.

Differenzierung: Es werden bis zu drei ineinander liegende Quadrate ausgesteckt; z. B. noch eines mit 35 m und eines mit 30 m Seitenlänge. Die Schüler ordnen sich der – bezogen auf das individuelle Lauftempo – jeweils am besten „passenden“ Seitenlänge selbstständig zu.

Materialbedarf:
vier bis acht Markierhütchen,
eine Stoppuhr.

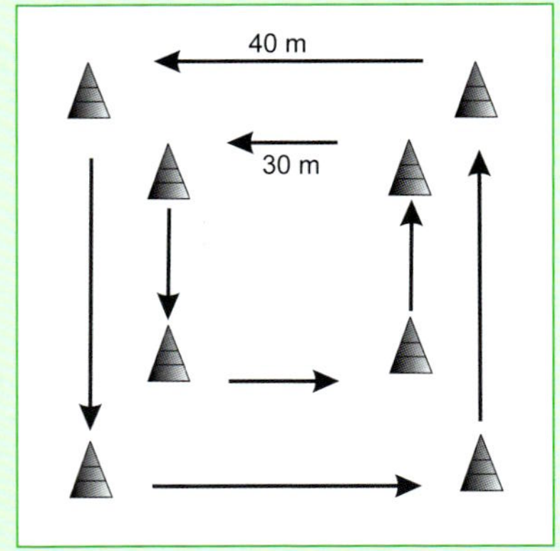

Abb. 14: Skizze Grundaufstellung „Bei Pfiff am Hütchen“

Gleichmäßiges Tempo und Zeitgefühl entwickeln – Alternative „Zeitansage“

Der Lehrer markiert mit Hütchen ein etwa 40 m mal 40 m großes, quadratisches Feld. Die Schüler sagen an, in welcher Zeit sie zwei Runden laufen möchten, z. B.: „Zwei Minuten und zehn Sekunden“, was nicht immer ganz gelingen dürfte. Danach joggen sie außen um das markierte Feld und versuchen, ihre Laufgeschwindigkeit so zu timen, dass sie jeweils bei der vorhergesagten Zeit wieder beim Lehrer sind. Der Lehrer steht am Startpunkt und sagt den ankommenden Schülern die Laufzeit an. „Wer kam seiner vorhergesagten Zeit am nächsten?“

Wiederholung und Korrektur: Die Schüler sollen ihr Lauftempo ändern falls weniger große Differenzen zur angesagten Zeit bestehen. Die Schüler sollen ihre Zeitansage ändern, falls größere Differenzen zwischen Ansage und Realität bestehen.

Materialbedarf:
Vier Markierhütchen,
eine Stoppuhr.

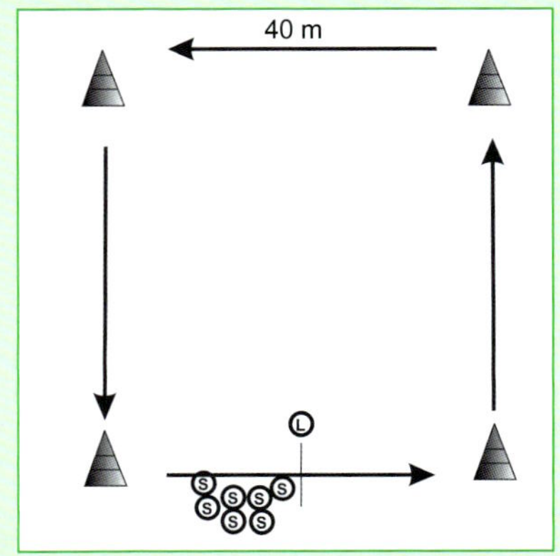

Abb. 15: Skizze Laufwege „Zeitansage“

Moderate Intervalle mit Pausen: „Stern-Orientierungslauf“

Der Lehrer markiert mit den vorbereiteten Lösungsbuchstaben die Posten des Stern-OL. Die Klasse hat einen Zentralpunkt (Dreieck in Abb. 16), z. B. die Weitsprunggrube im Stadion oder noch besser einen Baum im Umfeld desselben. Dann ergeben sich die Posten auf natürliche Art: „Waldeck“, „Wegegabelung“, „Brücke“, „Radwegzeichen“, „Maisfeldende“ usw. Alle Postennummern müssen vom Zentralpunkt aus gut gesehen werden.
Aber auch im Stadion gibt es genug Möglichkeiten: „Tennis-Ballwand“, „Umkleideraum“, „Geräteschuppen“, „Hochsprungabdeckung“, „Diskusring“, „Stadiontor“, „südlicher Pfosten Ballfangnetz“, „Hindernisbalken“.
Die Schüler bilden am Zentralpunkt Paare. Der erste von Paar 1 läuft zu Posten ①, der zweite nach der Rückkehr des ersten zu Posten ②. Der erste von Paar 2 läuft zuerst zu Posten ②, sein Partner danach zu Posten ③. Der erste von Paar 3 steuert Posten ③ an, sein Partner, wenn der erste Pause hat, nun Posten ④ usw. Am Posten ist ein Buchstabe, der der Nummer zugeordnet ist: Posten ① „N“, Posten ② „O“, Posten ③ „D“ usw. In der Reihenfolge: „NO DOPING“.

Hinweis: Klassenstärke : 2 = Zahl der Posten und ein dazu zahlenmäßig passendes Lösungswort. Die Schüler kommen immer wieder zurück, die Situation ist für den Lehrer jederzeit überschaubar.

Hinweis: In der Summe war es bis hierher eine gute Viertelstunde Laufarbeit. Nun kommen kleine ablenkende Orientierungsaufgaben und Zwischenpausen zur Erholung. Beim Stern-OL kann man auch mal durchatmen, wenn der Partner läuft. Und er ist reizvoller als Lauf- und Gehminuten auf der Bahn abzuwechseln.

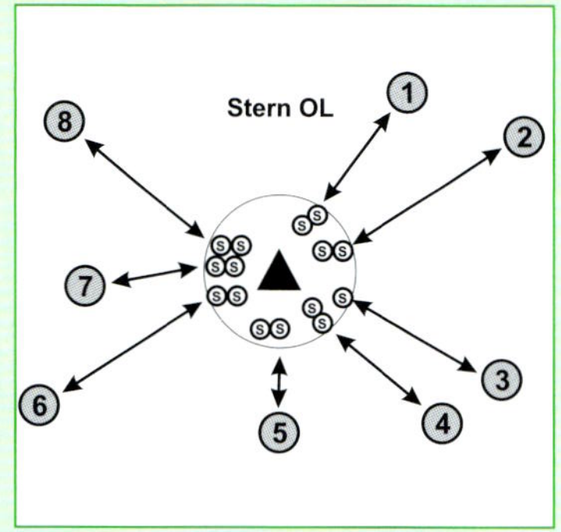

Abb. 16: Grundstruktur des Stern-Orientierungslaufs

Materialbedarf: Lösungsbuchstaben auf (am besten eingeschweißtem) Papier und Reißnägel für die Posten, je eine Laufkarte (vgl. Material „Laufkarte_Stern-OL“) und ein Stift für jedes Schülerpaar.

Alternative „Etwas mehr: Schmetterlings-Orientierungslauf“

Der Lehrer markiert mit den vorbereiteten Lösungsbuchstaben die Posten des Schmetterling-Orientierungslaufes. Die Klasse hat wie beim Stern-OL einen Zentralpunkt (Dreieck in Abb. 17).
Die Schüler laufen nun nicht „Posten ① oder ⑤ → Zentralpunkt → Posten ② oder ⑥ → Zentralpunkt“, sondern sie verbinden ① und ② bzw. ⑤ und ⑥ vor der Rückkehr. Das ergibt die „Flügel des Schmetterlings“: Etwas länger laufen und weg sein.

Hinweis: Ob als Schülerpaar und abwechselnd gelaufen wird, hängt davon ab, welche Belastung bisher schon war und welche noch kommt. Es kann auch in Kleingruppen und durchgehend gelaufen werden. (Auf alle Fälle gilt dies für die Alternative Kreis-OL.)

Materialbedarf: Lösungsbuchstaben auf (am besten eingeschweißtem) Papier und Reißnägel für die Posten, je eine Laufkarte (vgl. Material „Laufkarte_Schmetterlings-OL“) und ein Stift für jedes Schülerpaar.

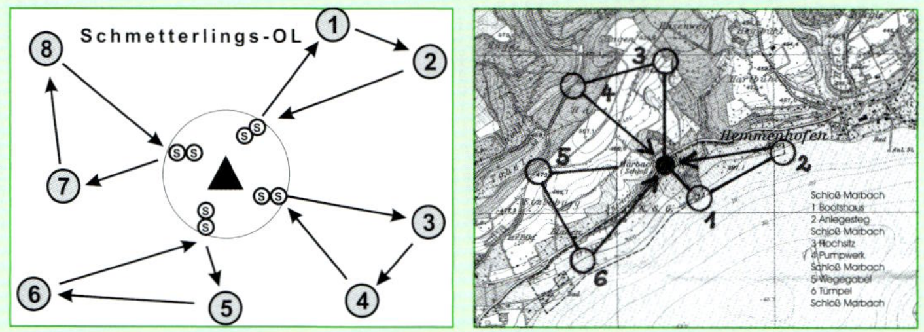

Abb. 17/18: Grundstruktur des Schmetterlings-Orientierungslaufs/Beispiel aus einem Schullandheimaufenthalt

Stundenabschnitte und Unterrichtsinhalte	Organisatorische Hinweise

Alternative „Noch etwas mehr = zusammenhängendes Laufen: Kreis-Orientierungslauf“

Der Lehrer markiert mit den vorbereiteten Lösungsbuchstaben die Posten des Kreis-Orientierungslaufes. Die Klasse hat wie beim Stern-OL einen Zentralpunkt. Dieser wird nun aber – im Gegensatz zum Stern-OL und Schmetterlings-OL – nur noch als Start- und Zielpunkt genutzt.
Vier bis sechs Gruppen laufen los, die erste nach links, die zweite nach rechts, die dritte nach links, die vierte nach rechts usw. Reihenfolge z. B.: „Tennis-Ballwand“, „Umkleideraum“, „Geräteschuppen“, „Hochsprungabdeckung“, „Diskusring“, „südlicher Pfosten Ballfangnetz“, „Hindernisbalken“ bzw. umgekehrt. An den jeweiligen Punkten hängen Buchstaben, die zu einem Lösungswort zusammengesetzt werden sollen: z. B. „NO DOPING“ oder „AUSDAUER“.

Hinweis: Soll der Kreis-OL mit stärkerem Wettkampfcharakter durchgeführt werden, so können die in dieselbe Richtung laufenden Gruppen auch leicht zeitversetzt (z. B. 1 min) starten.

Hinweis: Abbildung 20 gilt dann, wenn alle Gruppen ① bis ⑧ ablaufen. Wenn auch ⑧ bis ① gelaufen wird, müssen die Buchstaben durcheinander sein.

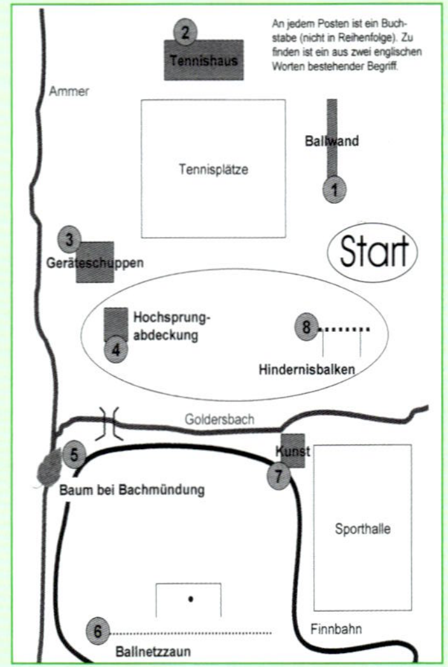

Abb. 19: Grundstruktur des Kreis-Orientierungslaufs

Materialbedarf: Lösungsbuchstaben auf (am besten eingeschweißtem) Papier und Reißnägel für die Posten, je eine Laufkarte und ein Stift für die Schülerpaare.

Postennummer	Postenart	Buchstabe
1	Ballwand	N
2	Umkleide	O
3	Geräteschuppen	D
4	Hochsprungabdeckung	O
5	Baum	P
6	Ballnetz	I
7	Kunstwerk	N
8	Hindernisbalken	G

Abb. 20: Posten-Zuordnungsliste

Schluss (Wettbewerbsform)

Zusammenhängendes Laufen: Der Alterslauf

Pause: Gespräch über die Vorteile des ruhigen und gleichmäßigen Laufens.

Ansage (Wenn nicht auf die Alternative des Kreis-OL zurückgegriffen wurde): „Wir sind heute schon einiges gejoggt, aber es waren nie mehr als fünf zusammenhängende Minuten. Zum Schluss versucht nun jeder, sein Alter in Minuten zu laufen. Das Tempo ist unerheblich. Wichtig ist, dass ihr zwischendurch nicht gehen müsst. Beginnt langsam!“

Alternative: DLV-Laufabzeichen „15 Minuten am Stück“.

Materialbedarf: Eine Stoppuhr.

Hinweis: Die Zeiten sollten als „psychische Unterstützung“ laut angesagt werden: „Schon zwei Minuten“. „Schon sieben Minuten“. „Schon acht Minuten“.
Leichter fällt es, wenn man nicht auf der Bahn joggt. Eine Runde erscheint dort lange; 400 Meter im Gelände sind subjektiv wenig(er). Und leichter fällt es auch, wenn der Lehrer mitläuft.

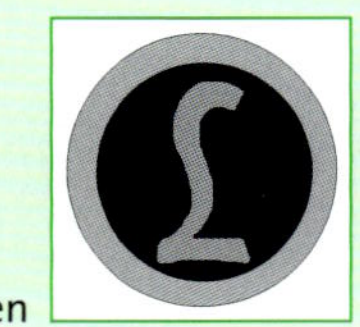

Abb. 21: DLV-Laufabzeichen

3 Doppelstunde 3: Entwicklung der Hürdentechnik

Einführung

Hürdenlaufen stellt im Sportunterricht der Schule meist ein Highlight dar. Da es nur selten behandelt wird, begegnen die Schüler der neuen Disziplin in der Regel auch in der Mittelstufe mit großem Interesse und überdurchschnittlicher Motivation. Diese Chancen gilt es für einen bewegungsintensiven Sportunterricht zu nutzen.
Neben dieser eher pragmatischen Argumentation gibt es weitere Gründe, das Hürdenlaufen im Sportunterricht aufzugreifen: Guter Sportunterricht sollte heutzutage mehrperspektivisch angelegt sein. Beim Erlernen des Hürdenlaufens gibt es die zentrale Perspektive „Leistung erfahren, verstehen und einschätzen“: Ich will eine neue Technik erlernen und mit dieser möglichst schnell über Hürden laufen können. Daneben kann auch die Perspektive „Sinneswahrnehmung verbessern, Bewegungserlebnis und Körpererfahrung erweitern“ und in Teilbereichen die Perspektive „Etwas wagen und verantworten“ zum Tragen kommen.
Auch unter methodischen Gesichtspunkten eignet sich Hürdenlaufen sehr gut für die Schule. Es ist im Vergleich zu anderen Disziplinen bzw. Sportarten relativ leicht und relativ schnell zu erlernen. Außerdem erlaubt der Bewegungsvollzug eine unmittelbare Rückmeldung über den Erfolg bzw. Misserfolg der aktuellen Lernbemühungen.

Hürdenlaufen sollte in der Schule möglichst nicht nur einmalig und punktuell behandelt, sondern in allen Stufen aufgegriffen und weiterentwickelt werden. Der Unterstufe kommt dabei die Aufgabe zu, elementare Grundlagen für das (spätere) Hürdenlaufen zu schaffen. In der Mittelstufe geht es um die Weiterentwicklung der leistungsbestimmenden Grundlagen und um das Erlernen der eigentlichen Hürdentechnik in der Grobform. In der Oberstufe kann diese dann weiter verfeinert und/oder mit theoretischen Informationen versehen werden. Der in der **Doppelstunde Leichtathletik** verwendete Lehrweg folgt dieser grundsätzlichen Aufgabenverteilung. Alle

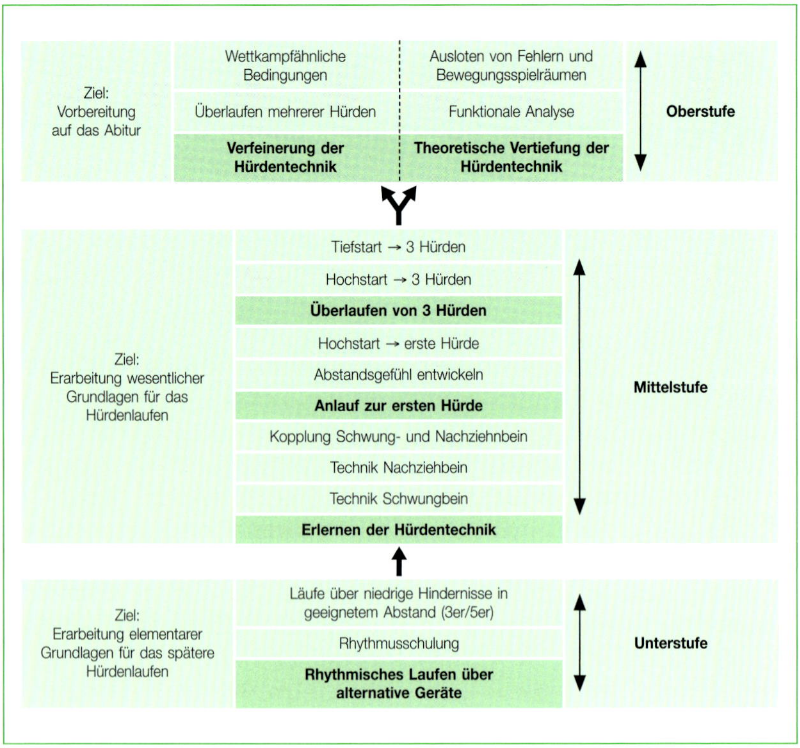

Abb. 22: Lehrweg zum Hürdenlaufen in der Doppelstunde Leichtathletik

wichtigen methodischen Schritte zum Hürdenlaufen sind in Abbildung 22 schematisch dargestellt.
Bei der Einführung des Hürdenlaufens steht im Unterstufenband (vgl. **Doppelstunde Leichtathletik** Band 1) die Rhythmusschulung im Vordergrund. Läufe über niedrige Hindernisse in geeignetem Abstand bilden dort den Schwerpunkt der Ausbildung. Eine isolierte Technikschulung des Schwung- und Nachziehbeines haben in der Unterstufe noch keinen Platz. Die Schüler können nach dieser ersten Ausbildungsstufe mehrere Hindernisse im Dreier-Rhythmus mit jeweils demselben Bein ohne nennenswertes Springen überlaufen. Auf diesem Könnensstand baut nun die vorliegende Doppelstunde zur Entwicklung der Hürdentechnik mit der zweiten Ausbildungsstufe sukzessive auf.[7] Erstes Ausbildungsziel ist die Verfeinerung

[7] Sollte die Sportgruppe bislang noch keine Erfahrungen mit dem Hürdenlaufen gemacht haben, so empfehlen wir vor Durchführung der vorliegenden Doppelstunde zur Entwicklung der Hürdentechnik die Erarbeitung der ersten Ausbildungsstufe aus der Doppelstunde Leichtathletik Band 1. Mit der dort beschriebenen Doppelstunde „Rhythmisch über Hindernisse sprinten: Erster Kontakt mit dem Hürdenlauf“ können die notwendigen Grundlagen gelegt werden.

des Hürdenschrittes. Die zu Beginn noch isolierten Technikübungen für das Schwung- und Nachziehbein werden in einer kombinierten Technikübung wieder zusammengeführt. Zweites Ausbildungsziel ist der Anlauf bis zur ersten Hürde. Die Schüler sollen so schnell wie möglich und so genau wie möglich an die erste Hürde heranlaufen. Dazu muss zunächst ein Gefühl für den richtigen Abstand zur Hürde und darauf aufbauend ein Gefühl für die individuell optimale Beschleunigung bis zur Hürde entwickelt werden. Werden diese beiden Merkmale beherrscht, so kann zum dritten Ausbildungsziel, dem eigentlichen Hürdenlaufen, übergegangen werden. Im Rahmen der vorliegenden Doppelstunde beschränken wir uns allerdings auf das flüssige „Überlaufen können" von drei im passenden Abstand gestellten Hürden. Eine wettkampfmäßige Ausformung des Hürdenlaufens mit genormten Abständen könnte sich als viertes Ausbildungsziel anschließen. Dazu notwendige Übungen vor allem für den Lauf zwischen den Hürden gehen allerdings deutlich über das in der Schule leistbare Maß hinaus und würden den Rahmen der **Doppelstunde Leichtathletik** sprengen. Entsprechende Vorschläge hierzu finden sich in der leichtathletikspezifischen Fachliteratur.[8]

Kompetenzen

Motorisch: Die Schüler können mehrere Hürden mit einer altersgemäßen Technik rhythmisch überlaufen.

Kognitiv: Die Schüler kennen wesentliche Merkmale einer guten Hürdentechnik.

Sozial-kommunikativ: Die Schüler können ihre hürdenspezifischen Fähigkeiten selbst einschätzen und sich einer Aufgabenstellung mit geeignetem Schwierigkeitsgrad zuordnen.

Didaktisch-methodische Anmerkungen

Die Stunde beginnt mit dem Laufspiel „Knack den Code" zur allgemeinen Erwärmung, an das sich ein kurzes gehaltenes Dehnprogramm für die wichtigsten beim Hürdenlaufen beanspruchten Muskeln anschließt. Es folgen prinzipiell bereits bekannte Aufgaben aus dem *Lauf-ABC*, die in dieser Doppelstunde allerdings hürdenspe-

8 Z. B. Bauersfeld & Schröter (1998); DLV (2004); Haberkorn & Plaß (1992) und Wastl & Wollny (2012).

zifisch erweitert werden und daher für Schüler koordinativ sehr anspruchsvoll sind. Die Erweiterung erfolgt über Elemente, welche einen zusätzlichen Fokus auf „asynchron" auszuführende Teilaktionen legen. Beispielsweise soll die bekannte Bewegung Skippings unter dieser Zielorientierung so ausgeführt werden, dass z. B. beim rechten Bein jeweils die Abwärtsbewegung des Beines „betont", d. h. noch etwas schneller als normal ausgeführt wird, während die Aufwärtsbewegungen beider Beine und die Abwärtsbewegung des linken Beines in normaler Geschwindigkeit erfolgen. Eine solche Vorgehensweise schult koordinative Fähigkeiten, die ein für das Hürdenlaufen typisches Bewegungsmuster unterstützen.

Im Anschluss daran geht es mit vorbereitenden Übungen für Schwung- und Nachziehbein „an die Hürde". Die ersten drei vorgeschlagenen Aufgaben schulen zunächst isoliert eine Bewegungsvorstellung der Teilaktionen, die mit dem *Schwung-* bzw. *Nachziehbein* auszuführen sind, ehe sie dann über die vierte Aufgabe wieder zusammengeführt werden.

Der letzte Teil des speziellen Aufwärmens „Steigerungen ab der Hürde" hat zwei Intentionen: erstens soll bei den Schülern ein Gefühl für den Abstand zur Hürde entwickelt werden; durch unterschiedliche Abstände zur Hürde müssen die Jugendlichen ihre Schrittlängen auf diese veränderte Rahmenbedingung einstellen lernen. Zweitens soll durch die Steigerung ab der Hürde das für den Hauptteil notwendige hohe Lauftempo vorbereitet werden.

Der Übergang zum Hauptteil der Stunde gestaltet sich fließend; die Schüler sollen zunächst aus dem Hochstart eine Hürde überlaufen und den Anlauf bis zur Hürde individuell optimieren. Anschließend werden auf diesen sicheren Anlauf aufbauend mehrere Läufe über drei bis vier Hürden aus dem Hochstart absolviert. Schwächere Schüler haben die Möglichkeit, einen Hürdenabstand mit 5er-Rhythmus zu wählen. Dieser hat den Vorteil, dass zwischen den Hürden mehr Zeit zur Verfügung steht, um sich auf die jeweils nächste Hürdenüberquerung zu konzentrieren. Bessere Schüler können zwischen zwei Bahnen mit 3er-Rhythmus und unterschiedlich langen Abständen wählen.

Um den Schülern nach dieser intensiven Übungsphase eine ausreichend lange Erholungspause zu gönnen, aber auch, um das bisher vor allem motorisch Gelernte darüber hinaus noch kognitiv zu verankern, schließt sich ein kurzer theoretischer Einschub zum Thema „Wie sieht eine gute Hürdentechnik aus?" an. Der knappe Theorieblock dient darüber hinaus als neuer Impuls für die abschließende

Übungsphase. Über drei Hürden aus dem Hochstart sollen die Schüler versuchen, die nochmals bewusst gemachten Merkmale umzusetzen.

Die Stunde endet mit einer Wettbewerbsform für mehrere Mannschaften. Bei der Hürdenumkehrstaffel laufen die Schüler auf dem Hinweg über Hürden und sprinten dann ohne Hürden wieder zurück, um den nächsten abzuschlagen.

Hinweise zur Vorbereitung

Um ein differenziertes Vorgehen zu ermöglichen, werden für diese Doppelstunde mehrere Hürden benötigt, die in angemessener Anzahl zur Verfügung stehen sollten. Das zum allgemeinen Aufwärmen vorgeschlagene Laufspiel „Knack den Code“ benötigt darüber hinaus Rätselkarten und Codierkarten (vgl. Material „Codierkarten“ bzw. „Rätselkarte“), die bereits im Vorfeld ausgedruckt und vorbereitet werden sollten.

Doppelstunde 3: *Entwicklung der Hürdentechnik*

Stundenabschnitte und Unterrichtsinhalte	Organisatorische Hinweise

Einleitender Stundenteil (Aufwärmen)

***Allgemeines Aufwärmen* „Knack den Code“**

Der Lehrer markiert mit vier Markierungshütchen eine ca. 30 m x 20 m große Laufrunde auf dem Rasen und deponiert die 26 Codierkarten* an einem zentralen Platz am Rande der Laufstrecke.
Die Klasse wird in mehrere Gruppen à drei bis fünf Schüler aufgeteilt. Jede Gruppe erhält eine Rätsel-Karte und einen Stift und stellt sich zu Beginn an verschiedenen Punkten der Laufstrecke (z. B. an einem Hütchen) auf.
Aufgabe der Gruppe ist es nun, den Lösungssatz auf der Rätselkarte im Laufen zu decodieren. Dazu darf pro gelaufener Runde genau eine Codierkarte umgedreht werden. Anschließend kann der umgedrehte Buchstabe der Rätselkarte in „Klartext“ decodiert werden. Es wird solange decodiert und gelaufen, bis die Gruppe den Lösungssatz zusammen hat.

Hinweis: Je nach gewünschtem Umfang wird der Lösungssatz länger oder kürzer gewählt.

* Eine Codierkarte hat zwei unterschiedlich farbige Seiten (z. B. eine rote und eine weiße Seite). Auf der weißen Seite befindet sich jeweils ein Buchstabe des Alphabets, auf der roten Seite der Buchstabe, welcher zur Decodierung benötigt wird.

Materialbedarf: Vier Markierungshütchen; je Gruppe eine vorbereitete Rätselkarte (vgl. Material „Rätselkarte“) und einen Stift, 26 Codierkarten (vgl. Material „Codierkarten“).

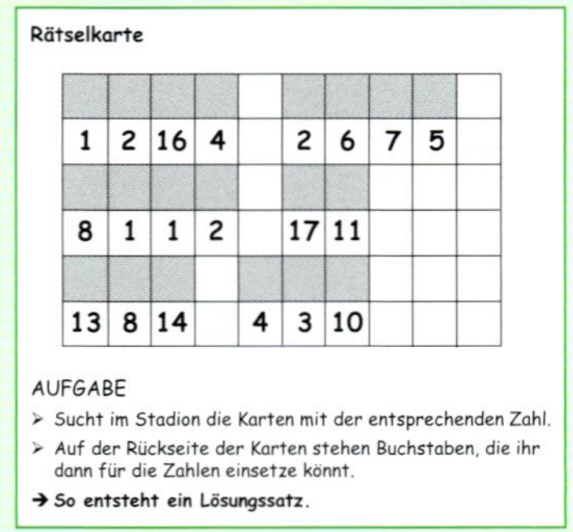

Rätselkarte

1	2	16	4		2	6	7	5	
8	1	1	2		17	11			
13	8	14		4	3	10			

AUFGABE
- Sucht im Stadion die Karten mit der entsprechenden Zahl.
- Auf der Rückseite der Karten stehen Buchstaben, die ihr dann für die Zahlen einsetze könnt.

→ **So entsteht ein Lösungssatz.**

Abb. 23: Rätselkarte

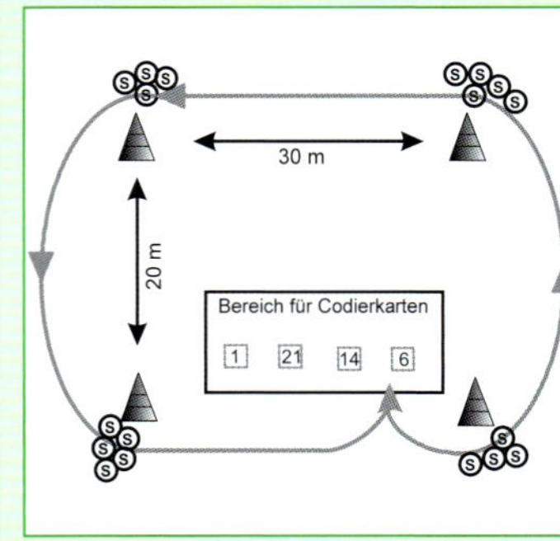

Abb. 24: Grundaufstellung

***Spezielles Aufwärmen* „Dehnen“**

Die Klasse absolviert zusammen mit dem Lehrer ein kurzes gehaltenes Dehnprogramm für Wade und Oberschenkel. Ergänzend zur Erklärung und Demonstration der Dehnübung bekommen die Schüler eine altersgemäße Information über den gedehnten Muskel/die gedehnte Muskelgruppe und dessen/deren Funktion beim Hürdenlaufen.

Pro Übung 20 sec Haltedauer → danach lockern

Materialbedarf: Keiner.

Aufstellung in Halbkreisformation

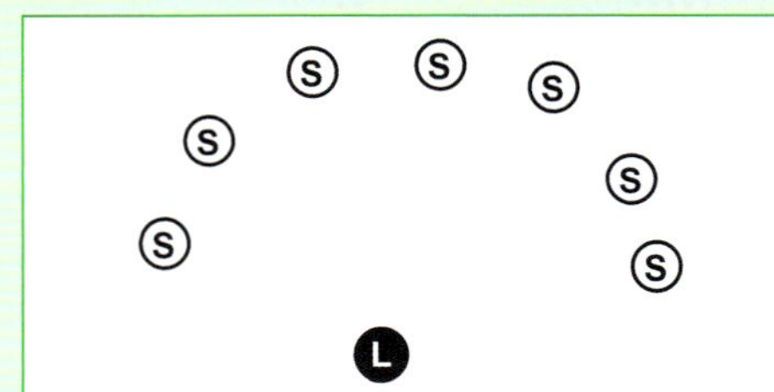

Abb. 25: Aufstellung in Halbkreisformation

Stundenabschnitte und Unterrichtsinhalte	Organisatorische Hinweise

- Übung (1) → Im Kniestand ein Bein gestreckt aktiv nach unten auf den Boden drücken.
- Übung (2) → In Seitlage einen Fuß am Knöchel fassen und Richtung Gesäß ziehen.
- Übung (3) → Im Sitz beide Beine im 90°-Winkel aufstellen und mit den Armen nach hinten drücken.
- Übung (4) → In weiter Ausfallschrittstellung das hintere Knie aufsetzen und die Hüfte nach vorne schieben.

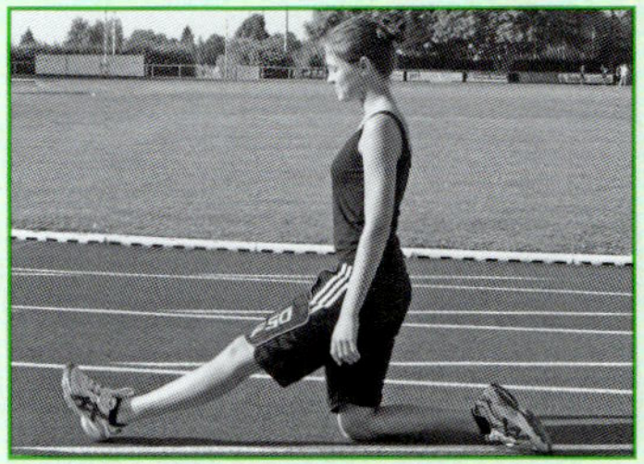

Bild 38: Übung (1)
Oberschenkel-Rückseite

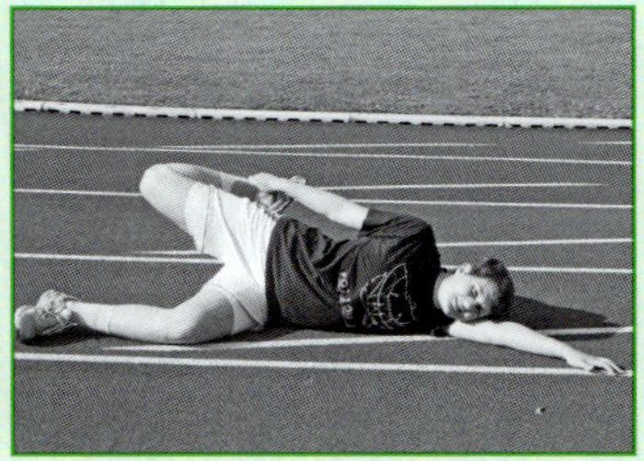

Bild 39: Übung (2)
Oberschenkel-Vorderseite

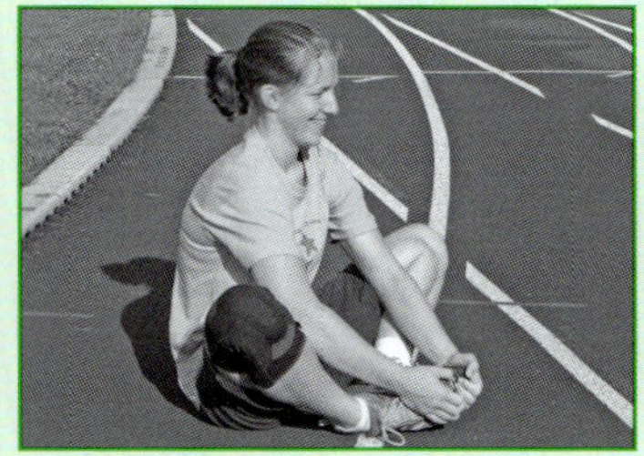

Bild 40: Übung (3)
Adduktoren

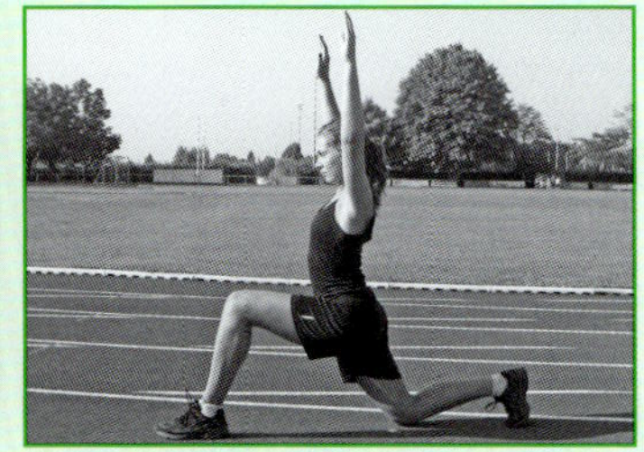

Bild 41: Übung (4)
Hüftbeuger

***Spezielles Aufwärmen „Lauf-ABC* mit hürdenspezifischen Elementen“**

Die Schüler sammeln sich auf der Tartanbahn und sollen verschiedene Aufgaben aus dem Lauf-ABC erfüllen, wobei die Grundformen des Lauf-ABC' um koordinative Aufgaben ergänzt werden.
Dazu stehen sie in der Ausgangsstellung zu dritt oder viert auf einer Linie nebeneinander und starten jeweils auf ein Kommando der Lehrkraft bis zu einer ca. 10–20 m entfernten Zielmarkierung. Je nach Leistungsfähigkeit der Gruppe sollten vier bis fünf Aufgaben mit je zwei bis drei Wiederholungen durchgeführt werden.

4

Materialbedarf: Keiner

Lauf- und koordinative Aufgaben:
- Fußgelenksarbeit und jeder fünfte Bodenkontakt wird als Skipping ausgeführt.
- Ein Bein macht Skippings und das andere Fußgelenksarbeit.
- Skippings; bei jedem fünften Bodenkontakt wird das andere Bein nach dem Heben des Oberschenkels nach vorne „ausgekickt“.
- Kniehebeläufe mit Betonung der Abwärtsbewegung eines Beines, Stephüpfer mit wechselseitigem Kniehub geradeaus.
- „Storchenlauf“ mit Betonung der Abwärtsbewegung.
- Beweglichkeitsübung im Stand.

Stundenabschnitte und Unterrichtsinhalte	Organisatorische Hinweise

Hauptteil (Hürdentechnik)

***Spezielle* Technikübungen**
Die Klasse geht paarweise zusammen und absolviert unter Anleitung des Lehrers eine spezielle hürdengymnastische Vorbereitung.
Übung (1) → **Schwungbeinbewegung** im Fluss über mehrere Hürden: Der Schüler steht in der Ausgangsstellung in Verlängerung der ersten Hürde und hüpft auf dem Nachziehbein von Hürde zu Hürde. Bei jedem Hüpfer schwingt er sein Schwungbein jeweils über die nächste Hürde (vgl. Bild 42 bis 45).
Übung (2) → **Schwungbeinbewegung** wie bei Übung 1; dasselbe mit dem anderen Bein in die Gegenrichtung zurück.

Hinweis: Stehen ausreichend Hürden zur Verfügung, so können auch zwei parallele Bahnen aufgebaut werden.

Materialbedarf: Fünf bis acht Hürden.

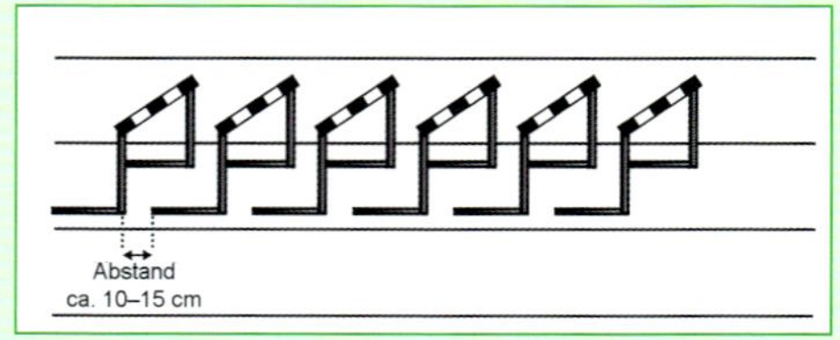

Abb. 26: Skizze Hürdenaufbau Übung 1 und 2

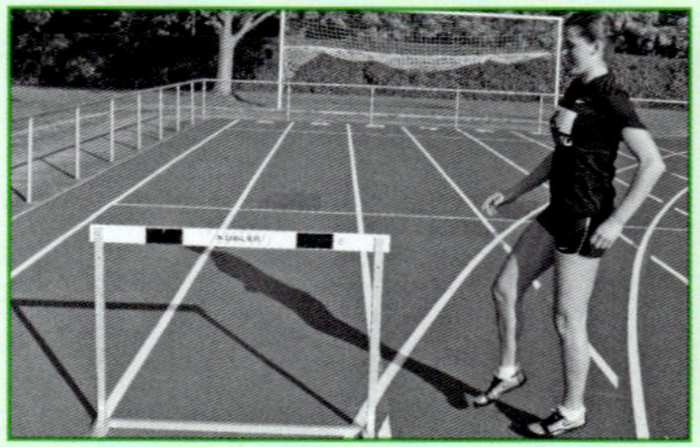
Bild 42: Ausgangsposition von der Seite

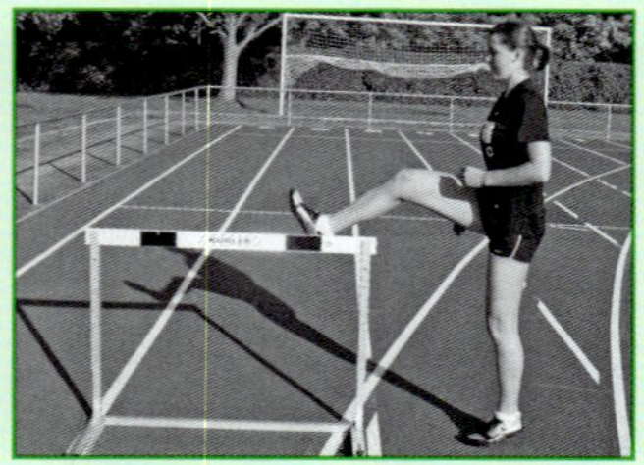
Bild 43: In der Aufwärtsbewegung

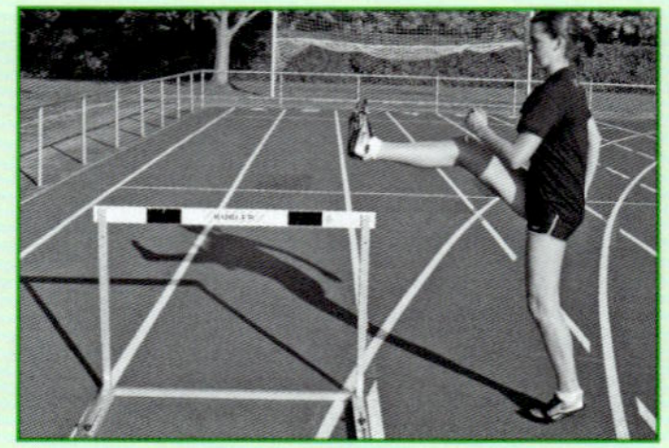
Bild 44: Höchster Punkt

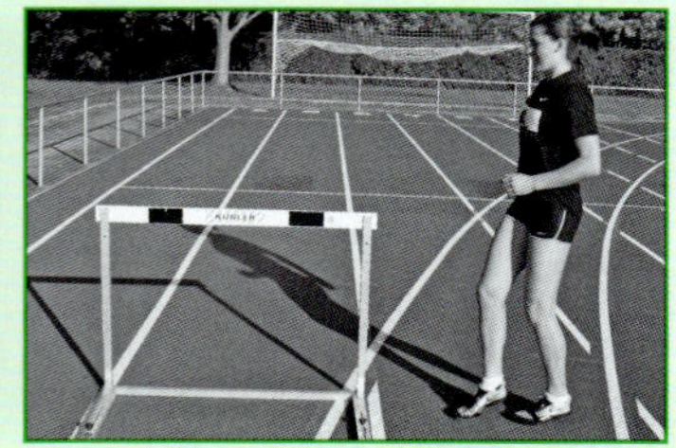
Bild 45: Endposition von Übung (2)

Übung (3) → Übersteigen vorwärts mit dem **Nachziehbein**.
Je zwei Paare teilen sich eine Hürde; der aktive Partner steht mit seinem Schwungbein eine Fußlänge außen vor der Hürde (vgl. Bild 46), der passive Partner stabilisiert durch Handhalten. Der aktive Partner macht zunächst mit dem Schwungbein neben der Hürde einen kniehubbetonten Schritt nach vorne (vgl. Bild 47), führt anschließend sein Nachziehbein langsam über die Hürde nach vorne oben und setzt das Nachziehbein wieder aktiv in Laufrichtung auf. Der passive Partner begleitet die gesamte Übung indem er einen ganz leichten Zug nach vorne auf den aktiven Partner ausübt (Gesamtbewegung vgl. Bild 48 oder Video 7).

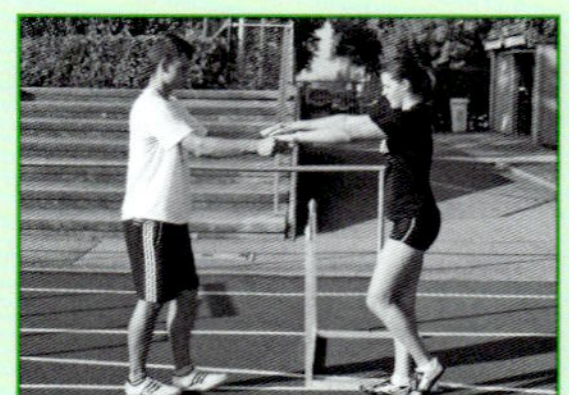
Bild 46: Ausgangsposition von der Seite

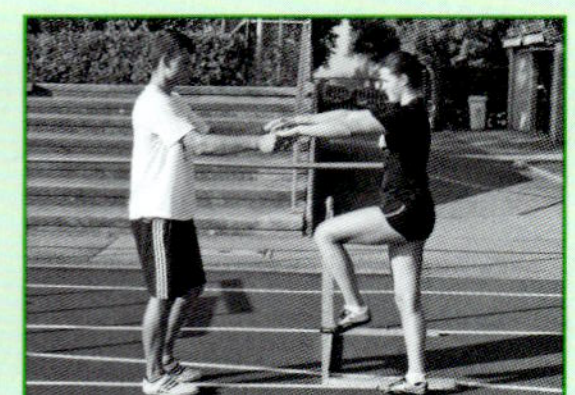
Bild 47: Schritt mit Schwungbein

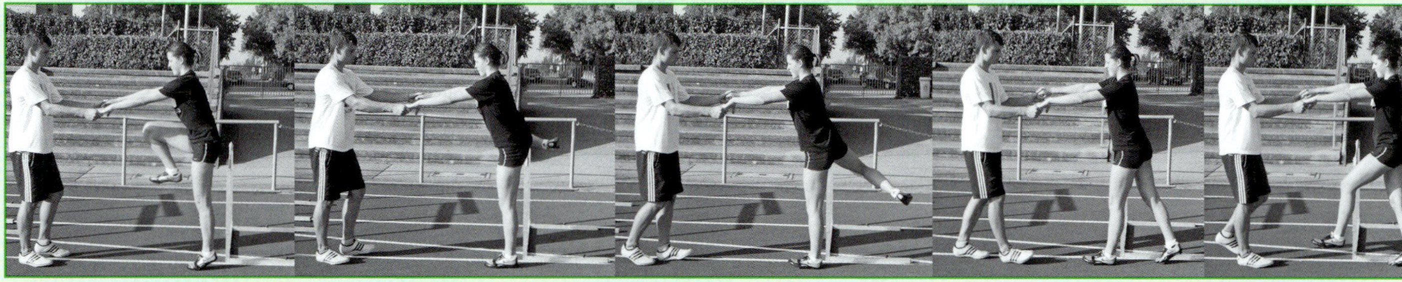

Bild 48: Übersteigen mit Partnerhilfe

Übung (4) → Übersteigen vorwärts und rückwärts mit dem **Nachziehbein**. Die Übung ist anfangs identisch mit Übung (2). Nach dem Setzen des Nachziehbeines vor der Hürde wird die komplette Übung nochmals „rückwärts“ angeschlossen, d. h. das Nachziehbein wird wieder über die Hürde in die Ausgangsposition geführt (vgl. Abb. 49 bis 52 oder Video 8).

8

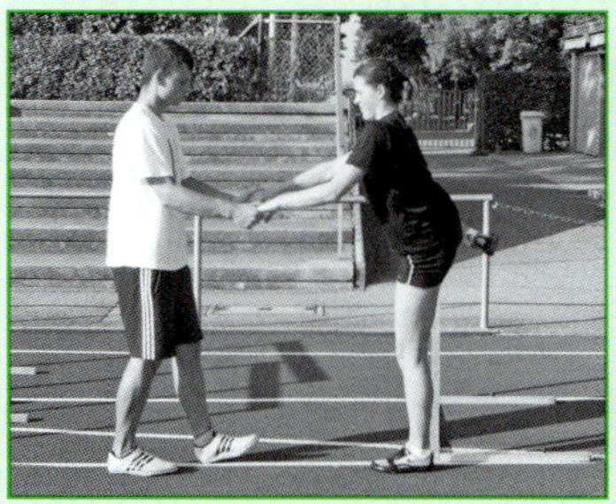

Bild 49: Nachziehbein nach hinten

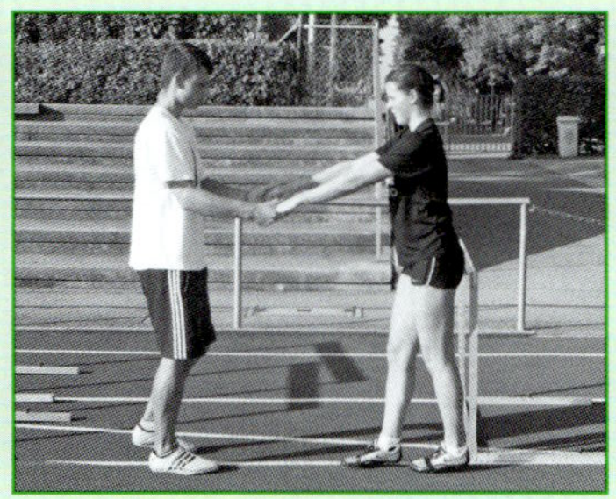

Bild 50: Setzen

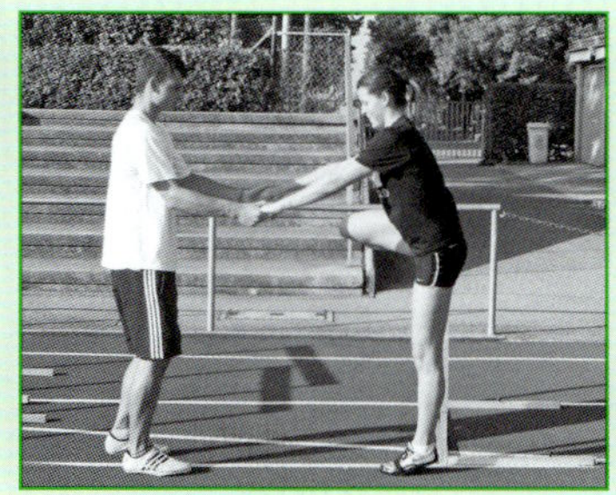

Bild 51: Nachziehbein nach vorne

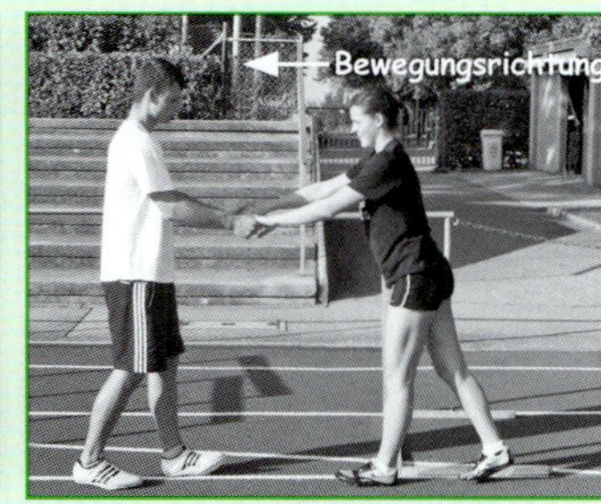

Bild 52: Ausgangsposition

Übung (5) → Übersteigen mit dem Nachziehbein im Gehen.
Der Sportler geht mit großen Schritten mit seinem Schwungbein an der Hürde vorbei. Das Schwungbein wird dabei ca. eine Fußlänge vor der Hürde aufgesetzt. Das Nachziehbein wird über die Hürde nach vorne oben geführt und anschließend auf dem Boden aufgesetzt (vgl. Video 9).

9

Stundenabschnitte und Unterrichtsinhalte	Organisatorische Hinweise

Die Hürden werden so umgebaut, dass auf zwei Bahnen jeweils vier Hürden im Abstand von ca. 3 m stehen. Die Schüler sammeln sich an der Startlinie und haben die Aufgabe, mit Fußgelenksarbeit an die Hürde heranzulaufen, dann die Hürde mit Schwung- und Nachziehbein zu übersteigen und sofort wieder mit Fußgelenksarbeit weiterzulaufen.

Übung (6) → Übersteigen mit Schwung- und Nachziehbein mit Fußgelenksarbeit/Skippings zwischen den Hürden.

Variation: Besonders bewegungsbegabte Schüler können die Übung auch mit Überlaufen/Überspringen ausführen.

Übung (7) → Überlaufen der Hürden nur mit dem Nachziehbein; das Schwungbein schwingt neben der Hürde vor.

Materialbedarf: Acht Hürden.

10

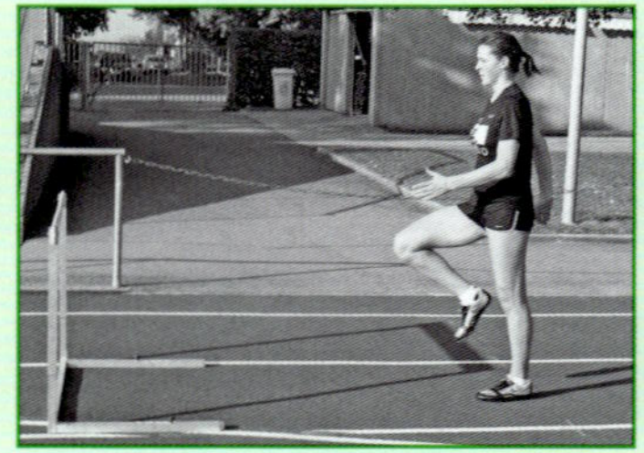

Bild 53: Skippings vor der Hürde

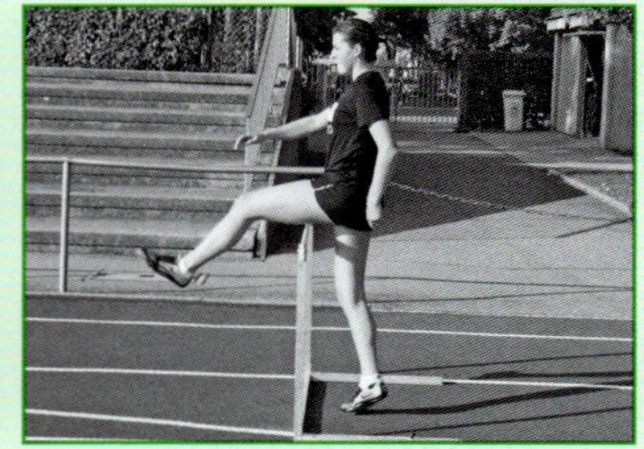

Bild 54: Übersteigen der Hürde

„Steigerungen ab der Hürde"

Der Lehrer baut drei Bahnen mit jeweils einer Hürde auf, die von einer Startlinie aus unterschiedliche Abstände haben (vgl. Abb. 27).
Die Schüler erhalten nun die Aufgabe, mit moderatem Tempo so an eine Hürde heranzulaufen, dass diese überlaufen werden kann, und unmittelbar mit dem Setzen des Beines nach der Hürde einen Steigerungslauf über ca. 15 m zu beginnen.

Hinweis: Ganz bewusst sollen die Schüler unterschiedliche Abstände bis zur ersten Hürde laufen, um ein Gefühl für den Abstand zur Hürde zu bekommen. Für Schüler, die mit dem Abstand zur Hürde noch Schwierigkeiten haben, sollte zur Orientierung vor der Hürde eine Tabuzone auf der Bahn markiert werden: „Diese Markierung darfst Du nicht betreten!"

Je nach Leistungsfähigkeit der Gruppe sollen alle drei Hürden ein- bis zweimal angelaufen werden.

Materialbedarf: Drei Hürden.

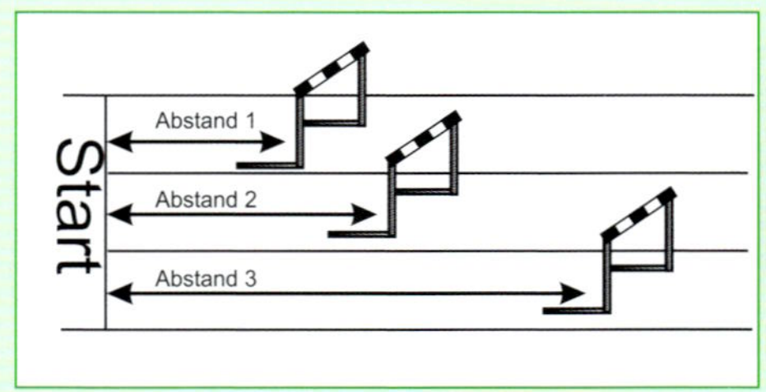

Abb. 27: Skizze Hürdenaufbau

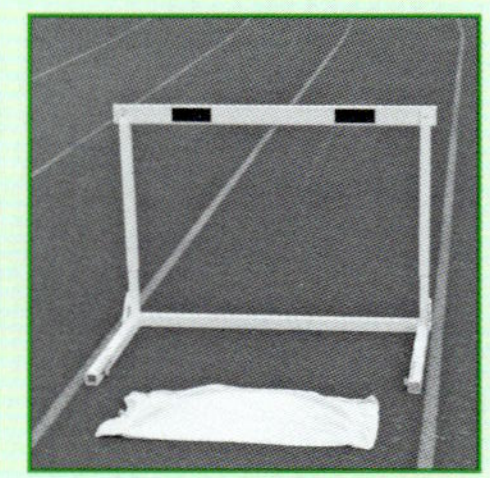

Bild 55: Tabuzone vor der Hürde

Sicherheitshinweis: Hürden kippen nur in eine Richtung um! Sie kippen leichter um, wenn die Gewichte ganz eingeschoben sind.

Aus dem Hochstart über eine Hürde

Die Hürden werden nun nochmals umgebaut und möglichst jeweils mit einer leeren Bahn dazwischen etwa 10m von einer Startlinie entfernt aufgestellt.
Die Schüler erhalten die Aufgabe, die erste Hürde aus dem Hochstart mit einer relativ hohen Geschwindigkeit zu überlaufen. Dabei sollen sie über mehrere Versuche das „richtige“ vordere Standbein beim Hochstart bzw. die „richtige“ Beschleunigung bis zur ersten Hürde herausfinden.

Materialbedarf: Drei bis vier Hürden.

Läufe im 5er- und 3er-Rhythmus

Die Schüler sammeln sich hinter der Startlinie; der Lehrer erklärt die Aufgabe und die unterschiedlichen Abstände: „Große und schnelle mit dem weiten Abstand auf Bahn eins“, „Kleine und langsamere mit dem engeren Abstand auf Bahn drei“. Anschließend erhalten die Schüler die Aufgabe, sich gemäß ihrer Selbsteinschätzung einer Bahn zuzuordnen und diese etwa drei bis fünfmal zu durchlaufen. Falls der Abstand nicht passt, sind natürlich „Bahnwechsel“ erlaubt.
Je nach Leistungsstärke der Gruppe sollten etwa drei bis vier Hürden aufgestellt werden (vgl. Abb. 28). Leistungsstarke Gruppe üben im 3er-Rhythmus, schwächere Gruppen zumindest anfangs im 5er-Rhythmus. In der Regel können die Schüler zwischen drei und acht Läufe absolvieren. Durch die Organisationsform in Bahnen mit differenziertem Hürdenabstand ergeben sich für den einzelnen Schüler optimale Übungsmöglichkeiten.

Materialbedarf: Neun bis zwölf Hürden.

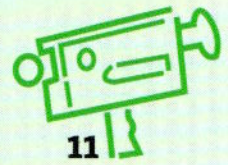

Hinweis: Falls die Laufgeschwindigkeit zwischen den Hürden zu stark abnimmt, können die Abstände zur dritten bzw. vierten Hürde um ein bis zwei Fußlängen verkürzt werden.

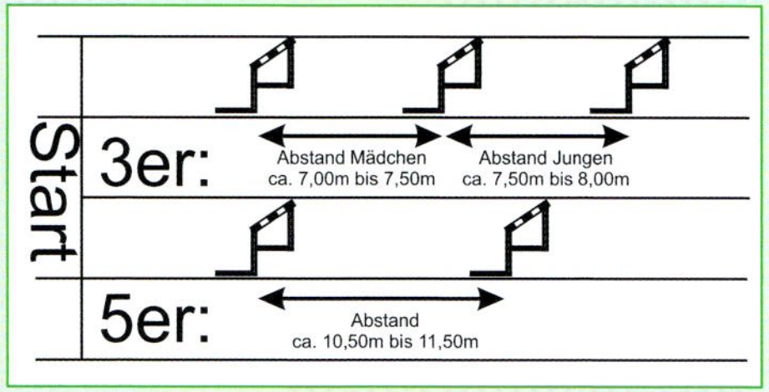

Abb. 28: Hürdenabstände 5er- und 3er-Rhythmus

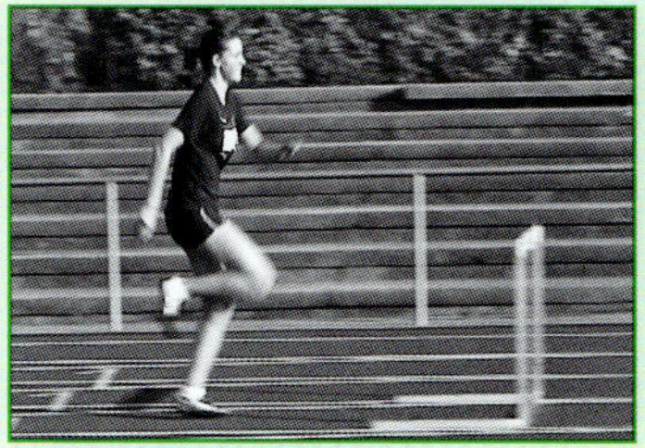

Bild 56: Abdrücken vor der Hürde

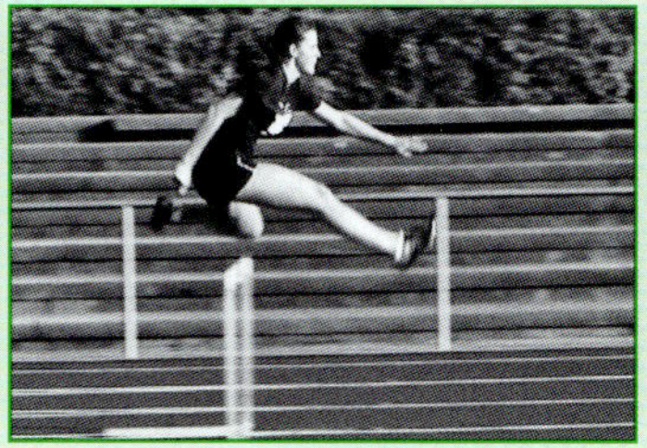

Bild 57: Hürdenüberquerung

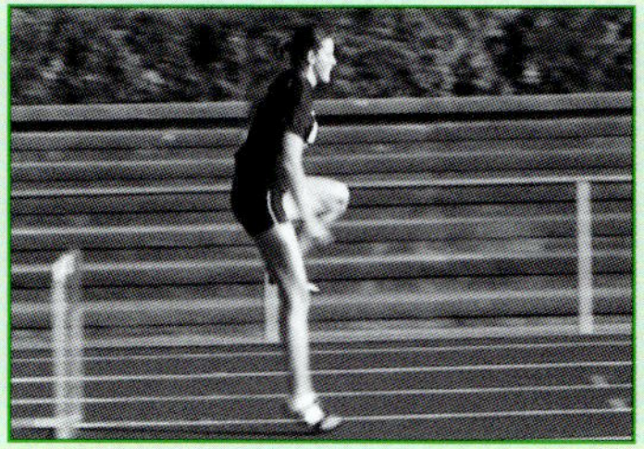

Bild 58: Schwungbein fasst Boden

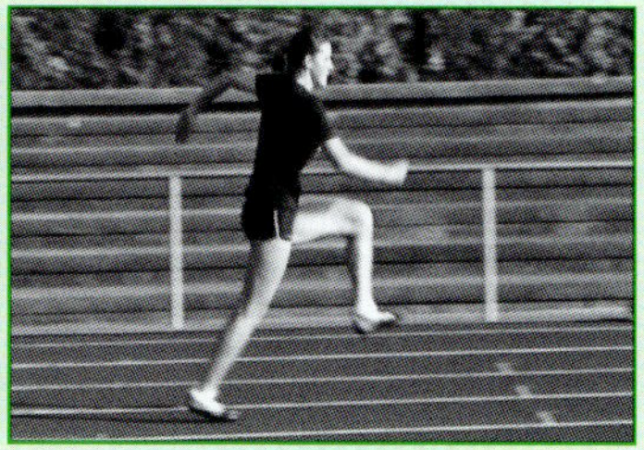

Bild 59: Großer Schritt mit dem Nachziehbein und aktives Setzen

Stundenabschnitte und Unterrichtsinhalte	Organisatorische Hinweise
Theorie: Wie sieht eine gute Hürdentechnik aus?	
Die Schüler sammeln sich zu einem kurzen Theorieeinschub vor dem aufgehängten Schaubild „gute Hürdentechnik". Der Lehrer erklärt bzw. erarbeitet fragend-entwickelnd zusammen mit den Schülern Merkmale einer guten Hürdentechnik.	**Materialbedarf:** Schaubild „Gute Hürdentechnik".
Aus dem Hochstart über drei Hürden	
Die Schüler begeben sich nun nochmals an die bereits aufgebauten Hürdenbahnen und versuchen, die erarbeiteten Merkmale umzusetzen.	**Materialbedarf:** Neun bis zwölf Hürden.
Schluss (Wettbewerbsform)	
Hürdenumkehrstaffel	
Die Klasse wird in mehrere Mannschaften aufgeteilt; jede Mannschaft baut mit zwei Hürden und einem Markierhütchen ihre Laufstrecke auf. Start- und Zielmarkierung sowie die Laufstrecke (Umkehrposition) sind fest vorgegeben, die beiden Hürden dürfen beliebig innerhalb der Laufstrecke aufgestellt werden. Die Mannschaften bekommen fünf Minuten Zeit, um die Hürdenabstände für die Gruppe zu optimieren. Anschließend erfolgt der Start. Jedes Mannschaftsmitglied hat die Aufgabe, die Strecke so schnell wie möglich zu durchlaufen und das nächste Mannschaftsmitglied abzuschlagen. Gewonnen hat diejenige Mannschaft, die den Parcours als erste vollständig durchlaufen hat.	**Materialbedarf:** Pro Mannschaft zwei bis drei Hürden und ein Markierhütchen. 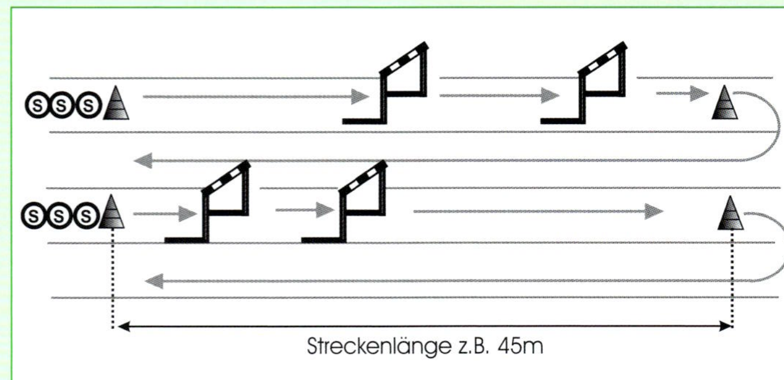 Abb. 29: Laufstrecke Hürdenumkehrstaffel

4 Doppelstunde 4: Staffelwechsel wie das Nationalteam

Einführung

Staffeln sind emotional. Sie ermöglichen intensive Gefühle, sind in der Leichtathletik etwas Zentrales. Sie vermitteln Spannung und verstärken das Mannschaftsgefühl. In der Unterstufe begannen wir mit vielen Reaktions- und Sprintspielen (vgl. **Doppelstunde Leichtathletik** Band 1). Im Hinblick auf den Staffelwechsel wurde anschließend die einfachste Form, bei der alle dasselbe zu tun haben, gewählt – der Außenwechsel mit Stabübergabe von unten.
Bei jüngeren Schülern der Mittelstufe – in dieser ist immer eine Grundsatzentscheidung in Richtung „Spielerisch-Zielungefähres" oder „Klassisch-monotones-Effektives" zu treffen – bleiben wir das einleitende Aufwärmen betreffend beim Spielerischen, bei älteren Mittelstufenschülern eher nicht. In der Doppelstunde Band 2 gibt es daher im einleitenden Stundenteil immer zwei Alternativen. Aber der Stundenhauptteil ist derselbe, stellt in beiden Fällen nicht nur Anforderungen an das Sprintvermögen oder die Fähigkeit, sich auf den Partner einstellen zu können; er ist, wenn zum Schluss tatsächlich eine Staffel „wie bei der Nationalmannschaft" gelaufen wird, auch eine kognitive Herausforderung: Gemischter Wechsel „innen – außen – innen" mit Übernahme „links – rechts – links" und mit Stabübergabe „Schub-Druck".
Aus diesem Grund wären die Inhalte auch für die Oberstufe noch anspruchsvoll genug. Zu motivieren braucht man nicht viel: Diese Stunde ist bei einem mit der Staffel vertrauten, souveränen Lehrer in der Regel ein Selbstläufer.

Kompetenzen

Motorisch: Die Schüler können nacheinander in der Summe bis zu zehn 40-m-Sprints absolvieren und sich dabei dynamisch und zeitlich auf einen Partner einstellen. Sie können die wesentlichen Aktionen des Innen- und Außenwechsels einer „gemischten" Staffel koordinativ anwenden.

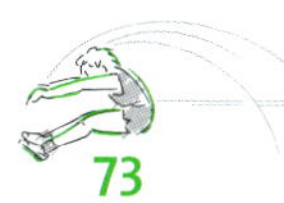

Kognitiv: Die Schüler können die wesentlichen Merkmale des Innen- und Außenwechsels einer „gemischten" Staffel nennen.

Sozial-kommunikativ: Die Schüler kooperieren bei der Zusammenstellung von Teams.

Kleine Regelkunde

In jedem nach IAAF-Norm gekennzeichneten Stadion gibt es einheitliche Markierungen für die Wechselräume der Staffeln.
Alle Wechselräume sind durch vier Markierungen pro Bahn (vgl. Abb. 30) gekennzeichnet. In Laufrichtung kommt zunächst eine (rote) Anlaufmarkierung, ab der der Übernehmende maximal anlaufen darf. Es folgt ein erstes (gelbes) „Häkchen", das den Beginn des Wechselraumes und 20m später ein zweites (gelbes) Häkchen, das das Ende des Wechselraumes anzeigt. Innerhalb der durch die beiden „Häkchen" markierten Zone darf das Staffelholz übergeben werden. Zusätzlich ist die Mitte des Wechselraumes mit einer durchgezogenen (weißen) Linie markiert.

Die Gesamtsituation für eine 4x100-m-Staffel in einem Stadion der Normalform ist zur besseren Orientierung in Abbildung 31 dargestellt. Auf die Bezeichnungen „Wechsel 1", „Wechsel 2" und „Wechsel 3" wird bei der Beschreibung der Stundenteile jeweils Bezug genommen.

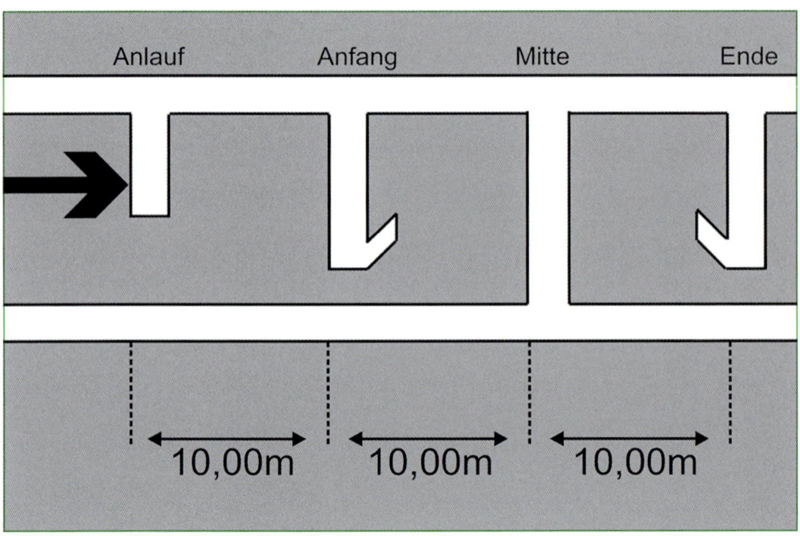

Abb. 30: 4x100-m-Wechselmarken

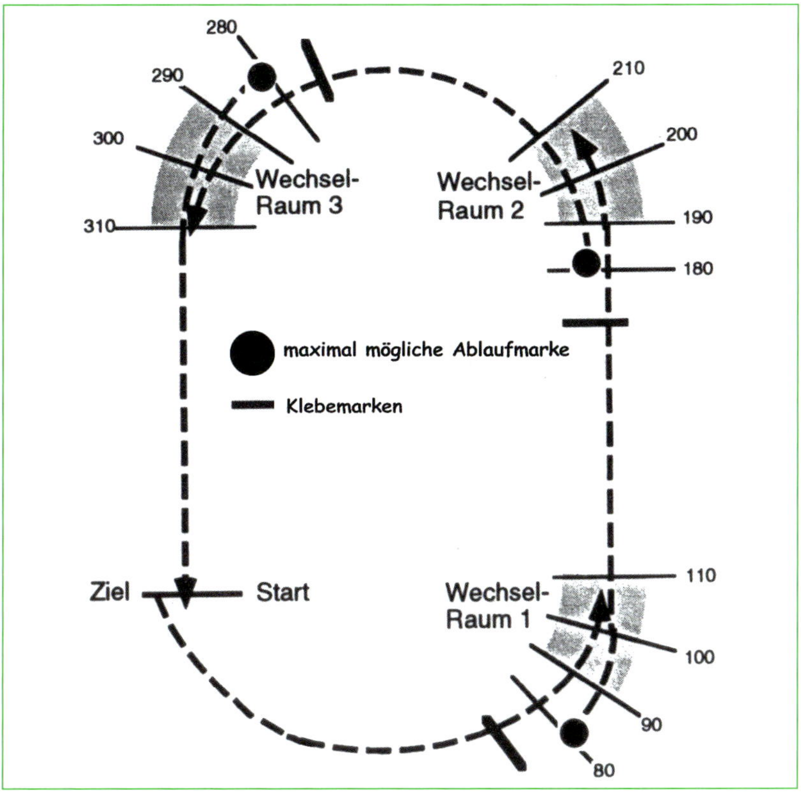

Abb. 31: 4x100-m-Wechselmarken modifiziert nach JOCH (1992, S. 174)

Didaktisch-methodische Anmerkungen

Die Schüler wärmen sich spielerisch (Variante A) oder „klassisch" (Variante B) auf und versuchen, die nach der Unterstufe neue „Schub-Druck-Technik".[9] Dies geschieht nach Festlegen der Ablaufmarke im Rahmen des bekannten Außenwechsels.[10] Das ist (nun nur noch) der Wechsel eingangs der oberen Kurve beim 200-m-Start.

[9] Man spricht bei dieser Form der Übergabe von *„Schub-Druck-Technik"*. Der den Staffelstab führende Arm wird nach vorne geschoben und dem ablaufenden Partner von oben in die nach hinten ausgestreckte Hand gedrückt.

[10] Sollte die Sportgruppe bislang noch keine Erfahrungen mit dem Staffellaufen gemacht haben, so empfehlen wir vor Durchführung der vorliegenden Doppelstunde zur Entwicklung des gemischten Wechsels die Erarbeitung der ersten Ausbildungsstufe aus der Doppelstunde Leichtathletik Band 1. Mit der dort beschriebenen Doppelstunde „Laufen in der Gruppe – der Reiz von Staffeln" (S. 49–55) können die notwendigen Grundlagen gelegt werden.

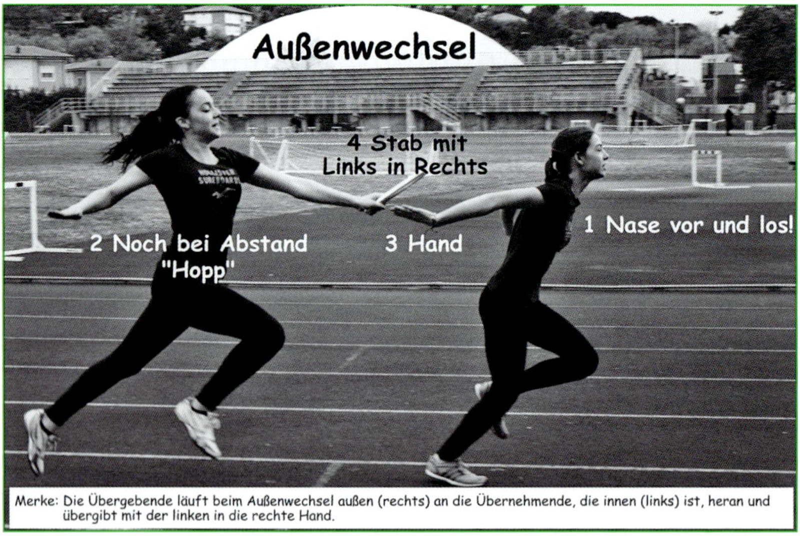

Bild 60: Außenwechsel

Danach wird am Ende der Startkurve der Innenwechsel eingeführt, der zum Stundenende auch den dritten Wechsel in die Zielgerade darstellt. Für die Schüler ist hier alles „irgendwo seitenverkehrt". Aber der Stab braucht die Hand nicht zu wechseln und der Laufweg für die Staffel ist der kürzeste.

Das wird den Schülern klar, wenn sie nach der gemeinsamen Festlegung der 4er-Teams in Kooperation – bislang wurde nur als Paar gearbeitet – in der „Endlos-Trabstaffel" und beim Abgehen der Wechsel die Sache kognitiv durchdrungen haben.

Zum Schluss wird es dann ernst: eine „richtige" Staffel. Aufgabe ist es aber im Grunde „nur", das Ziel zu erreichen, ohne den Stab vor dem Wechselraum zu erhalten und ohne diesen überlaufen zu haben.

Hinweise zur Vorbereitung

Benötigt werden vier bis sechs Staffelstäbe und etwas Klebeband zum Abkleben der Wechselmarkierungen.

Doppelstunde 4: *Staffelwechsel wie das Nationalteam*

Stundenabschnitte und Unterrichtsinhalte	Organisatorische Hinweise

Einleitender Stundenteil (Aufwärmen)

Variante A (spielerisch)

***Allgemeines Aufwärmen* „Einkaufen“**

Der Lehrer markiert mit vier Markierungshütchen eine ca. 30 m x 20 m große Laufrunde auf dem Rasen. Die Klasse wird in vier etwa gleich große Gruppen aufgeteilt. Jede Gruppe steht an einer Ecke und hat einen Einkaufszettel, der sich von denen der anderen Gruppen unterscheidet.

Im Feld liegen kreuz und quer Abbildungen der auf der jeweiligen Liste stehenden Einkaufsgegenstände. Diese sind trabend zu finden und mitzunehmen. Hat die Gruppe alles gefunden (eingekauft), läuft sie zu ihrem Ausgangspunkt zurück. Dort kontrolliert der Lehrer den Einkauf.

Hinweis: Bei Bedarf wird das Laufspiel nach einem Tausch der Einkaufszettel wiederholt.

Materialbedarf: Vier Markierungshütchen; vier vorbereitete Einkaufszettel und laminierte Karten mit Einkaufsgegenständen (vgl. Material „Einkaufsgegenstände“).

Einkaufszettel Gruppe 1

- Milch
- Butter
- Haarwaschmittel
- Zahncreme
- Socken
- Tomaten
- Salat
- Schwarzer Tee
- Kondensmilch

Abb. 32: Einkaufszettel

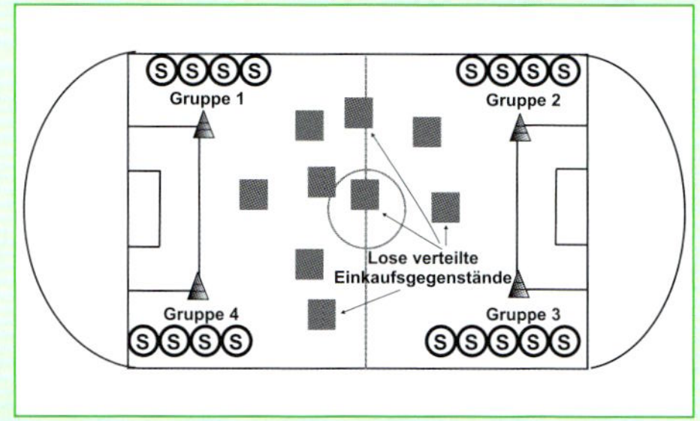

Abb. 33: Aufbauskizze Einkaufen

Spielerische-Alternativen: Spielideen aus dem Unterstufenband: „Arche Noah“ diesmal statt mit Tierbildern mit Fotos aus der Prominentenszene als „Single Treff“ (Unterstufenband Seite 58)), „Zahlenkreisel“ (Seite 44), „Zahlentrab“ (Seite 52) oder „Aufsummierungs-Teamtraben“ (Seite 58).

Variante B (klassisch):

Traben – Dehnen – Steigerungsläufe – Antritte

Materialbedarf: Keiner.

***Spezielles Aufwärmen* „Dehnen“**

Die Klasse absolviert zusammen mit dem Lehrer ein kurzes gehaltenes Dehnprogramm. Ergänzend zur Erklärung und Demonstration der Dehnübung bekommen die Schüler eine altersgemäße Information über den gedehnten Muskel/die gedehnte Muskelgruppe und dessen/deren Funktion beim Sprinten.

Pro Übung 20 sec Haltedauer → danach lockern

Materialbedarf: Keiner.

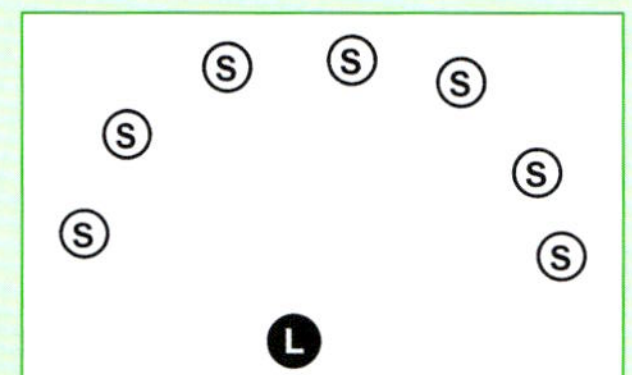

Abb. 34: Aufstellung in Halbkreisformation

Stundenabschnitte und Unterrichtsinhalte	Organisatorische Hinweise

- Übung (1) → In Rückenlage mit abgespreizten Armen ein Bein anwinkeln und dieses über das gestreckte Bein auf dem Boden ablegen.
- Übung (2) → Im Kniestand ein Bein gestreckt auf der Ferse aufsetzen und das gestreckte Bein Richtung Boden drücken.
- Übung (3) → Einen Fuß am Knöchel fassen und Richtung Gesäß ziehen.
- Übung (4) → Seitlicher Ausfallschritt.

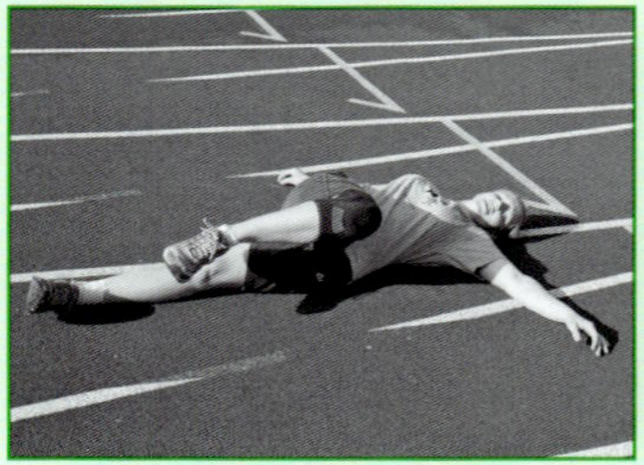

Bild 61: Übung (1)
Rumpf und Gesäßmuskel

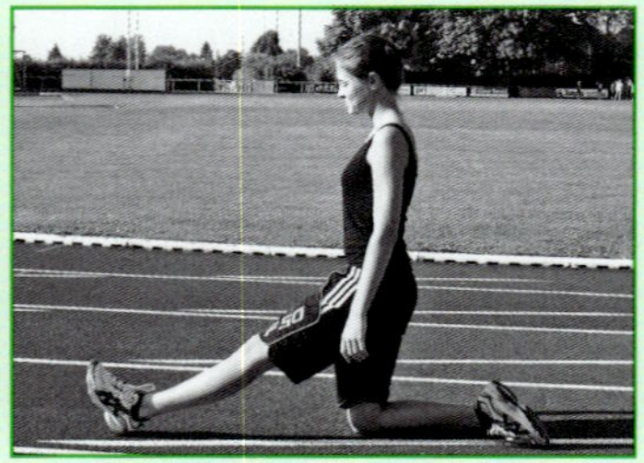

Bild 62: Übung (2)
Oberschenkel-Rückseite

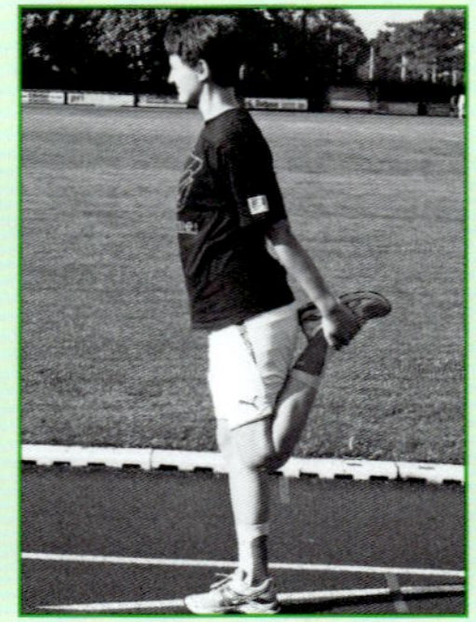

Bild 63: Übung (3)
Oberschenkel-Vorderseite

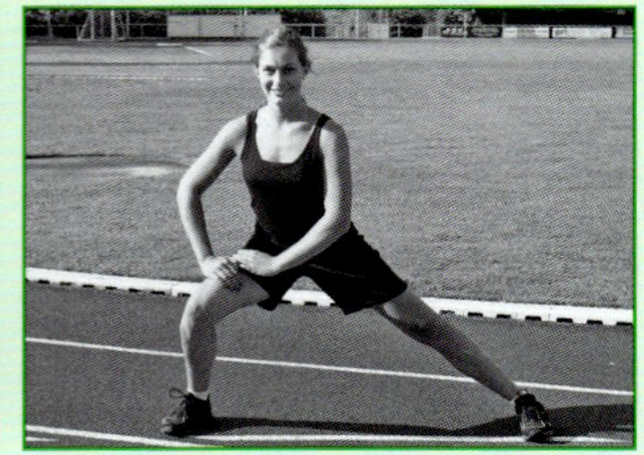

Bild 64: Übung (4)
Adduktoren

***Spezielles Aufwärmen* „Schwarz-weiß"**

Es werden Paare gebildet und die Partner stehen sich auf der Laufbahn im Abstand von knapp zwei Metern gegenüber. Eine Gruppe wird als „weiß", die andere als „schwarz" eingeteilt. Auf das entsprechende Kommando hin flieht die jeweilige Gruppe durch eine Drehung um 180 Grad bis hinter eine rettende Ziellinie; die andere fängt.

Variation: Statt eines Kommandos kann man auch einen schwarz-weißen Pappdeckel auf den Boden fallen lassen. Die „obere Seite" fängt.

Materialbedarf: Ein Pappkarton (Bierdeckel) mit schwarzer und weißer Seite.

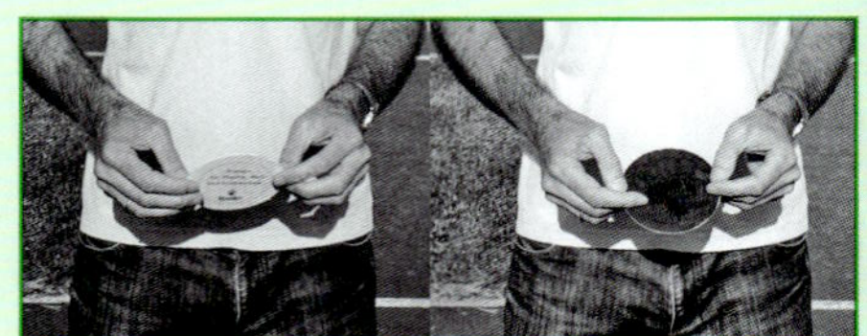

Bild 65: Lehrer mit Pappdeckel

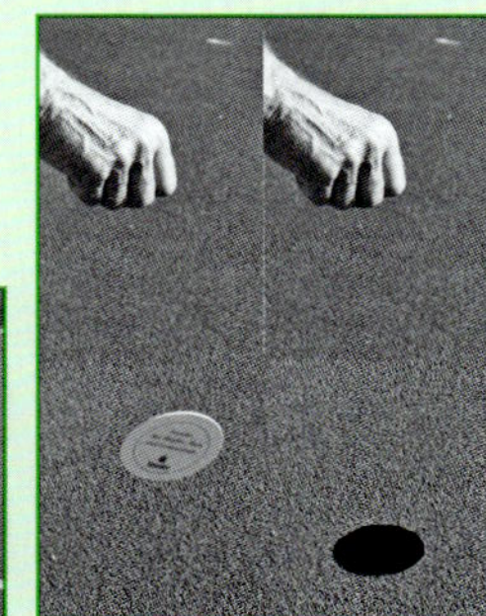

Bild 66: Pappdeckel kurz vor dem Boden

***Spezielles Aufwärmen* „Staffelholz klauen“**

Je zwei Paare gehen zusammen. Die Partner des zunächst aktiven Paares stehen sich nun noch etwas enger gegenüber; das Überraschungsmoment ist größer. Ein Schüler des anderen Paares stellt sich in die Mitte zwischen die beiden und legt ein Staffelholz lose in seine Handinnenfläche. Beide aktiven Partner haben die Aufgabe, das Staffelholz dem anderen Partner weg zu schnappen, sich um 180° zu drehen und wiederum über eine rettende Linie zu fliehen.

Hinweis: Nach mehreren Durchgängen rotieren, um auch den passiven Partner mit einzubeziehen.

Materialbedarf:
Mehrere Staffelhölzer.

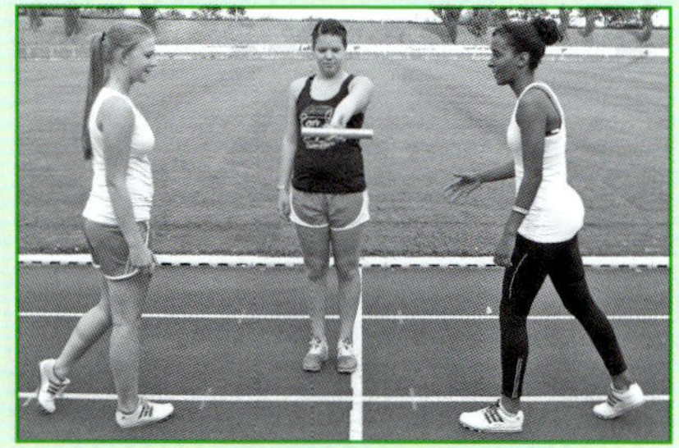

Bild 67: Ausgangsposition „Staffelholz klauen“

Hauptteil (Vom Außen- über den Innenwechsel zum gemischten Wechsel)

Einführung „*Schub-Druck-Technik* als Stabübergabe von oben“ im Gehen

Der Klasse wird die Stabübergabe auf der Gegengeraden demonstriert: Beide Schüler gehen mit doppeltem Armlängenabstand hintereinander; der hintere Schüler hält das Staffelholz.
Auf das Kommando „Hopp“ des hinteren Schülers streckt der vordere Schüler seinen rechten Arm mit der Handfläche nach oben nach hinten (vgl. Bild 68).
Der hintere Schüler streckt seinen linken Arm nach vorne und drückt das Staffelholz von oben in die ausgestreckte Hand des Partners (vgl. Bild 69).

Hinweis: Schüler kann man wegen der besseren Orientierung auch an einer Linie (vgl. Bild 68) üben lassen; ein Schüler steht links. Der andere rechts von der Linie. Das Staffelholz wird auf der Linie nach vorne übergeben.

Die Schüler vollziehen dies im Gehen paarweise ein paar Mal und tauschen dann die übergebende mit der übernehmenden Position.

Materialbedarf: Vier bis sechs Staffelstäbe und etwas Klebeband für die Wechselmarken.

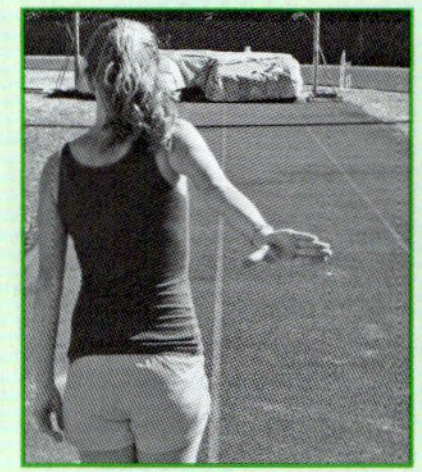

Bild 68: Handfläche nach hinten oben

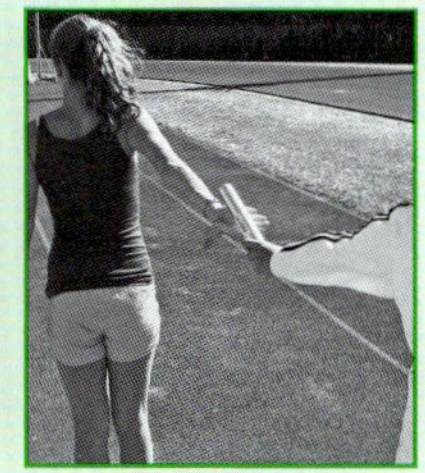

Bild 69: Stabübergabe im Stehen

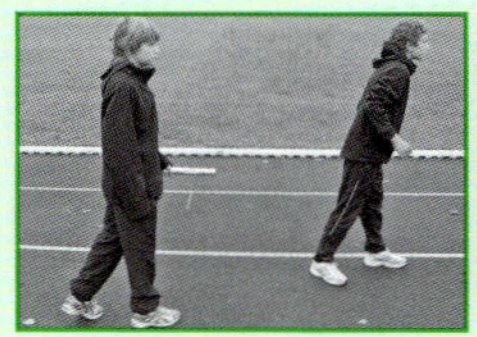

Bild 70: Ausgangsposition

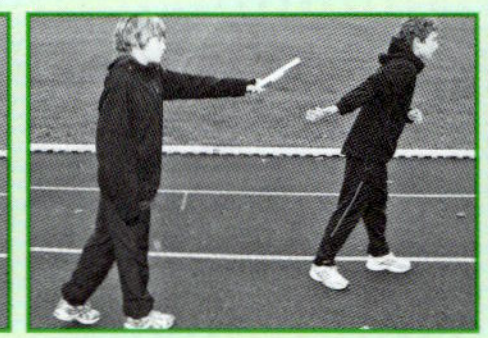

Bild 71: Handfläche nach oben

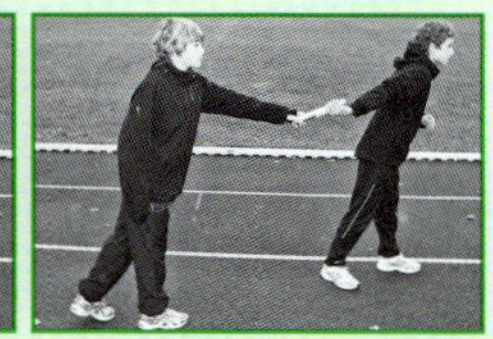

Bild 72: Staffelholz eindrücken

Stundenabschnitte und Unterrichtsinhalte	Organisatorische Hinweise

Anwendung unter Sprintbedingungen zunächst im Rahmen des einfacheren Außenwechsels (= Wechsel 2)

Die Marken
Der Wechselraum beträgt 20 m und ist durch zwei gelbe Haken dargestellt. 10 Meter davor darf der Übernehmende an einer roten Markierung starten (Top-Staffeln). Bei Schülern empfiehlt sich das nicht, aber man braucht auch nicht auf der Wechselmarke loszulaufen, um wie bei kleineren Schülern jegliches Risiko auszuschalten.
Zwischenlösung Mittelstufe: Wenn der Ankommende (Übergebende) die rote Linie (10m vor Wechselraum) erreicht, dann tritt der den Stab übernehmende Schüler an seinem Klebeband an, das sechs Schritte von der roten Marke in Richtung Wechselraumbeginn entfernt liegt.

Hinweis: Wir arbeiten nicht mehr mit Klebestreifen in der Bahnmitte wie in der Unterstufe (Band 1 Seite 54), sondern an den originalen Wechselmarken (zunächst) von Wechsel 2 am Ende der Gegengerade beim 200-m-Start.

Die Positionen
Die Übernehmenden stehen am Klebeband innen in der gemeinsamen Bahn, haben das linke Bein vorne und schauen über die rechte Schulter zurück, übernehmen nach dem Antritt (Übergebender ist an der roten 10-m-Vorlauf-Marke) mit der rechten Hand. Die Übergebenden laufen außen (rechts) heran, haben den Stab in der linken Hand und übergeben ihn mit dieser.

Materialbedarf:
Vier bis sechs Staffelstäbe und etwas Klebeband für die Wechselmarken.

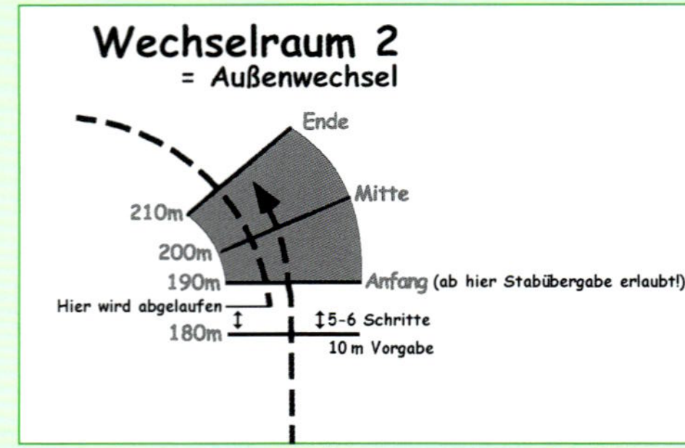

Abb. 35: Wechselmarke Außenwechsel für Schüler (Modifiziert nach JOCH,1992, S. 174)

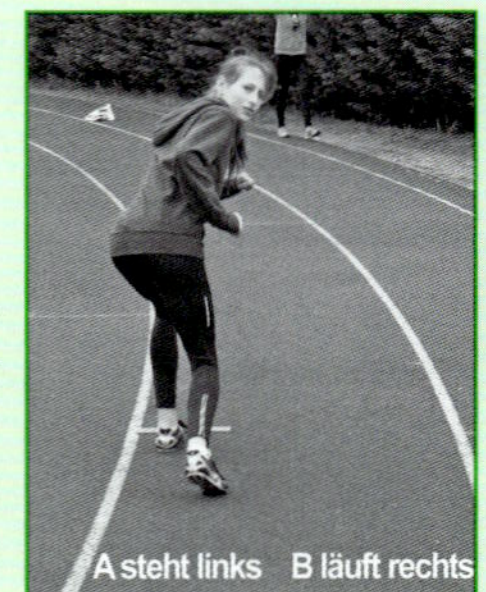

Bild 73: Ablaufsituation für Schüler von hinten (Italienische Trainingsbahn, daher gekrümmt)

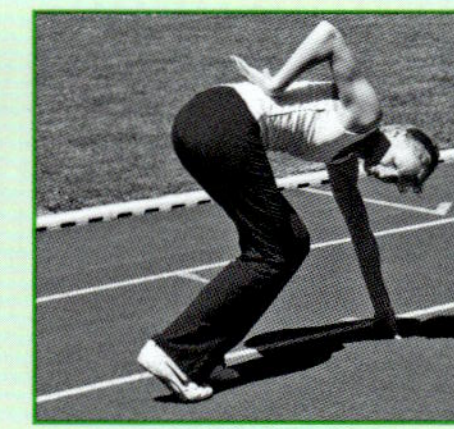

Bild 74: Ablaufposition für Könner

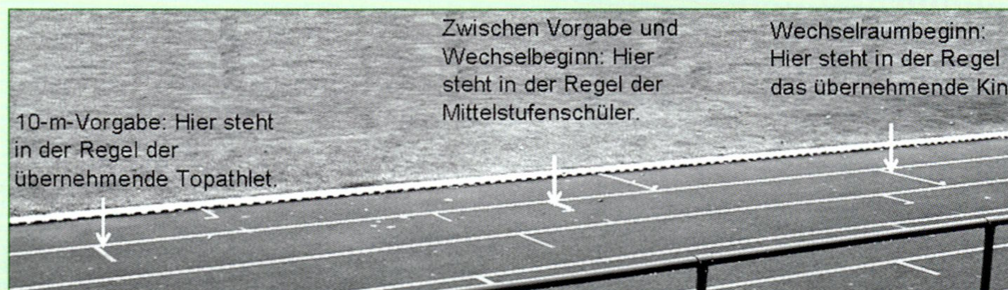

Bild 75: Wechselsituation auf der Bahn

Der Ablauf des Wechsels

Jeder hat einen Partner, ist zweimal Übernehmender und zweimal Übergebender. So besteht die Möglichkeit, es beim zweiten Mal möglicherweise besser zu machen. Ist der Ankommende langsamer, stellt sich der Ablaufende einen Meter zurück. Erweist er sich als zu schnell, geht der Übernehmende einen nach vorne.

Wichtig: Der Übernehmende muss zwar ausschließlich auf seinen Mann und nicht auf andere achtend (!), zum richtigen Zeitpunkt antreten und darf sich nicht mehr umsehen, aber dann liegt die Verantwortung für die Stabübergabe hinten: „Abstand halten“ und nicht neben den Übernehmenden laufen, sonst greift dieser vorbei. Reihenfolge „Hopp – Hand – Stab“.

Hinweis: Bild 76 ist online auch als Kopiervorlage verfügbar (s. S. 177, vgl. Material „Außenwechsel“).

Organisationshinweis: Die Übergebenden der ersten Paare der ersten Gruppe starten 15 bis 20 m vor den Übernehmenden gleichzeitig auf ein Signal des Lehrers. Die Übernehmenden sprinten beim Überlaufen der Ablaufmarke selbstständig los. Ziel ist es, den Stab bei möglichst hohem gemeinsamem Tempo innerhalb des Wechselraums zu übergeben. Solange alle zur Wiederholung zurückgehen, sprinten die Paare von Gruppe 2, dann 3 usw.

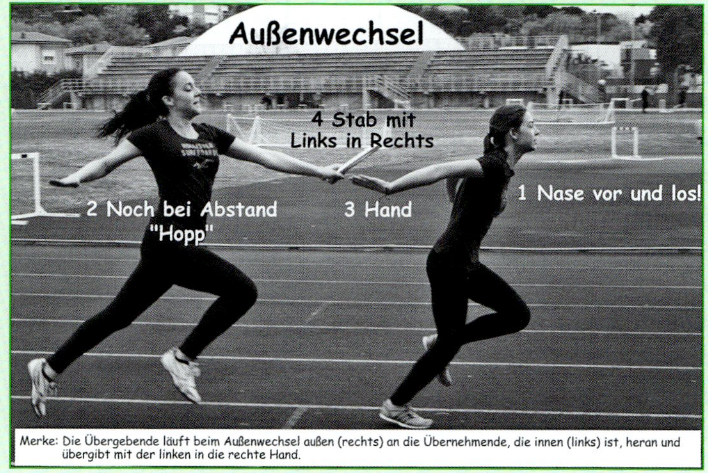

Bild 76: Stabübergabe im Sprinten (Außenwechsel)

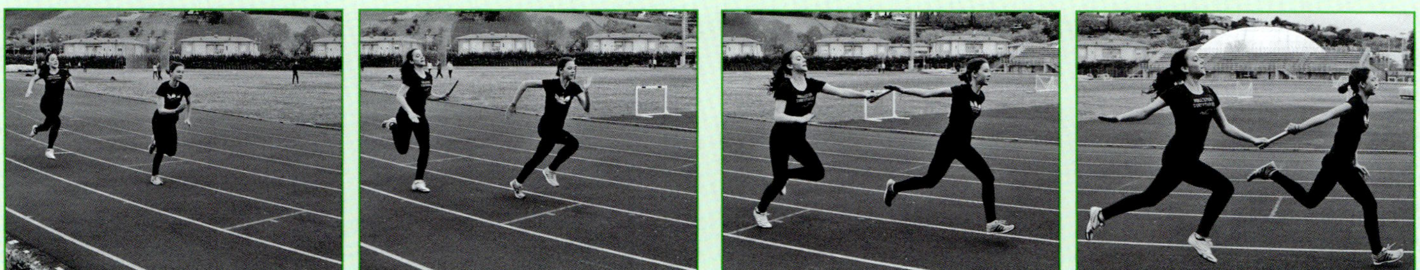

Bild 77 bis 80: Schüler beim Außenwechsel an Wechselposition 2

Stundenabschnitte und Unterrichtsinhalte	Organisatorische Hinweise

Einführung des für Rechtshändige schwierigeren Innenwechsels am Wechsel 1 (Wechsel 3 eingangs Zielgerade ist später auch ein Innenwechsel)

Die Marken
An den Maßen ändert sich nichts. Die Klasse geht gemeinsam an den Wechsel 1 ausgangs der Startkurve.

Materialbedarf: Vier bis sechs Staffelstäbe und etwas Klebeband für die Wechselmarken.

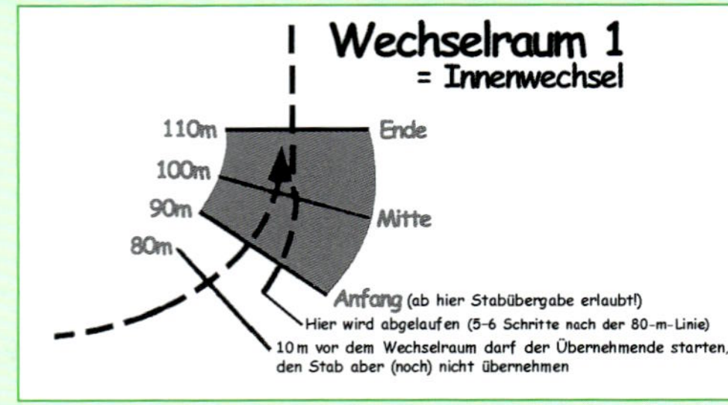

Abb. 36: Wechselmarken beim Innenwechsel für Schüler (modfiziert nach JOCH, 1992, S. 174)

Die Positionen
Die Übernehmenden (A) stehen am Klebeband außen in der gemeinsamen Bahn, haben das rechte Bein vorne und schauen über die linke Schulter zurück, übernehmen nach dem Antritt (Übergebender an der roten 10-m-Vorlauf-Marke) mit der linken Hand. Die Übergebenden (B) laufen innen (links) heran, haben den Stab in der rechten Hand und übergeben ihn mit dieser.

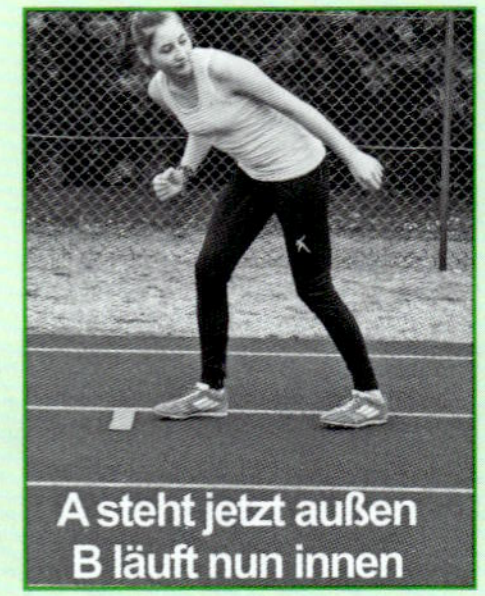

Bild 81: Ablaufsituation Schüler von der Seite

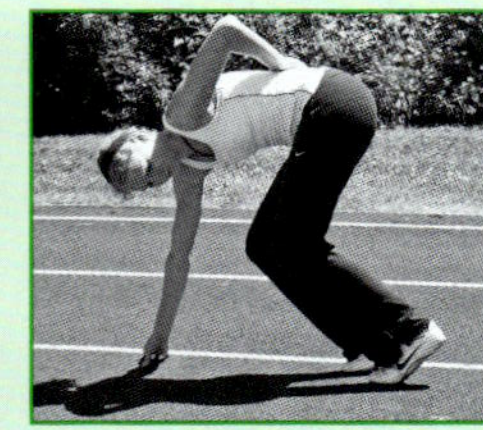

Bild 82: Ablaufposition Könner

Der Ablauf des Wechsels
Alles läuft für den Rechtshänder „seitenverkehrt" ab. Auch hier gilt für den Übernehmenden: „Antreten und nicht zurück blicken!" Für den Übergebenden: „Abstand halten" und nicht neben den Übernehmenden laufen. Reihenfolge „Hopp – Hand – Stab".

Organisationshinweis: Die Paare und Gruppen des Außenwechsels bleiben am besten bestehen. Jeder ist wieder zweimal hintereinander Übergebender oder Übernehmender. Erst danach wird getauscht.

Hinweis: Bild 83 ist onlie auch als Kopiervorlage verfügbar (s. S. 177, vgl. Material „Innenwechsel").

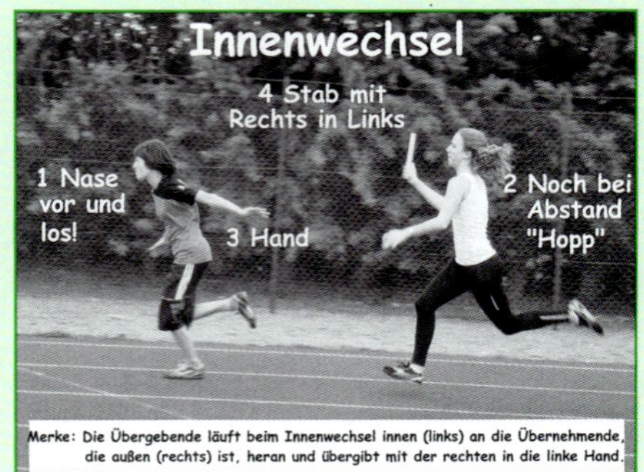

12

Bild 83: Stabübergabe im Sprinten (Innenwechsel)

Stundenabschnitte und Unterrichtsinhalte	Organisatorische Hinweise
Vorbereitung einer Staffel ***Teil 1 = Mannschaften bilden (Taktik)*** Jedes durch die vorangegangenen Übungen bereits einigermaßen eingespielte Tandem sucht sich nun ein Partnertandem und bildet mit diesem zusammen ein Staffelteam. ***Teil 2 = Kognitive Aneinanderreihung der Wechsel*** Innerhalb des Teams wird geklärt, welches Paar vorne oder hinten, wer innerhalb des Paares Übernehmender und Übergebender ist. Nun folgt die Zusammensetzung der Wechsel.	**Hinweise:** • Die Schüler haben einleitend ein Aufwärm- und zwei Reaktions- und Fangspiele gemacht, sind dann achtmal 40 m bis 50 m maximal gesprintet. Die nun folgende Mannschaftsbildung dient daher auch der körperlichen Erholung. • Wenn ein oder zwei Schüler übrig bleiben, dann können alle folgenden Übungen bis auf die Schlussstaffel auch in Dreier- bzw. Fünfergruppen gemacht werden. • Ab jetzt bleiben die Teams für den Rest der Stunde „als Staffel“ zusammen.
Teil 3 = Übergabe im Sitzen Alle Teams setzen sich jeweils hintereinander an eine Linie: Schüler 1 sitzt links von der Linie und hält den Stab rechts; Schüler 2 sitzt rechts von der Linie, Übernahme links; Schüler 3 sitzt links von der Linie, Übernahme rechts; Schüler 4 sitzt rechts, Übernahme links. Also Innenwechsel – Außenwechsel – Innenwechsel. Dreimal wiederholen. Den Stab immer wieder zurückgeben. **Alternative:** Die Übergabe sollte anschließend auch im Stehen geübt werden (vgl. Bild 85 bis 88).	**Materialbedarf:** Vier bis sechs Staffelstäbe. 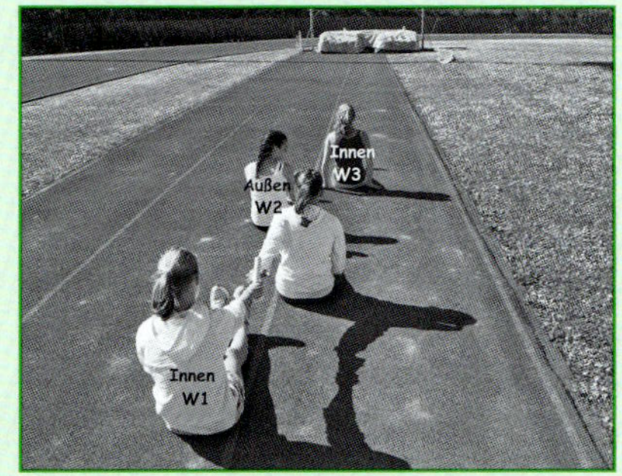 Bild 84: Übergabe im Sitzen

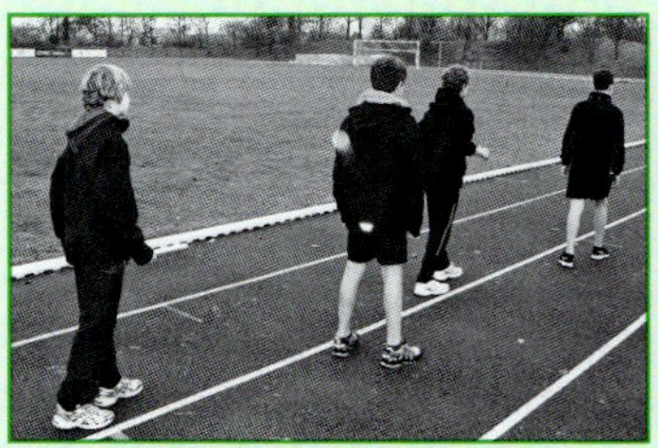

Bild 85: Ausgangsposition

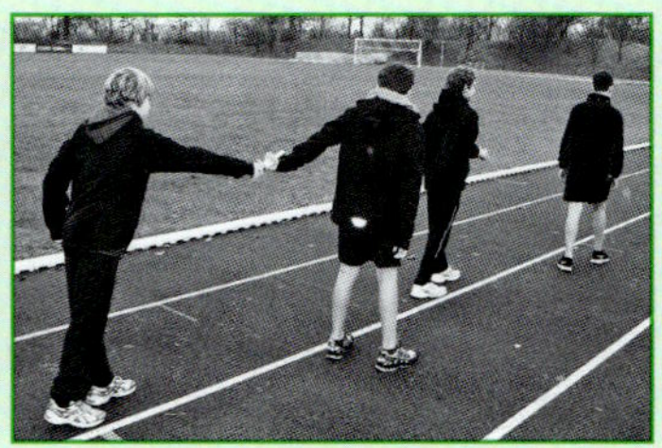

Bild 86: Erster Wechsel

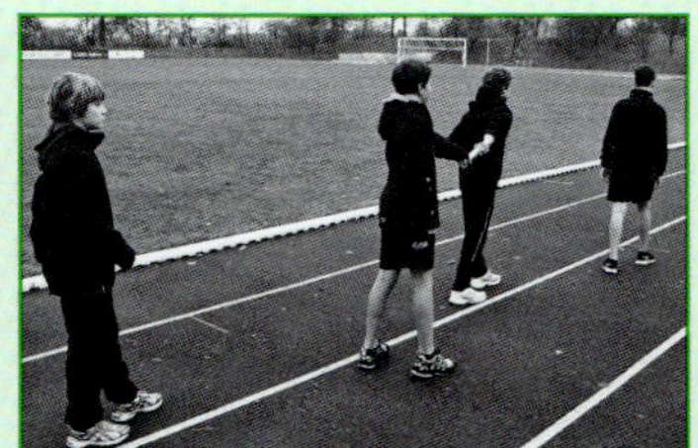

Bild 87: Zweiter Wechsel

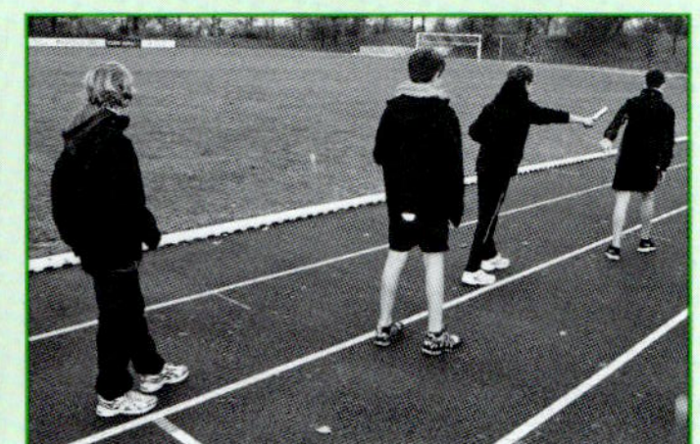

Bild 88: Dritter Wechsel

Stundenabschnitte und Unterrichtsinhalte	Organisatorische Hinweise

Teil 4 = Endlosstaffel
Die Teams machen das Ganze nun im „Zuckeltrab“. Sie laufen eine Runde im Gras innerhalb der Außen- und Torauslinien des Fußballfeldes entlang.
Der jeweils Übergebende achtet auf ausreichenden Abstand: „Zuerst ‚Hopp‘ – dann die Hand – dann der Stab“. Wenn der Stab vorne beim späteren Schlussläufer ist, lässt ihn dieser auf den Boden fallen. Der letzte hebt ihn auf. Wiederholung.

Teil 5 = Kurze Reflexion
Alle Schüler treffen sich am Wechsel 1.
„Warum kommen die Wechsel in dieser Reihenfolge“? Antwort: „Der Stab muss nicht wie bei anderen Wechselarten die Hand wechseln. Und unter dieser Prämisse ist die Reinenfolge ‚Innen-, Außen-, Innenwechsel‘ der kürzeste Weg für das Team“.

Materialbedarf: Vier bis sechs Staffelstäbe.

Schluss (Wettbewerbsform „Wir laufen eine richtige Staffel“)

Kognitives Wiederholen der beiden Wechselarten

Alle Schüler sind noch am Wechsel 1. Zwei Staffelpartner demonstrieren auf Anweisung des Lehrers folgende Situationen für den Innenwechsel:
- Ablaufseite
- Heranlaufseite
- Übergabehand
- Übernahmehand

Anschließend läuft der Lehrer mit der Klasse zum Wechsel 2 und lässt dort von einer anderen Gruppe nochmals den Außenwechsel demonstrieren.
Danach ist das System verstanden. Alle haben die Aufstellung bei einem Innen- und einem Außenwechsel gesehen. Der Lehrer verteilt Klebestreifen und ordnet jeder Staffel „ihre Bahn“ zu. Die entsprechenden Schüler gehen in ihren Bahnen vom Wechsel 2 zum Wechsel 1 zurück oder zu Wechsel 3 vor und kleben dort ihre Ablaufmarke.

Materialbedarf: Vier bis sechs Staffelstäbe, Klebeband.

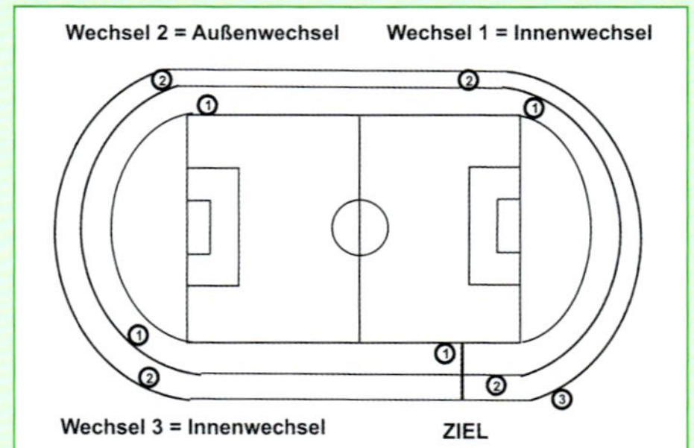

Abb. 37: Aufstellung 4x100 m

Stundenabschnitte und Unterrichtsinhalte	Organisatorische Hinweise
Ansage: „Eure Partner laufen jetzt nicht 20 Meter an, sondern über 100 Meter. Lasst sie einen Meter näher an Euch heran als vorher beim Üben der Wechsel. Achtet nur auf Euren Partner“! **Staffel** Aufgabe ist es, das Ziel zu erreichen, ohne den Stab vor dem Wechselraum erhalten und ohne diesen überlaufen zu haben. Der Lehrer prüft durch Abrufen die drei Wechsel ab. Anschließend starten die jeweiligen Startläufer auf ein Signal des Lehrers.	**Hinweis:** Am Start hat der erste Schüler das Staffelholz in der rechten Hand. Am Wechsel 1 und 3 steht der zweite bzw. vierte Schüler außen an der Bahn mit dem rechten Bein vorne und blickt über die linke Schulter zurück; er übernimmt den Stab mit links. Am Wechsel 2 steht der dritte Schüler innen mit dem linken Bein vorne und blickt über die rechte Schulter nach hinten; er übernimmt mit rechts. 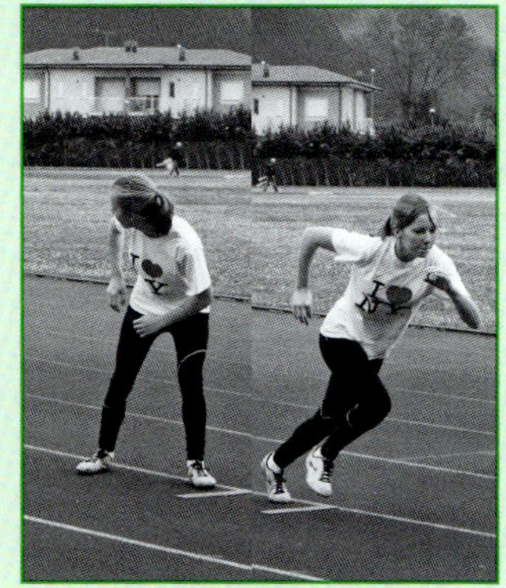 Bild 89: Schülerin beim Ablauf Wechsel 2 **Hinweis:** Ist die Anzahl der Schüler nicht exakt durch vier teilbar, so bilden die restlichen Schüler einfach eine Rumpfstaffel. Bleibt nur ein Schüler übrig, so läuft dieser mit dem Staffelholz die erste Kurve; bleiben zwei Schüler übrig, so wird einschließlich des ersten Wechsels bis zum 200m Start gelaufen, usw.
Würdigung der Siegerstaffel	

III

Springen vier Doppelstunden für die Klassen 8 bis 10

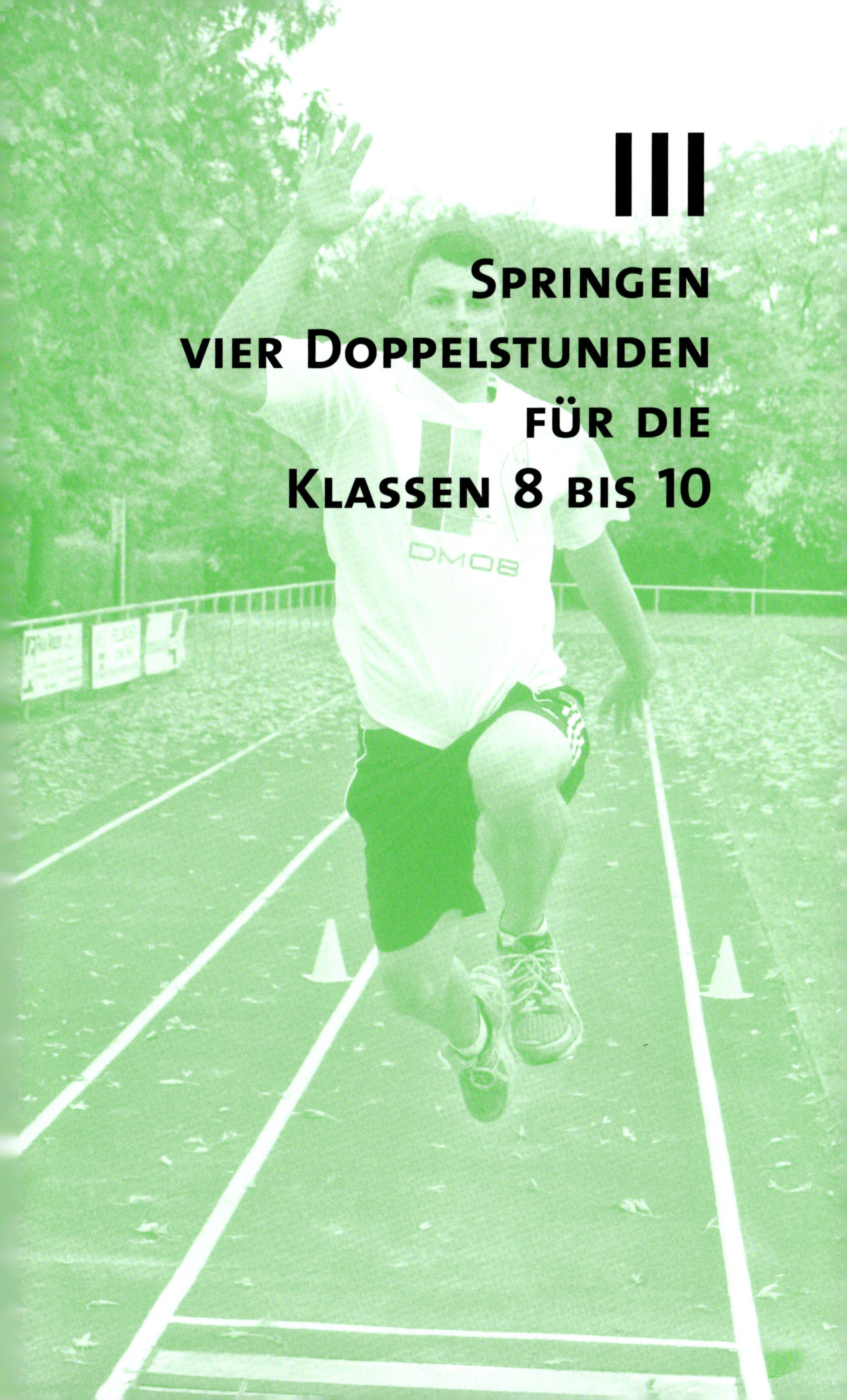

1 Doppelstunde 5: Weitsprung aus vollständigem Anlauf

Einführung

In der Unterstufe wurde nach zwei Sprungspielen namens „Steh Bock – Lauf Bock“ und „Hüpffußball“ vor dem abschließenden „Mutsprung“ über Klassenkameraden hinweg versucht, den einfachen Kinder-Hocksprung zu erweitern. Alters- und schülergemäße Zieltechnik war der Schrittweitsprung, der über den zentralen Steigesprung sowie über die „Telemark-Landung“ wenigstens ansatzweise erreicht werden sollte (vgl. **Doppelstunde Leichtathletik** Band 1, Seite 82–89). Angesichts der geringeren Sprungweiten in dieser Altersklasse genügt jene Technik zur Körperstabilisierung in der Luft vollkommen.

Diese Vorerfahrung wird in der Mittelstufe aufgegriffen und ausgebaut.[11] Dabei sind jetzt nicht mehr nur fünf bis sieben Anlaufschritte vorgesehen. Angestrebt wird ein längerer Anlauf, der sowohl dem Sprintvermögen des Schülers entspricht als auch im Hinblick auf das Balkentreffen zielgenau ist.

War der Ablauf der Stunde bis hierher erfolgreich, bietet sich als „Verlängerung“ des Schrittweitsprungs noch der „Schnupper-Lernschritt“ des Laufsprungs an. Dieser macht dann Spaß und Sinn, wenn die Schüler mit dem vollständigen und schnelleren Anlauf insbesondere gegen Ende der Mittelstufe oder zu Beginn der Oberstufe mindestens fünf Meter springen können. Die Laufsprungtechnik ermöglicht eine bessere Flugstabilisierung und vor allem auch ein effektiveres Landeverhalten.

[11] Sollte die Sportgruppe bislang noch keine Erfahrungen mit dem Weitspringen gemacht haben, so empfehlen wir vor Durchführung der vorliegenden Doppelstunde zur Entwicklung des Weitsprungs aus vollständigem Anlauf die Erarbeitung des Schrittweitsprunges aus der **Doppelstunde Leichtathletik** Band 1. Mit der dort beschriebenen Doppelstunde „Weit springen: Altersgerecht zum einfachen Schrittweitsprung“ können die notwendigen Grundlagen gelegt werden.

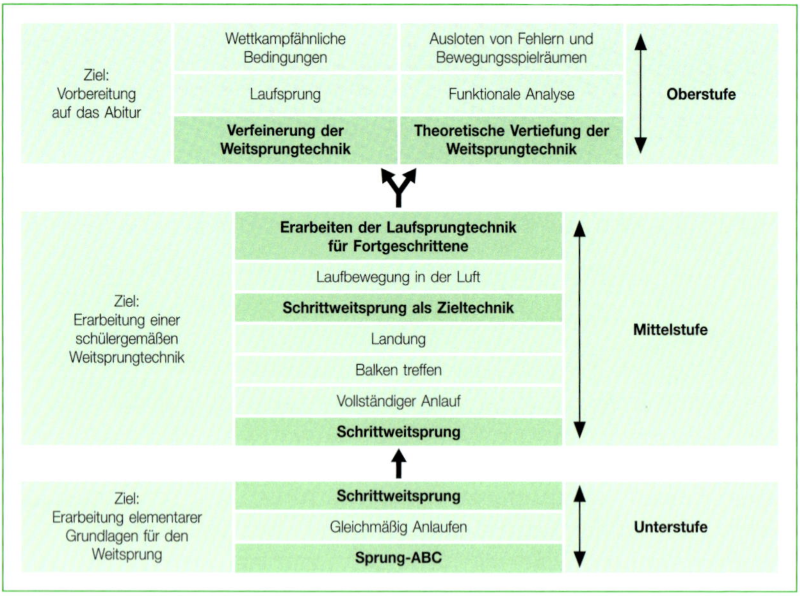

Abb. 38: Lehrweg zum Weitsprung in der Doppelstunde Leichtathletik

In der Oberstufe kann dann entweder der Laufsprung in der Praxis weiter vertieft und/oder die Weitsprungtechnik im Sinne einer Theorie-Praxis-Verknüpfung unter verschiedenen Aspekten analysiert werden.[12]

Alle wichtigen methodischen Schritte zum Weitspringen sind in Abbildung 38 schematisch dargestellt.

Kompetenzen

Motorisch: Die Schüler können aus einem altersgemäß adäquaten, aber vollständigen Anlauf heraus zielgenau abspringen und die Schrittweit- oder Laufsprungtechnik anwenden.

Die Schüler können in der Summe etwa zehn verkürzte und/oder vollständige Anläufe hintereinander ausführen.

Kognitiv: Die Schüler können erklären, weshalb für sie der Sprintanlauf sinnvoller als der Steigerungsanlauf ist.

Die Schüler wissen im Hinblick auf die Körperstabilisierung und die Landung um die Vorteile der Laufsprung- gegenüber der Schrittweitsprungtechnik.

Die Schüler kennen für mögliche Folgestunden ihre Anlauflänge.

[12] Einen gelungenen Vorschlag hierzu macht z. B. Beckmann (2011).

Didaktisch-methodische Anmerkungen

Im Hinblick auf die Variation („mal spielerisch – mal nicht“) und das Alter der Schüler („Beginn der Mittelstufe oder Ende“?) sowie insbesondere im Hinblick auf das im Stundenhauptteil „Sinn-Machende“ erfolgt das allgemeine Aufwärmen dieser Unterrichtseinheit in klassischer Form: Joggen – Dehnen – Joggen – Dehnen usw. mit Variationen an der (vielleicht vorhandenen) Stadiontreppe o. Ä. Auch das in diesem Fall eher „filigrane“ spezielle Aufwärmen des Sprung-ABCs hat die Tendenz zur „richtigen“ Leichtathletik. Dazwischen liegt allerdings unter dem Stichwort „Motiv-Koppelung“ das möglicherweise von den Jugendlichen ganz gern nachvollzogene „SMS-Hüpfen“.

Die Inhalte der Unterstufe werden im Stundenhauptteil aufgegriffen: Steigesprünge sind dabei der Kern, denn Weitspringen bedeutet: „Je weiter ich springen will, desto schneller muss ich anlaufen! Aber: Je schneller ich anlaufe, desto schwieriger ist es, mich im Körperschwerpunkt zu treffen“! Im Mittelpunkt steht daher zunächst der unmittelbare Absprung mit dem Beschleunigen und Abstoppen der Schwungelemente, da auf die Sprintschnelligkeit unmittelbar kaum Einfluss zu nehmen und die Rhythmisierung der drei letzten Schritte im Sinne der (umstrittenen) Schwerpunktabsenkung für den Schulsport utopisch ist. „Telemark-Landung“ und „Schlusssprung-Landung“ sowie der „lockere Schrittweitsprung“ schließen sich an.

Der bislang stets verkürzte Anlauf wird aber in der Mittelstufe deutlich verlängert und von seiner Ausführung her verändert: es wird durchgängig gesprintet. Zu überprüfen ist, ob der Anlauf zu lange ist und ob er zielgenau an den Balken führt. Technik ist der Schrittweitsprung. Angemessene Pausen zwischen den Anläufen sind zu gewährleisten. Passt alles annähernd zusammen, wird der Anlauf am Maßband oder in Fußlängen gemessen und für jeden Schüler individuell festgehalten. Grund: Es könnten irgendwann noch das „Zeugnisspringen“ oder die Einheit „Dreisprung“ kommen.

Dann folgt das partnerunterstützte Kennenlernen des Laufsprungs mit seiner Rückwärtsbewegung und der besseren Voraussetzung für die Landung. Welche Vorteile diese Technik gegenüber dem Hock- oder Schrittweitsprung hat, das wird den Schülern genauso vermittelt wie der Vorteil des Sprintlaufs gegenüber einem Steigerungslauf in der Anlaufphase. Realisieren werden ihn nur ein paar aus der Klasse können, aber der Laufsprung ist auch eher die „Sternchen-Aufgabe“ dieser Stunde.

Den Abschluss bildet ein Mannschaftsspringen, das den Teamcharakter betont.

Hinweise zur Vorbereitung

Zuhause sollte sich der Lehrer das Video (online verfügbar, s. S. 177) zum speziellen Aufwärmen ansehen und sich die sechs wichtigen Übungen vergegenwärtigen. Ohne Lehrerdemonstration werden die Schüler sonst nicht alle davon durchführen können.

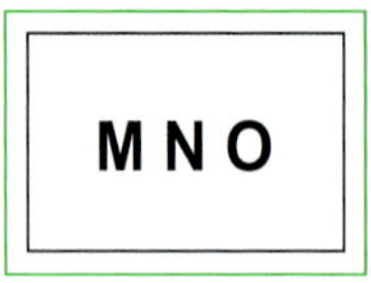

Abb. 39: SMS-Taste

Benötigt werden zwei Gymnastikstäbe und zehn Leitkegel – gegebenenfalls weniger, da ein Teil davon durch die sechs Bananenkisten ersetzt werden kann, die – je nach Entscheidung – herangezogen werden. Ausgedruckt sein sollten zehn „SMS-Tasten" (vgl. Material „SMS-Tasten") repräsentierende Blätter (eingeschweißt halten sie länger), die notfalls auch ohne Leitkegel am Boden liegend übersprungen werden können.

Gegebenenfalls bedarf es darüber hinaus eines 30-m-Maßbandes und eventuell eines Kastendeckels oder eines Absprungkeils. Für die Wettbewerbsform am Schluss werden in der für Schüler interessanteren Variante noch sechs Bananenkisten benötigt.

Hausaufgaben zur Vorbereitung dieser Stunde: „Google Videos"

In der Sportstunde vor dieser Weitsprungeinheit werden die Schüler auf folgendes hingewiesen: „Sucht bei ‚Google Videos (youtube)' nach ‚Weitsprung – Laufsprungtechnik'. Zunächst kommt kommentarlos ein Kubaner. Dahinter werden vier weitere Clips angeboten. Einleitend: ‚Bob Beamon. 8,90 m World Record'. Dieser ‚Sprung in's nächste Jahrhundert' war mehr als 20 Jahre lang unerreicht. Dann der technisch bessere WM-Clip aus Tokio zu Beginn der 90er Jahre: ‚Weltrekord Mike Powell. 8,95 m' in einem atemberaubenden Duell mit Carl Lewis. Schaut Euch die Beinbewegung dieser Springer an, und merkt sie Euch grob bis zur nächsten Stunde. Was machen sie – außer dass sie weiter springen – in der Luft anders oder mehr als wir"?

Doppelstunde 5: *Weitsprung aus vollständigem Anlauf*

Stundenabschnitte und Unterrichtsinhalte	Organisatorische Hinweise

Einleitender Stundenteil (Aufwärmen)

***Allgemeines Aufwärmen* „Einrollen und Andehnen"**
Die Schüler laufen zwei langsame Runden und machen jeweils in der Mitte der Ziel- und Gegengeraden insgesamt sechs Dehnübungen.

Zusatzalternative: Integrierte Treppenläufe

Jedes Stadion hat Treppen, Erdwälle oder andere geeignete Umgebungsbedingungen. Sie können in lockerer (nicht trainingsbelastender) Form mit einbezogen werden.

Pro Übung 20 sec Haltedauer → danach lockern

- Übung (1) → Rumpfkreisen.
- Übung (2) → Seitlicher Ausfallschritt.
- Übung (3) → Einen Fuß am Knöchel fassen und Richtung Gesäß ziehen.
- Übung (4) → Im Langsitz bei gestreckten Beinen den Oberkörper nach vorne absenken.
- Übung (5) → Im Langsitz einen Fuß über das gestreckte Bein auf den Boden stellen und das Knie mit beiden Händen zur Brust ziehen.
- Übung (6) → In Schrittstellung die hintere Ferse Richtung Boden drücken.

Materialbedarf: Keiner.

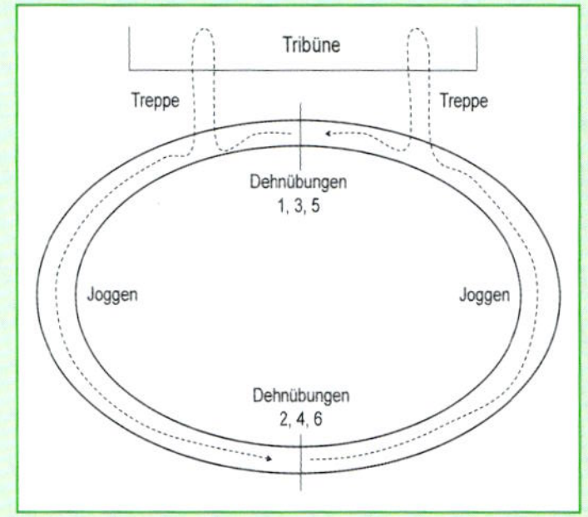

Abb. 40: Laufwege Einrollen und Andehnen

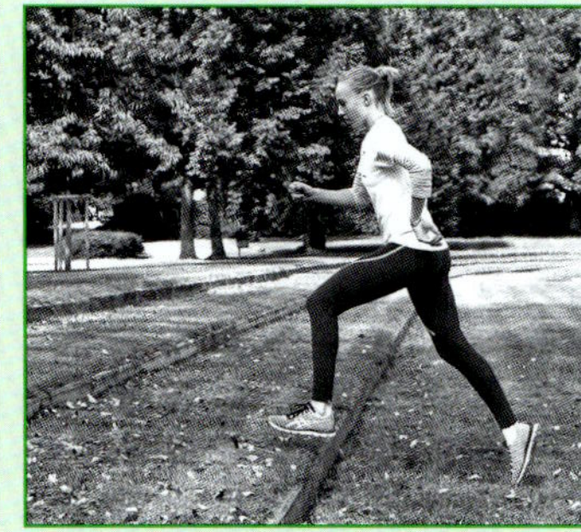

Bild 90: Treppenlauf

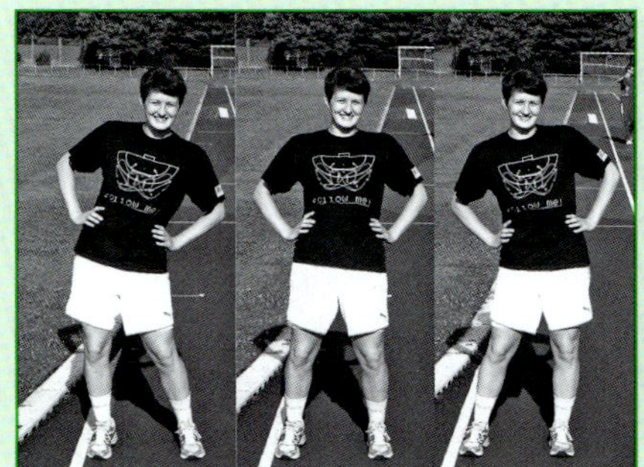

Bild 91: Übung (1) Rumpfkreisen

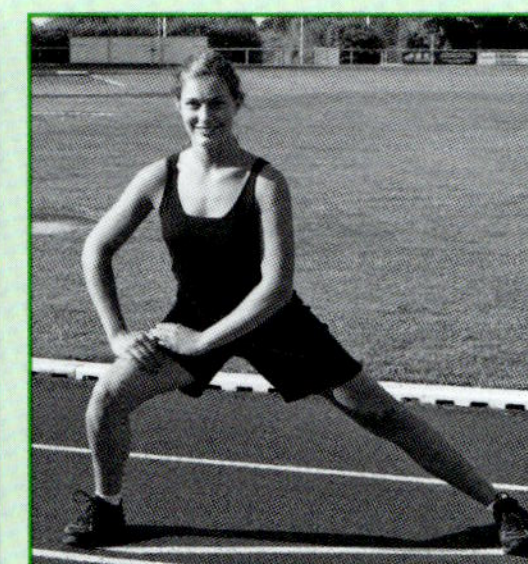

Bild 92: Übung (2) Adduktoren

Stundenabschnitte und Unterrichtsinhalte | Organisatorische Hinweise

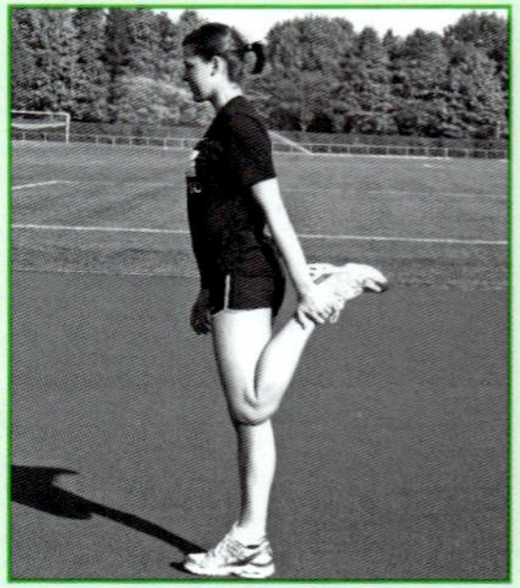
Bild 93: Übung (3) OS-Vorderseite

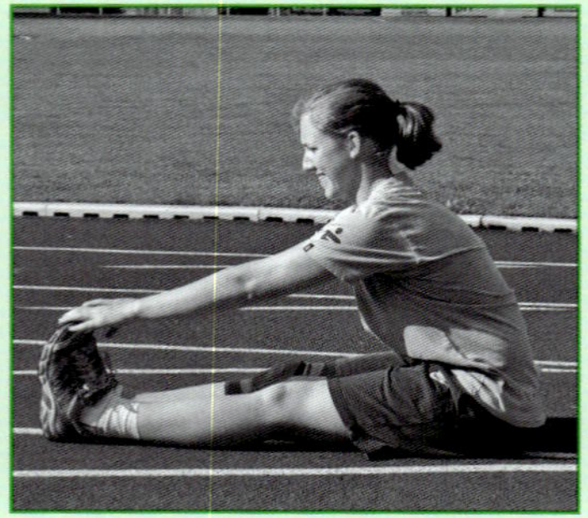
Bild 94: Übung (4) OS-Rückseite

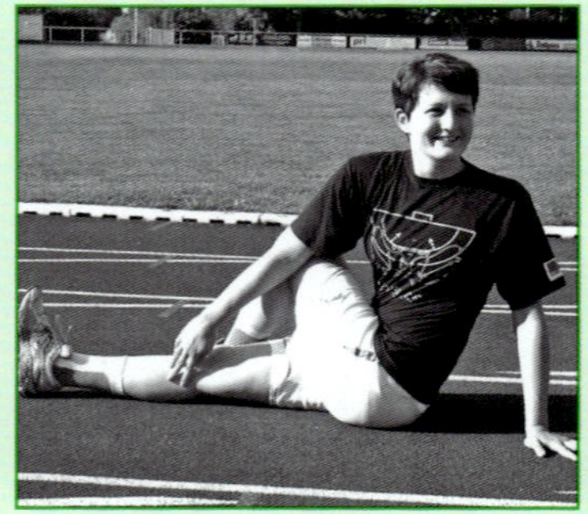
Bild 95: Übung (5) Gesäß

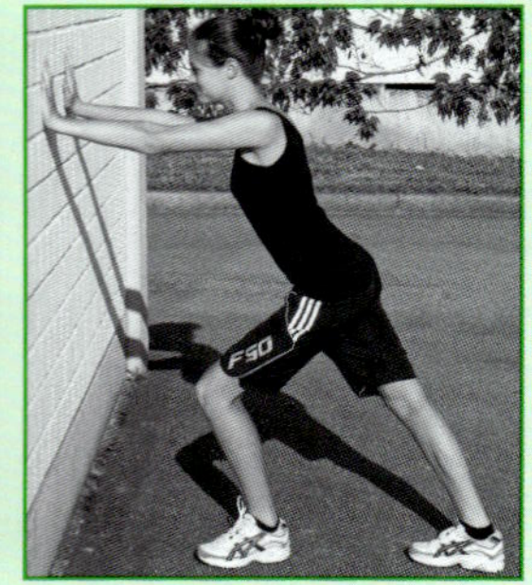
Bild 96: Übung (6) Obere Wade

Allgemeines Aufwärmen „SMS-Springen"

Der Lehrer verteilt die zehn Leitkegel auf einem ca. 20 x 30 m breiten Feld. Jeder Leitkegel stellt eine Handy-Taste (vgl. Material „SMS-Taste") dar und ist mit dem entsprechenden Ausdruck beklebt.
Die Klasse wird in vier gleich große Teilgruppen aufgeteilt. Jede Gruppe stellt sich an einer der vier Seitenauslinien des Feldes auf und erhält jeweils eine anders lautende SMS, die durch Überspringen des jeweiligen Buchstabens gesendet wird. Zu senden ist beispielsweise die SMS: „Hi Kumpels. Ich bin im Stadion. See you later. Gruesse Max".

Spezielles Aufwärmen „Sprung-ABC"

Die Klasse sammelt sich auf der Ziel- oder Gegengeraden und stellt sich in mehreren Reihen à 3–4 Schüler hintereinander auf. Je nach Leistungsfähigkeit der Gruppe sollte eine Streckenlänge zwischen 15 m und 30 m gewählt und etwa drei bis fünf Wiederholungen absolviert werden.

- Fußgelenksarbeit
- Prellende Stephüpfer
- Wechsel-Greif-Druck-Bewegungen
- Sprungläufe mit angezogener Fußspitze, reaktivem Aufsetzen und Beschleunigungseffekt.
- Serien-Steigesprünge

Materialbedarf: Zehn eingeschweißte SMS-Tasten und zehn Markierungshütchen.

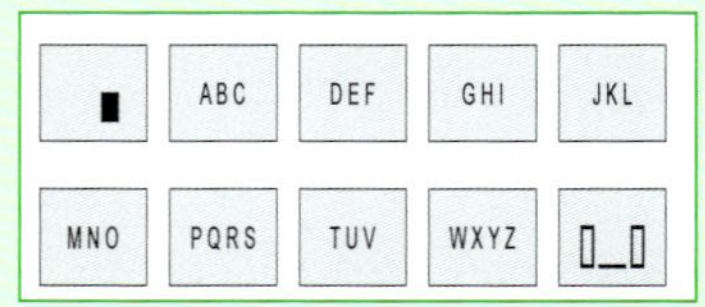

Abb. 41: SMS-Tasten

Materialbedarf: Keiner.

Hinweis: Die Übungen sind elementar wichtig, aber koordinativ anspruchsvoll. Der Lehrer muss sie demonstrieren können. Die Videos helfen bei der Vorbereitung.

Stundenabschnitte und Unterrichtsinhalte	Organisatorische Hinweise

Hauptteil (Vom Schrittweitsprung mit verkürztem Anlauf zum vollständigen Anlauf, Treffen des Balkens und versuchtem Laufsprung)

Wiederholung zentraler Inhalte aus der Unterstufe

- Am Grubenrand (nicht am Balken) drei bis fünf Steigesprünge „Hohes Knie, aktiv greifend“ sowie „Strecken und Spannung halten, Schwungbein fixieren“ über eine flache und aufrechte Bananenkiste aus 5–7 Anlaufschritten. Gegebenenfalls einen Gymnastikstab in die Anlage halten, der mit dem Schwungbeinknie berührt werden soll.
- Zweimal „Telemarklandungen“ als Vorstufe des Schrittweitsprungs: „Links weg, spreizen, auf rechter Ferse und linkem Knie landen“.
- Zweimal „Absprungbein zur Landung vor“.

Hinweis: Die Schüler agieren möglichst an zwei Weitsprunganlagen. Im Mittelpunkt steht mit dem Steigesprung nun nur noch ein Kernteil der vorausgegangenen seitenorientierten Sprungserien.

Hinweis: Mit Hilfe der Beobachtungskarte zum Absprung (vgl. Material „Beobachtungskarte_Absprung“) können die Schüler sich auch gegenseitig korrigieren.

Materialbedarf: Vier Bananenkisten oder zwei Kinderhürden und ein Gymnastikstab.

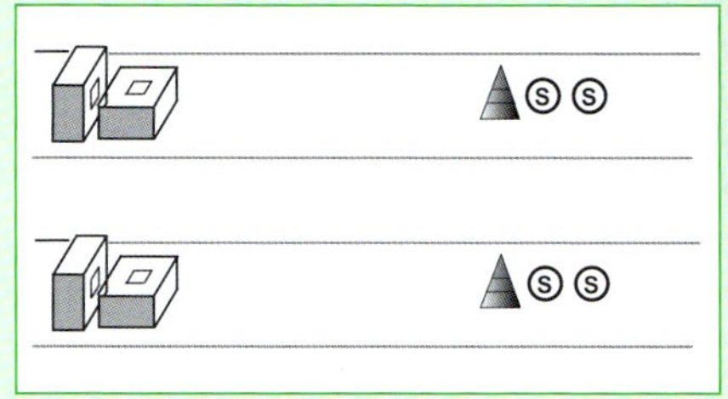

Abb. 42: Zwei Bananenkisten

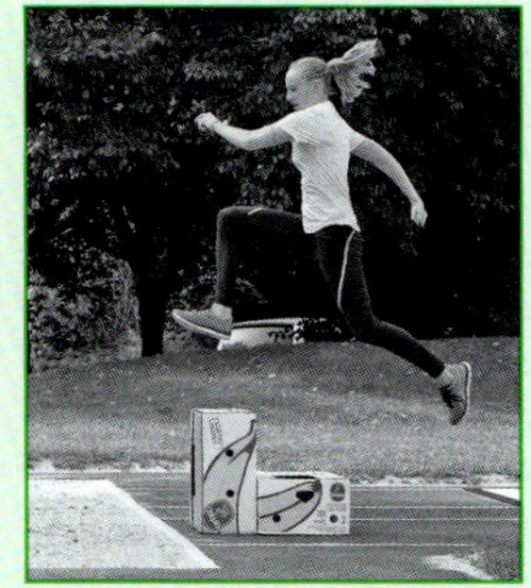

Bild 97: Absprung über eine Bananenkiste

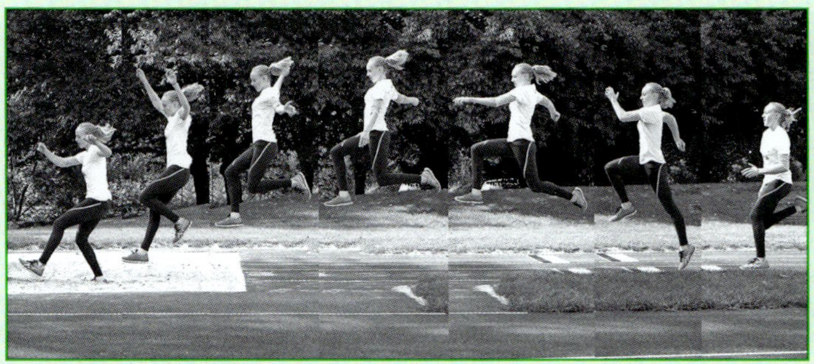

Bild 98: Abspringen – Basics

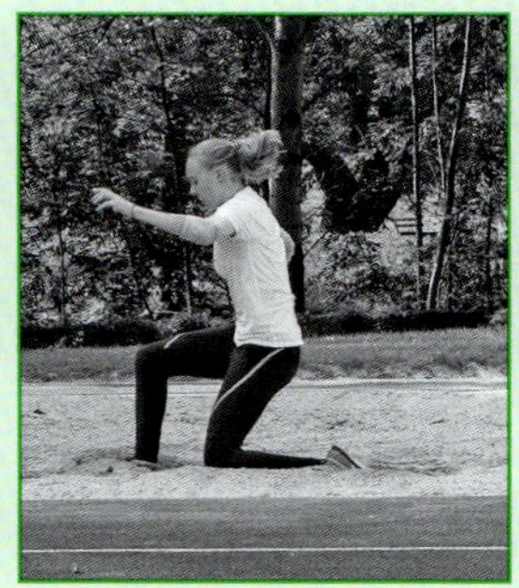

Bild 99: Telemarklandung

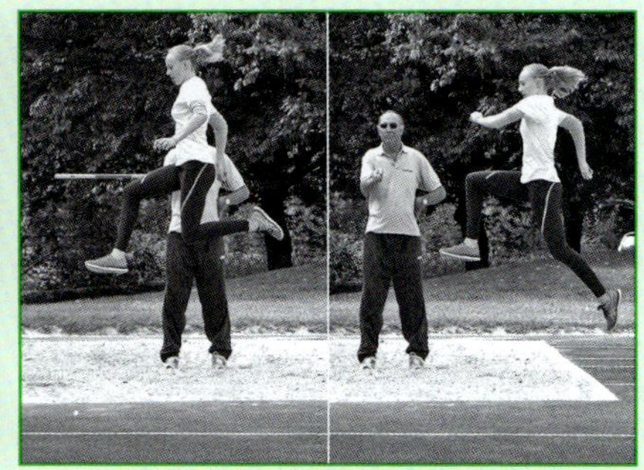

Bild 100: Sprung an einen Gymnastikstab

Stundenabschnitte und Unterrichtsinhalte	Organisatorische Hinweise

Einführung des vollständigen Anlaufs mit angedeutetem Absprung

Die Schüler verlängern die fünf bis sieben Schritte zu einem längeren Anlauf. Sie wählen eine Länge zwischen 20 und 25 Metern und merken sich diese, z. B. „23 Meter“.

Zu Beginn des Anlaufs steht das Abdruckbein an der Marke; mit dem den Ablauf einleitenden Bein wird ein Schritt als Ausholbewegung nach hinten gemacht. Dann wird von der sich zu merkenden Marke mit vor allem zu Beginn großen Schritten maximal angelaufen.

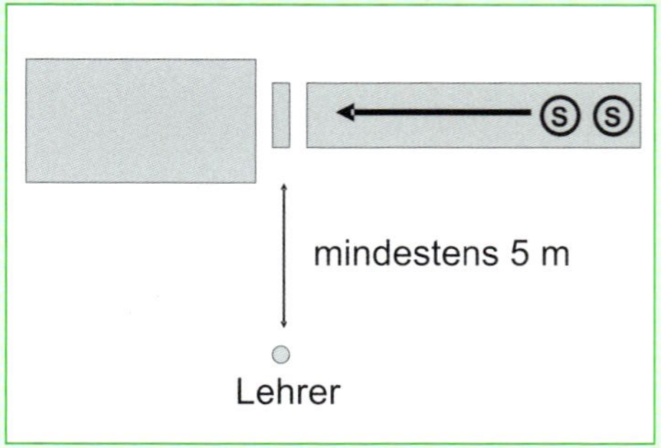

Abb. 43: Standpunkt des Lehrers

Der Lehrer steht auf Höhe des Balkens, ca. 5–10 m von diesem rechtwinklig entfernt und beurteilt den Anlauf. Die Schüler – ein Anlauf genügt – sprinten voll und deuten im Bereich des Balkens einen Absprung an.

Insbesondere dann, wenn ein Schüler seine Maximalgeschwindigkeit sehr schnell erreicht hat und diese danach nur noch über zehn Meter ausdauernd zu erhalten sucht, lange Schritte macht und „energetisch kämpft“, dann ist der Anlauf zu lange: Am ausgelegten Maßband um 2–3(5)m korrigieren! Gegebenenfalls ist „Mehr“ natürlich auch möglich: Wer über 5 m oder an die 6 m springt, der hat auch um die 30 m Anlauf.

Materialbedarf: 30-m-Maßband oder zwei Markierungshütchen.

Hinweis: Vom Balken wird zur Anlaufrichtung rückwärts ein Maßband ausgerollt (Der Nullpunkt am Balken) oder es wird notfalls bei 20 und 25 Gehschritten ein Leitkegel hingestellt. So können sich die Schüler orientieren und ihre Anlauflänge selbst korrigieren.

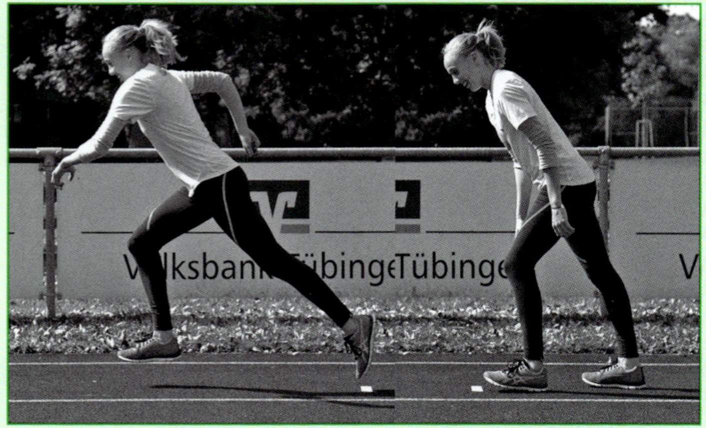

Bild 101: Auftaktbewegung

Hinweis: Wer sofort mit möglichst großen Schritten maximal beschleunigt, der hat in der Regel einen immer wieder gleichen Anlauf und trifft den Balken später besser als bei einem rhythmischen Steigerungssprint.

Den Balken treffen

Jetzt geht es nicht mehr darum, ob der Anlauf zu lange oder zu kurz ist, sondern um die Feinabstimmung, das Treffen des Balkens. Die Schüler haben die Aufgabe, auch dann abzuspringen, wenn sie vor dem Balken sind oder ihn überlaufen haben: Nicht trippeln, sich nicht treiben lassen, die Schritte aber auch nicht ziehen. Durchsprinten und ansatzweise abheben. (Noch kein vollständiger Sprung). Nur so kann korrigiert werden, z. B.: „Verlege Deine Ablaufmarke einen Fuß nach vorne". Diese Übung sollte ca. dreimal mit den Schülern wiederholt werden.

Hinweise: Der Schüler darf den Blick nicht senken, um das Treffen des Balkens selbst zu kontrollieren. Das verhindert die Absprungstreckung. Geradeaus schauen. Kontrolle und Korrektur sind Sache des Lehrers oder eines Mitschülers.
Zwei bis drei Anläufe genügen. Auf den Zentimeter genau kann ein Schüler den Absprung nicht timen.
Mindestens drei Minuten Pause zwischen den Sprüngen lassen.
Keine zu hohe Dichte. Sonst ändert sich der Anlauf.
Der Erholung zwischen den Maximalsprints dient auch die Reflexion und das Ausmessen des Anlaufes.

Materialbedarf: Keiner.

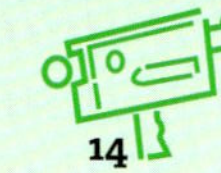

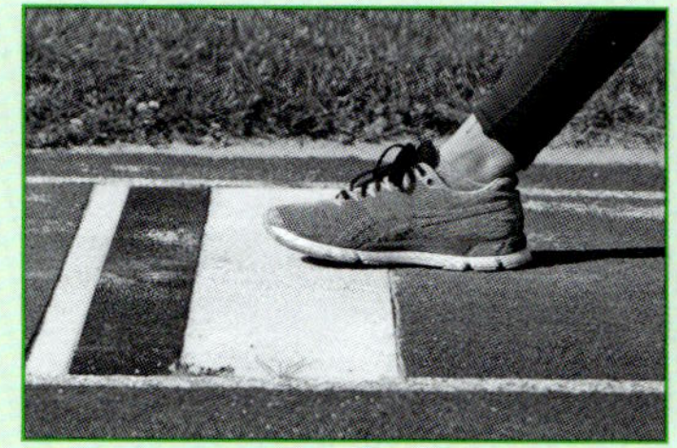
Bild 102: Fuß am Balken

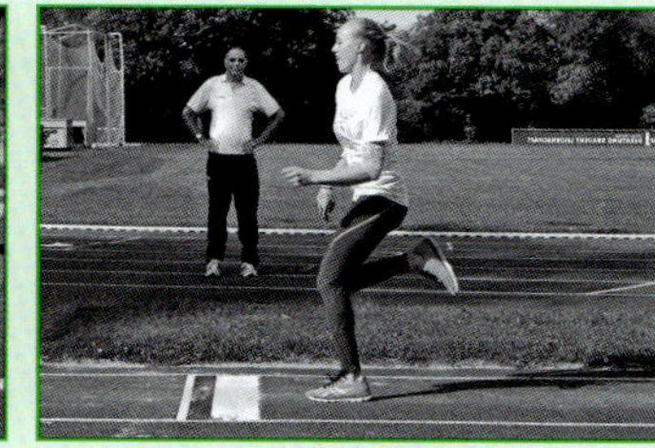
Bild 103: „Verschenkt"

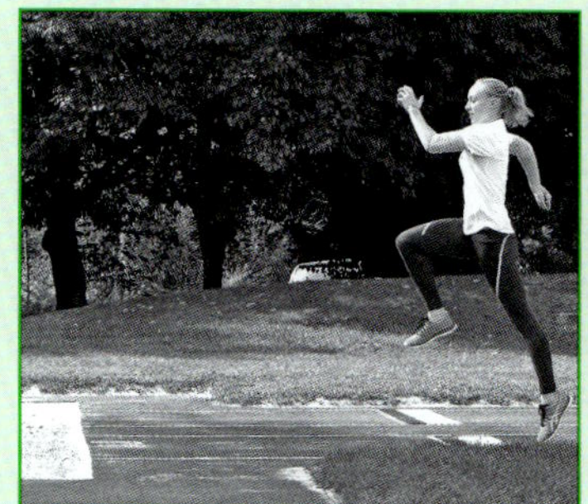
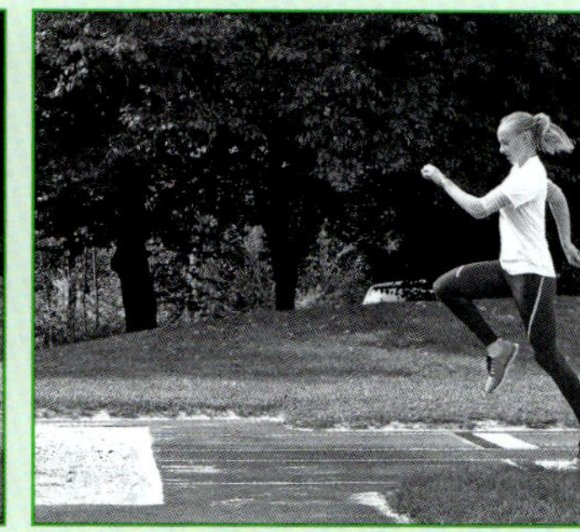
Bild 104+105: Richtige (links) und falsche (rechts) Kopfhaltung

Reflexion und Abmessen des Anlaufes

Die Schüler überlegen, weshalb diese Art des Anlaufens quasi aus dem Hochstart gegenüber einem rhythmisierten Steigerungslauf für sie vorteilhafter ist.
Dann wird die Anlauflänge in Fußlängen für künftige Weitsprungeinheiten gemessen.

Antwort: Bei einem Steigerungslauf werden die Schritte mit zunehmender Strecke bewusst länger gezogen. Dies passiert manchmal früher, manchmal später. Beim maximalen Anlauf mit großen Schritten aus dem Hochstart ist die Schrittlänge von Anfang an weitgehend konstant. Dies erleichtert das Treffen des Balkens enorm.

Stundenabschnitte und Unterrichtsinhalte	Organisatorische Hinweise

Schrittweitsprung unter Beachtung der ebenfalls zu reflektierenden Landung

Nach dieser kurzen Erholung – dem einleitenden SMS-Springen folgten bislang drei bis fünf Steigesprünge, zwei Telemarksprünge und zwei Schrittsprünge mit Landung aus jeweils fünf bis sieben Anlaufschritten sowie drei Sprints über die volle Anlauflänge – absolviert die Klasse noch zwei Schrittweitsprünge.

Anweisung für die Landung: „Bei der Landung die Beine anheben und dann in den Knien nachgeben, das Becken ‚durchschieben'"!

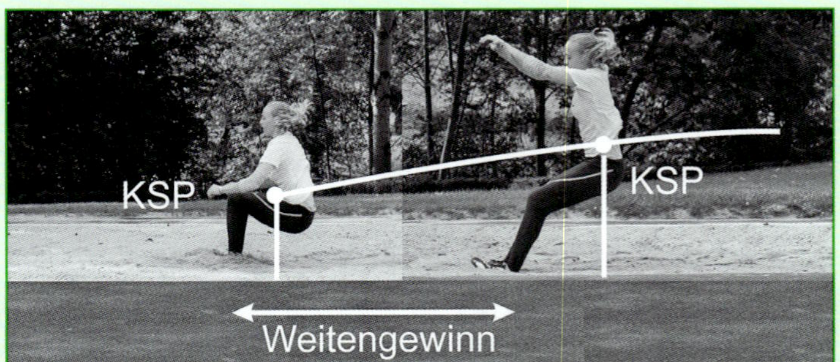

Bild 107: Gute und schlechte Landeposition im Vergleich

Hinweis: Für normale Klassen ist der Hauptteil der Stunde an dieser Stelle beendet. Es geht weiter mit dem Schlussteil.
Der nachfolgende Teil stellt eine optionale Erweiterung für besonders begabte Klassen dar.

Materialbedarf: Keiner.

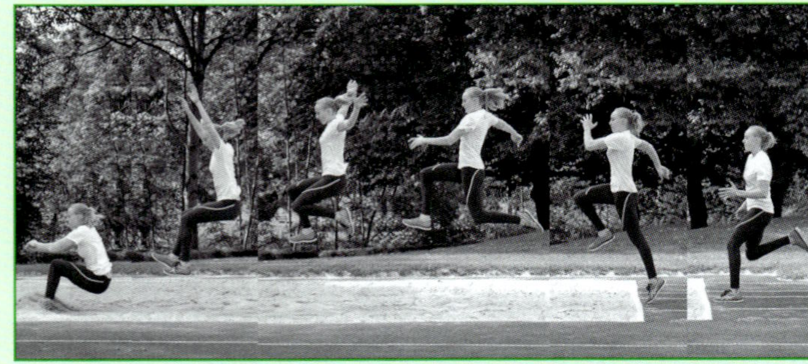

Bild 106: Schrittweitsprung

Hinweis: Der komplette Schrittweitsprung kann den Schülern auch mit Hilfe einer Technikkarte (vgl. Material „Technikkarte_Schrittweitsprung") nochmals verdeutlicht werden. Als Alternative kann der Lehrer die Situation auch mit dem Finger in den Sand zeichnen.

Hinweis: Neben der gehaltenen Schrittstellung ist das Augenmerk dabei auf die Landung zu legen. Die Beine sollen in die Flugparabel des KSP angehoben werden. Dies dürfte aus vollständigem Anlauf nun besser gelingen als im Anschluss an die Telemarksprünge aus nur fünf bis sieben Schritten.

Eine versuchte Rückwärtsbewegung in der Luft: „Der legendäre Laufsprung“

Nun wird zum Google-Video der Hausaufgabe (siehe Vorbereitung) Bezug genommen: „Was haben Bob Beamon, Mike Powell und Carl Lewis in der Luft anders oder mehr gemacht als wir bisher“?

Antwort: „Jene Athleten sind in der Luft weitergelaufen“

Wenn die Frage beantwortet ist, wird kurz erläutert, dass die Laufbewegung der Flugstabilisierung dient und dass das Vorbringen bzw. Anheben der Beine in die Flugparabel aus der Rückwärtsbewegung heraus leichter geht. Das versuchen die Schüler nun abschließend auch.

Materialbedarf: Keiner.

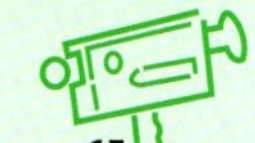

15

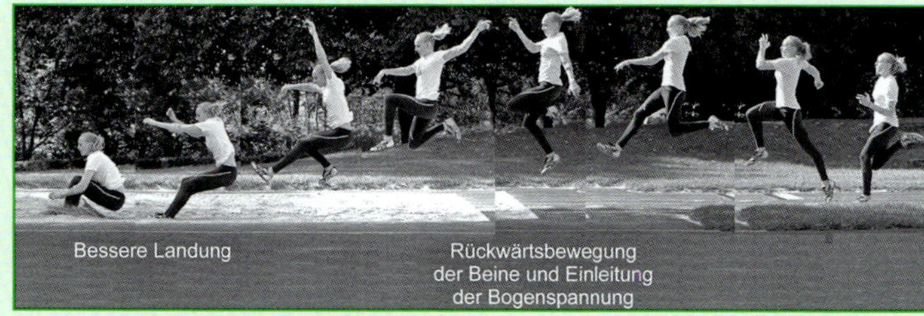

Bild 108: Laufsprungtechnik

Imitation der Laufbewegung im Partnerstütz

Die Schüler gehen zu dritt zusammen. In der Dreiergruppe wird die Laufbewegung nun „trocken“ geübt. Zwei Schüler stellen sich mit geringem Abstand Schulter an Schulter (vgl. Bild 109). Der Übende greift den beiden Partnern auf die Schulter, springt ab und imitiert die Laufbewegung.

Hinweis: Die beiden äußeren Schüler müssen die Rumpf- und Schultermuskulatur anspannen und eng zusammen stehen, damit die Übung nicht zu einem „Kreuzhang an den Ringen“ ausartet; und der mittlere braucht eine gewisse Stützkraft.

Materialbedarf: Keiner.

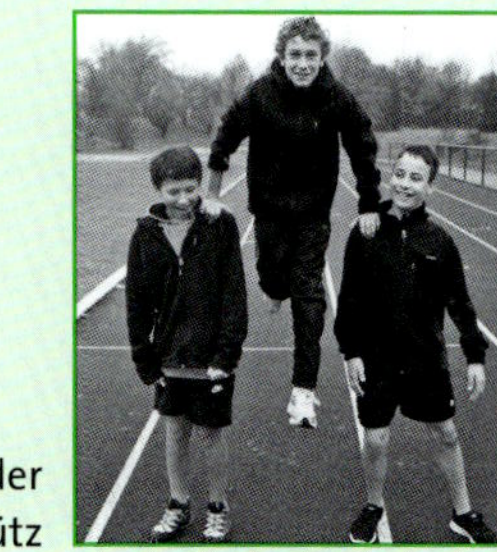

Bild 109: Imitation der Laufbewegung im Partnerstütz

Stab wegtreten aus Anlauf und Absprung

Die Schüler überspringen aus fünf bis sieben Anlaufschritten einen vom Lehrer gehaltenen Stab und versuchen, diesen nach hinten wegzutreten: „Wer kriegt, wenn er das Schwungbeinknie oben und den Unterschenkel gestreckt hat, noch eine Rückwärtsbewegung vor der Landung hin, kann ‚in der Luft weiterlaufen‘ und den Stab nach hinten wegtreten“?

Hinweis: Der Lehrer hält den Stab immer fest; wird der Stab getroffen, so sollte er im Handgelenk leicht nach hinten nachgeben. Dabei muss der Lehrer flexibel sein und „ein Auge haben“. Die Positionierung des Stabes richtet sich nach dem Schüler. Nicht umgekehrt!

Materialbedarf: Ein Gymnastikstab, zusätzlich bei Bedarf ein Absprungkeil oder ein Kastendeckel.

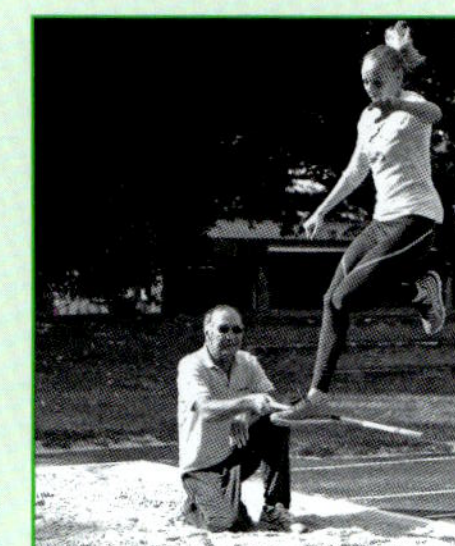

Bild 110: Stab nach hinten wegtreten

Stundenabschnitte und Unterrichtsinhalte	Organisatorische Hinweise

Hinweis: Da diese Übung angesichts des durchschnittlichen Sprungvermögens einer Mittelstufenklasse nicht ganz einfach ist, kann eine Absprungerhöhung gewählt werden. Diese verfälscht zwar den Kniewinkel des Sprungbeines und nimmt etwas die Reaktivität aus dem Absprung, hilft aber manchem Schüler, diese Technik überhaupt erst halbwegs ausführen zu können.

Hinweis: Die Absprunghilfe darf in dieser Stunde nicht mehr entfernt werden. Der Unterschied zum Absprung vom Balken wäre zu groß. Falls eingesetzt, bleibt sie auch beim Schlussteil liegen.

Hinweis: Die Laufsprungtechnik kann den Schülern ggf. auch nochmals durch eine Technikkarte (vgl. Material „Technikkarte_Laufsprung“) verdeutlicht werden.

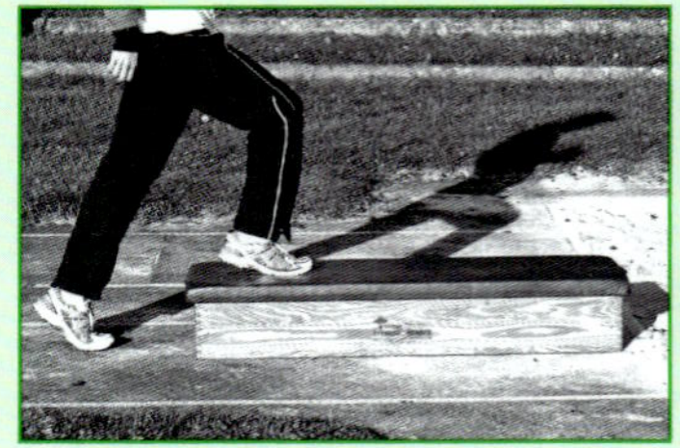

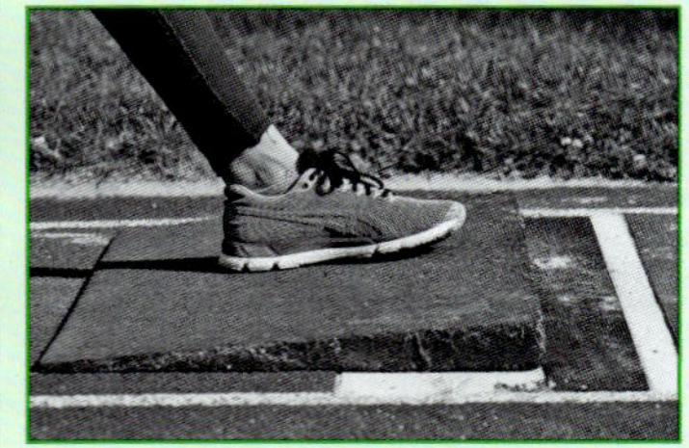

Bild 111 + 112: Absprungerhöhung durch Kastendeckel und Keil

Schluss (Wettbewerbsform)

Gruppen-Karton-Summenspringen mit beliebiger Technik aus verkürztem Anlauf

Den Abschluss der Stunde bildet ein Mannschaftswettbewerb mit Sprüngen über Bananenkisten. Die Klasse wird dazu in drei bis vier Mannschaften eingeteilt. Jeder darf solange springen, bis er nicht mehr drüber kommt. Die Mitglieder überspringen aus etwa halbiertem Anlauf zunächst zügig hintereinander drei Bananenkisten, denn das werden alle schaffen. Dann kommt Mannschaft 2, dann Mannschaft 3, usw. Nun kommt eine Kiste hinzu, und Mannschaft 1 beginnt wieder. Hinzugelegt wird danach Kiste 5 usw.

Jeder Schüler hat pro Kistenzahl nur einen Versuch. Touchiert er eine Kiste – die letzte wird ramponiert sein –, scheidet er aus. Die Mannschaften werden also immer kleiner.

Der Lehrer protokolliert auf einem Zettel die Anzahl der übersprungenen Kisten pro Mannschaft mit. Zum Schluss werden die von jedem Mannschaftsmitglied übersprungenen Kartons addiert: „Welches Team hat die meisten Kisten geschafft“?

Materialbedarf: Fünf bis acht Bananenkisten, Stift und Papier für den Lehrer.

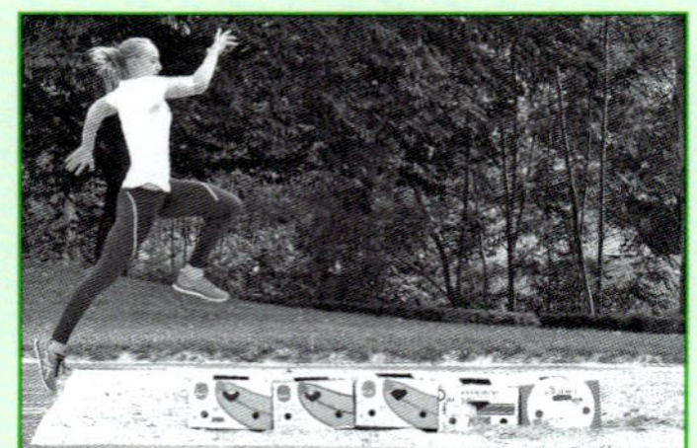

Bild 113: Sprung über Bananenkisten

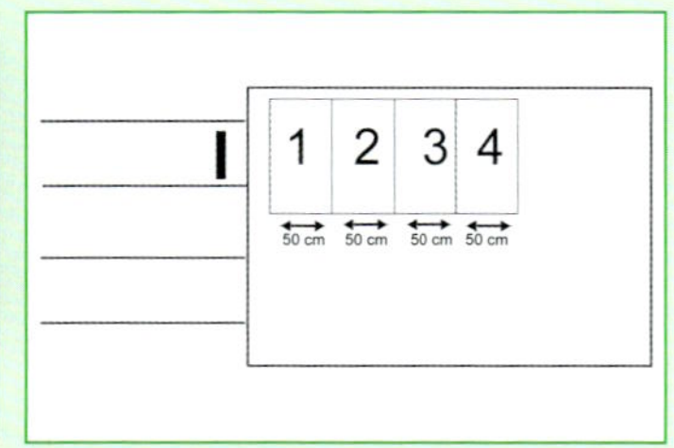

Abb. 44: Sprunggrube mit Linien

Alternative: Zonenspringen → Es wird im Abstand von etwa 50 cm nur jeweils eine weitere Linie in den Sand gezeichnet. Der Lehrer protokolliert hierbei die ersprungenen Zonenpunkte.

2 Doppelstunde 6: Hochsprung – nach dem Erfahrungsfeld „Hochspringen“ nun der Flop

Einführung

In der Unterstufe (vgl. **Doppelstunde Leichtathletik** Band 1, Seite 90–97) stand zu Beginn das Erfahrungsfeld „Hochspringen“ im Mittelpunkt. Und hier gibt es sehr viel mehr als nur den Flop, zumal der einbeinige Absprung mit dem Rücken zur Latte für Kinder eh schwieriger ist als vorwärts gerichtete Sprünge. In der Regel erwarten die Bildungspläne „alters- und schülergemäße“ Techniken. Die Schüler sollten daher in der ersten Unterstufenstunde „Hochspringen – alte Techniken wieder entdeckt“ nach einer ganzen Palette von spielerischen Formen verschiedene Hochsprungtechniken kennen lernen und die für sie beste Möglichkeit erkunden.

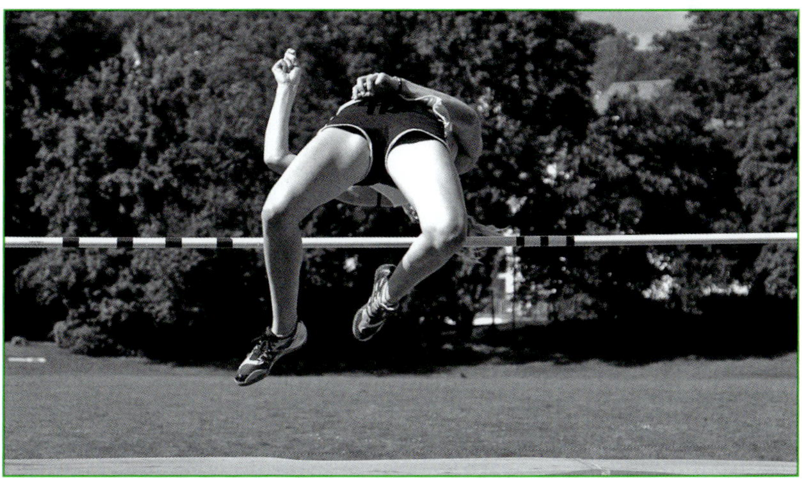

Bild 114: Flopspringerin bei der Lattenüberquerung

In der zweiten Unterstufenstunde (Seite 98–103) war der Schersprung aus dem geraden und bogenförmigen Anlauf Kern des Unterrichts. Diese simple Sprungform zwingt den Schüler mehr abzuspringen als der Flop. Bei ihm besteht die Gefahr, dass der Schüler „vorjoggt" und sich anstelle des Abspringens nur zurücklegt.

Nun kann in der Mittelstufe der Flop als biomechanisch-zweckrational effektive und bekannteste Technik eingeführt werden. Der Schersprung aus dem bogenförmigen Anlauf war eine gute Vorbereitung.

Kompetenzen

Motorisch: Die Schüler können im Flop eine Höhenmarkierung überqueren und sicher landen.

Kognitiv: Die Schüler können den Bewegungsablauf des Flops beschreiben.

Die Schüler kennen die Auswirkungen der Hauptfehler beim Flop.

Didaktisch-methodische Anmerkungen

Flop-Methodik ist „Prosa". Sie lebt durch die Kenntnisse, das Können und die Erfahrung des Lehrers. Es gibt (zumindest außerhalb der Halle) nicht viele Gerätehilfen. Gefragt sind fachkundige Ansagen, ein „Auge" für Fehler und schülergemäße Korrektur. Eine gelungene Lehrerdemonstration wirkt zudem motivierend.

Das Aufwärmen umfasst hier „vorbereitende Übungen" für den Stundenhauptteil, der aus den Lernschritten „Anlauf", „Absprung", „Körperlängsdrehung", „Beckenheben" und „Unterschenkelkick" besteht. Dabei ergibt sich die methodische Vorgehensweise aus den biomechanischen Gegebenheiten des Flops. Basiert z. B. die Absenkung des Körperschwerpunkts als Voraussetzung jeglichen Hochspringens auf einer Kurveninnenlage des Schülers, so kann der Anlauf nicht flopunspezifisch aus nur drei bis fünf Anlaufschritten ohne Geschwindigkeit bestehen. Ausschließlich sie gewährleistet die eine Innenlage ermöglichende Zentripetalkraft zusammen mit einem passenden Radius – der so genannten Impulskurve auf den letzten Schritten. Mit anderen Worten: Auf der geradlinigen Bogensehne anstatt auf dem Bogen zu laufen, das ist genauso ein gravierender Fehler wie ein zu kurzer Anlauf.

Zum Schluss dieser Mittelstufenstunde dürfen die Schüler ihre Technik und ihr Sprungvermögen austesten. Eine gewisse Höhe liegt ja schon auf, und „den Grenzbereich mit einer Klasse auszutesten“ erfordert nicht viel mehr Zeit als eine Viertelstunde. Die Frage *„Wer kommt am höchsten?“* liegt im Wesen der Leichtathletik und ist pädagogisch nichts Verwerfliches. Den Großen soll ihr Erfolgserlebnis nicht genommen werden. Aber Schüler haben nach dem Feststehen der Endhöhe und einem diesbezüglichen Tipp im Kopf sehr schnell ausgerechnet, bis auf wie viele Zentimeter sie an ihre Körpergröße herankommen. Und hier ist die Differenz bei einem guten kleinen Schüler möglicherweise deutlich kleiner als bei einem großen Schüler. Das ist das Erfolgserlebnis des Kleinen, denn er hat dann den Körperschwerpunkt mehr angehoben.

Hinweise zur Vorbereitung

Das in der Doppelstunde verwendete Material kann problemlos erst zu Unterrichtsbeginn zusammen mit der Klasse bereitgestellt werden.

Doppelstunde 6: *Hochsprung – nach dem Erfahrungsfeld „Hochspringen" nun der Flop*

Stundenabschnitte und Unterrichtsinhalte	Organisatorische Hinweise

Einleitender Stundenteil (Aufwärmen)

***Allgemeines Aufwärmen* „Schwungläufe und Dehnen"**

Zur Aktivierung machen die Schüler zusammen mit dem Lehrer zwei lockere Schwungläufe durch die Stadiondiagonalen mit zwischendurch jeweils langsamem Quertraben an der Auslinie des Rasenfeldes (vgl. Abb. 55). Anschließend werden die Strecker und Beuger im Beinbereich gedehnt.

Pro Übung 20 sec. Haltedauer → danach lockern

- Übung (1) → Rumpfkreisen.
- Übung (2) → Seitlicher Ausfallschritt.
- Übung (3) → Einen Fuß am Knöchel fassen und Richtung Gesäß ziehen.
- Übung (4) → Im Langsitz bei gestreckten Beinen den Oberkörper nach vorne absenken.

Materialbedarf: Keiner.

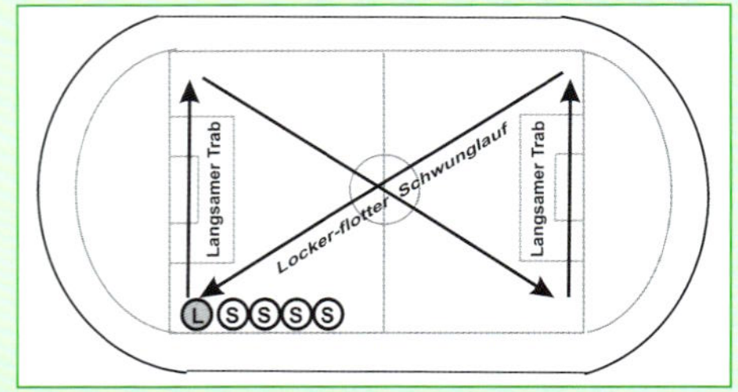

Abb. 45: Laufwege Schwungläufe

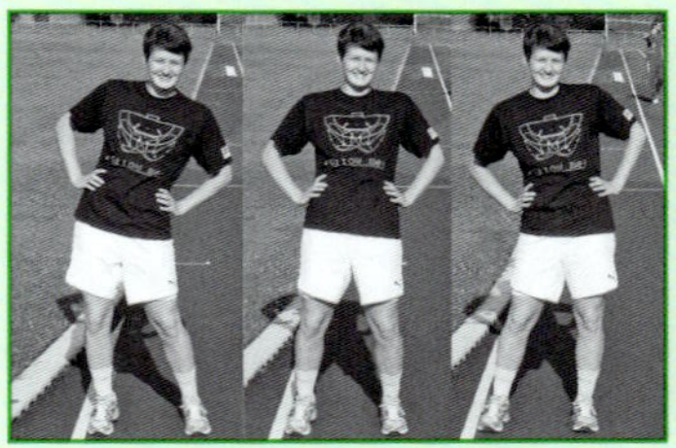

Bild 115: Übung (1) Rumpf

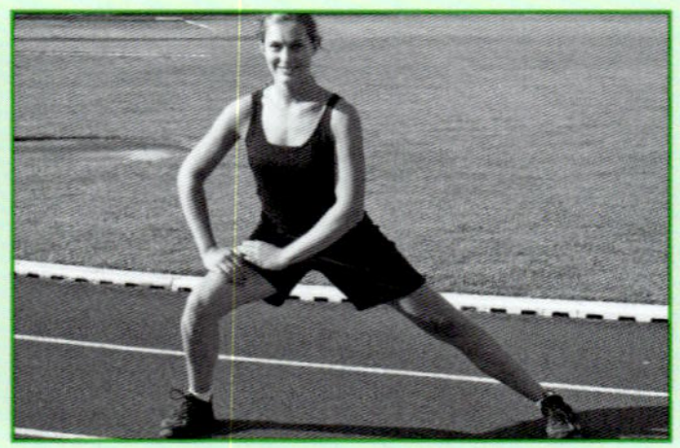

Bild 116: Übung (2) Adduktoren

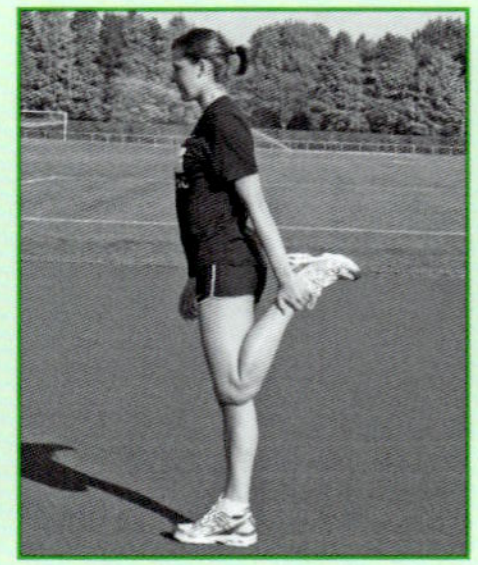

Bild 117: Übung (3) OS-Vorderseite

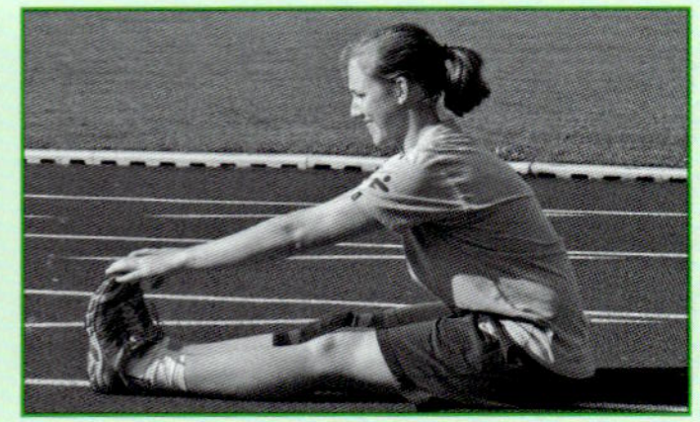

Bild 118: Übung (4) OS-Rückseite

***Spezielles Aufwärmen* „Kurven- und Slalomlaufen"**

Die Klasse sammelt sich in einem Kunststoffsegment und stellt sich in einer Reihe hintereinander auf. Zur Vorbereitung des Anlaufs und der KSP-Absenkung absolvieren die Schüler mehrere Kurven- und Slalomläufe mit verschiedenen Radien und Tempi zum Erfahren der Fliehkraft bzw. der Kurveninnenlage.

Materialbedarf: Keiner.

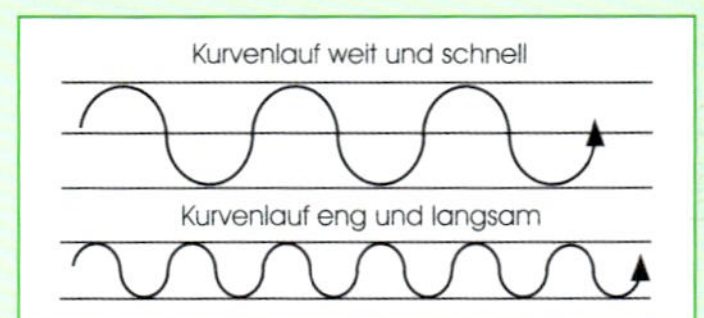

Abb. 46: Kurvenlauf

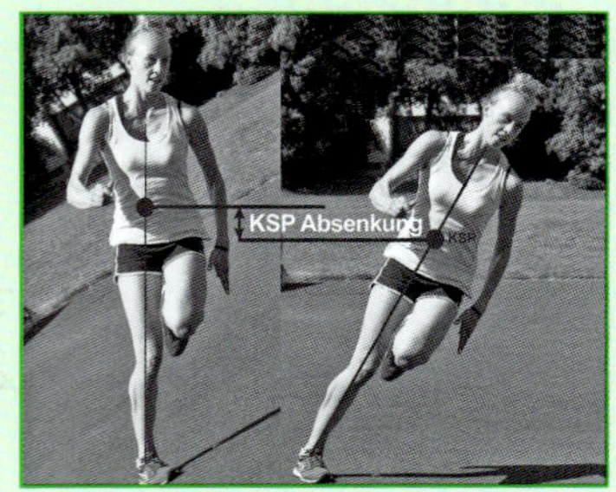

Bild 119: KSP-Absenkung

***Spezielles Aufwärmen* „Greif-Druckläufe und Serien-Steigesprünge“**

Zur Vorbereitung des Absprungs werden zwei bis drei Wiederholungen an Greif-Druckläufen und Serien-Steigesprüngen absolviert.

Alternative: Bei schwächeren Schülern können auch die drei letzten Schritte vor dem Absprung auf einer Kreisbahn geübt werden.

16

Materialbedarf: Keiner.

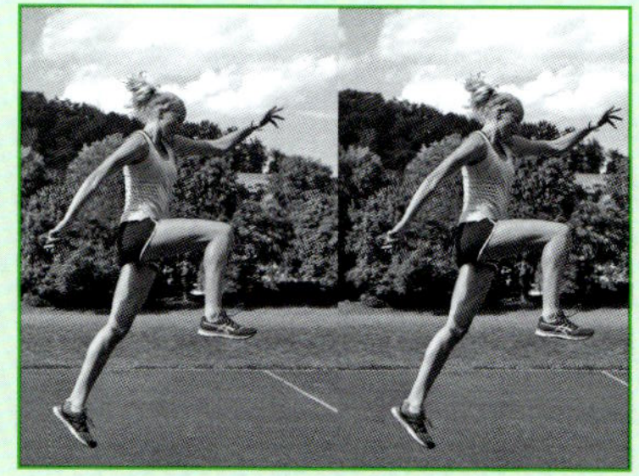

Bild 120: Serien-Steigesprünge

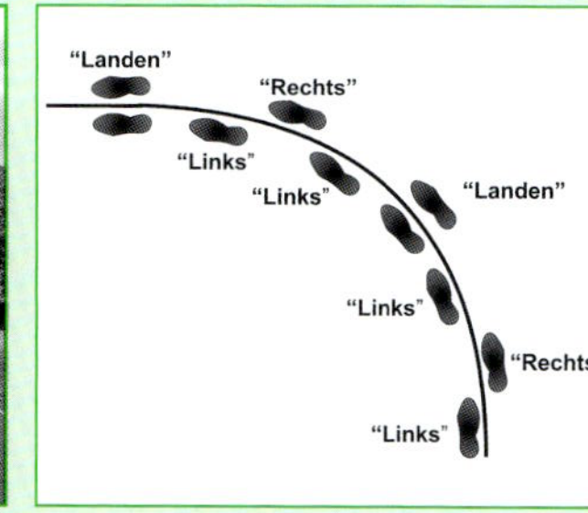

Abb. 47: Letzte Schritte vor dem Absprung

***Spezielles Aufwärmen* „Einleitung der Drehung um die Körperlängsachse“**

Zur Vorbereitung der Drehung um die Körperlängsachse = Latte im Rücken statt an der Seite:

- Hopserlauf mit diagonalem Schwungbeineinsatz
- Steigesprünge li-re-li mit ¼-Drehung und Fixierung des Schwungbeines

17

Materialbedarf:
Keiner.

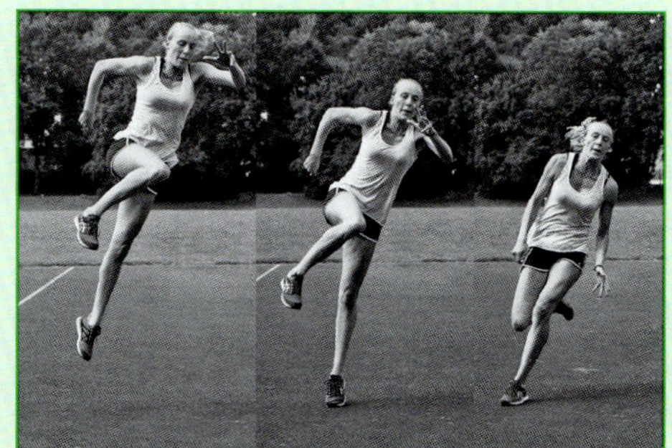

Bild 121: „Links-rechts-links“ mit Drehung und Schwungbeinfixierung

Stundenabschnitte und Unterrichtsinhalte	Organisatorische Hinweise

Hauptteil (Von einem dynamischen Anlauf auf den Absprungpunkt über den Diagonalhochzug des Schwungbeins und die passive Phase des Beckenhebens zum Ausschleudern der Unterschenkel)

Zügiger Anlauf zum Absprungpunkt

„In der Regel laufen Rechtshänder von rechts an und springen mit dem lattenfernen (linken) Bein ab. Rechtsspringer laufen von links an".
Die Schüler laufen steigernd (vgl. Abb. 58 bzw. 59) auf einer vorgegebenen Anlaufbahn, erst (5–7 Schritte) geradlinig zum Schaffen des Tempos, dann auf der Impulskurve mit Radius → Fliehkraft → Kurveninnenlage → Absenkung des KSP's als Voraussetzung für das Abspringen. Sie deuten einen Absprung an.

Hinweis: Es werden drei bis fünf Durchgänge gemacht.

Hinweis: „Nicht losrennen und sich dann treiben lassen oder trippeln! Umgekehrt: Die letzten Schritte sind kürzer und schneller als die ersten".

Hinweis: „Die Absprungstelle liegt in der rechten Hälfte zwischen Ständer und Lattenmitte ca. eine Armlänge vor der Latte".

Hinweis: „Das Sprungbein von oben und mit nahezu durchgestrecktem Knie in Laufrichtung setzen.

Hinweis: Die Abbildung 60 ist auch als A4-Ausdruck online verfügbar (s. S. 177, vgl. Material „Aufbau der Anlage").

Hinweise:
Aus physikalischen Gründen sollte der Anlauf von Beginn an weitgehend vollständig sein und nicht nur aus den drei Schritten „Links-Rechts-Links" bestehen.
Für schnellere Schüler kann ein etwas größerer, für langsamere ein etwas engerer Radius gewählt werden.

Materialbedarf: Vier Markierungshütchen je Sprungseite und Anlage.

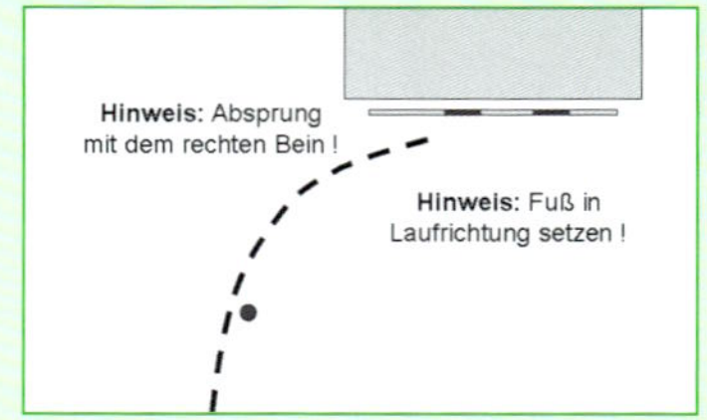

Abb. 48: Situation Rechtsspringer

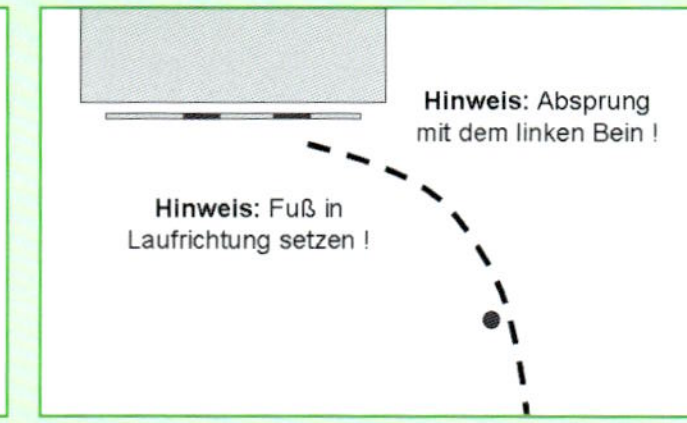

Abb. 49: Situation Linksspringer

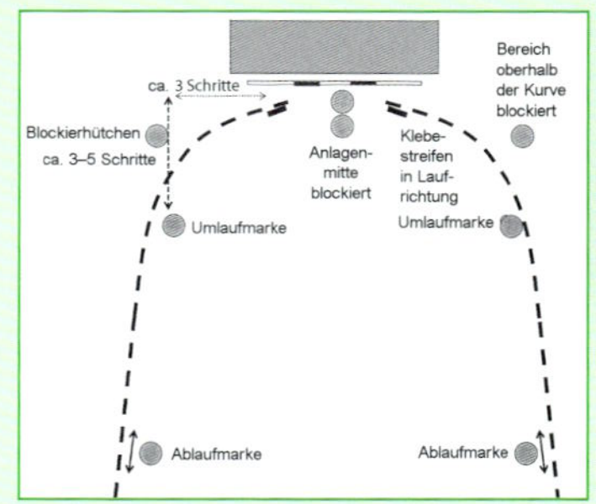

Abb. 50: Bogenförmiger Anlauf

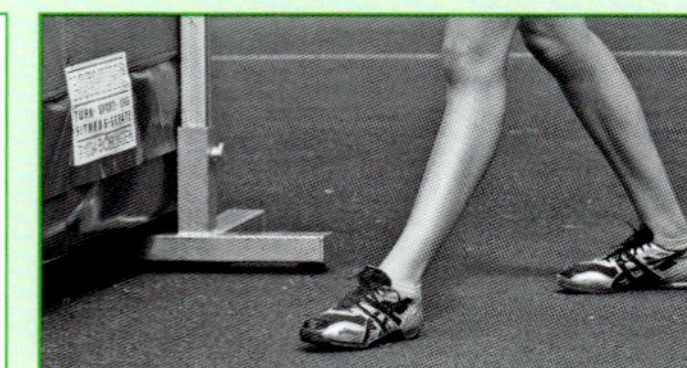

Bild 122: Richtiger Fußaufsatz

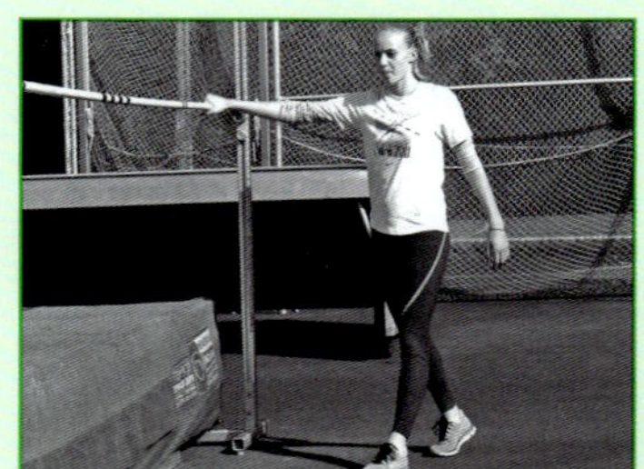

Bild 123: Bestimmung des Absprungpunktes

Fehlerbilder:

(1) Zu wenig Tempo oder auf der Bogensehne geradeaus abkürzen (→ kaum Fliehkraft).
(2) Zu lange gerade nach vorne laufen und einen Knick haben, dann an der Latte entlang laufen müssen.
(3) Den Absprungpunkt zur Mitte hin überlaufen.
(4) Sprungfuß ausgedreht (vgl. Bild 124); vermeintlich zur Unterstützung der sich anschließenden Drehung um die Körperlängsachse.

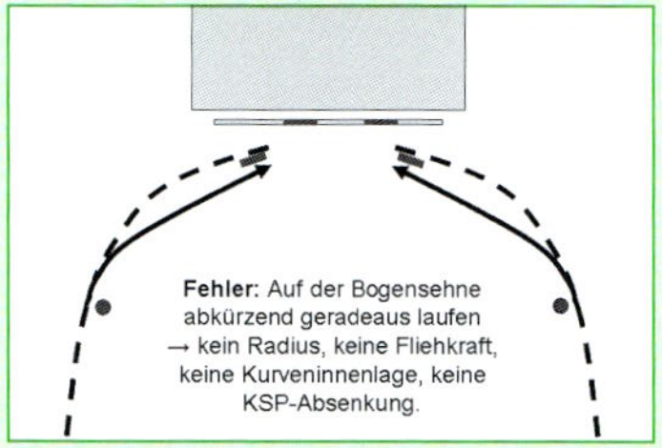

Abb. 51: Fehlerbild (1)
Abkürzen

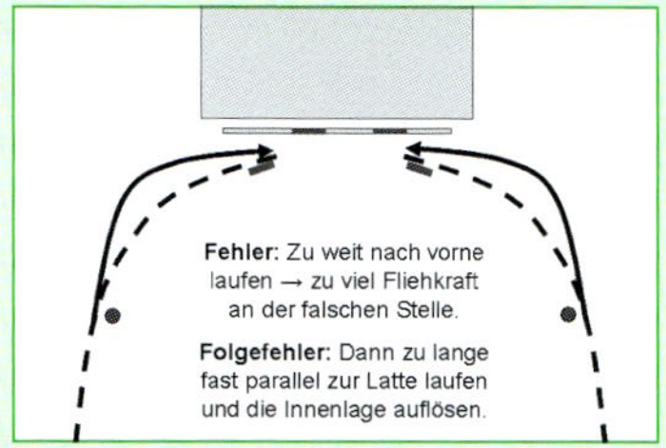

Abb. 52: Fehlerbild (2)
Zu lange gerade

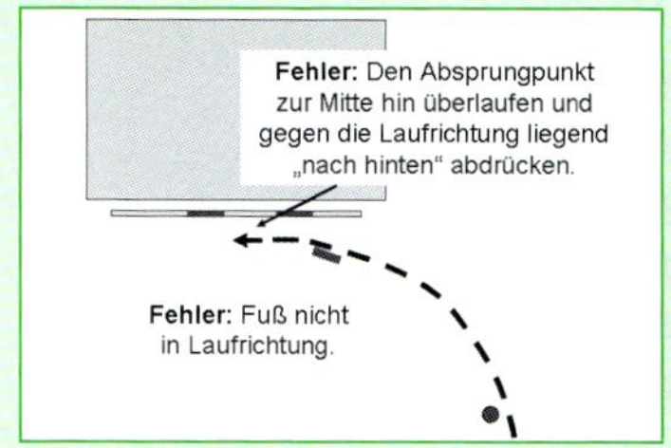

Abb. 53: Fehlerbild (3)
Überlaufen

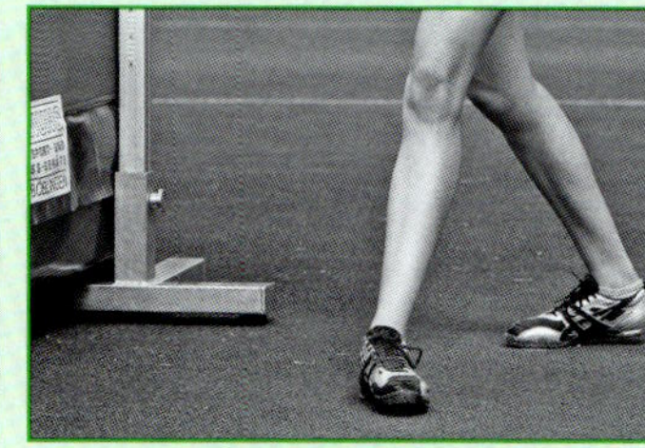

Bild 124: Fehlerbild (4)
Sprungfuß ausgedreht

„Abklatschen"

Die Schüler laufen an, springen ab und klatschen den Lehrer mit der mattennahen Hand ab.

Anzahl: Drei bis fünf WH.

Materialbedarf:
Keiner.

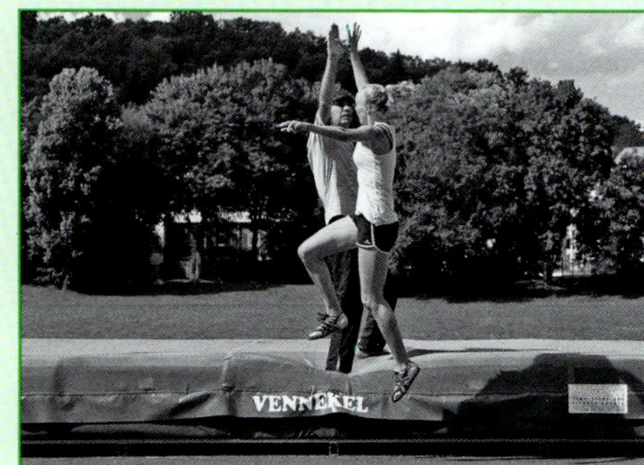

Bild 125: Abklatschen

Stundenabschnitte und Unterrichtsinhalte	Organisatorische Hinweise
„Anlaufen und Abspringen (Schersprung)“ Die Schüler springen aus bogenförmigem Anlauf im Schersprung über die Latte oder eine Zauberschnur als Anknüpfung an die Unterstufenstunde. Anzahl: Drei bis fünf WH.	**Materialbedarf:** Keiner. 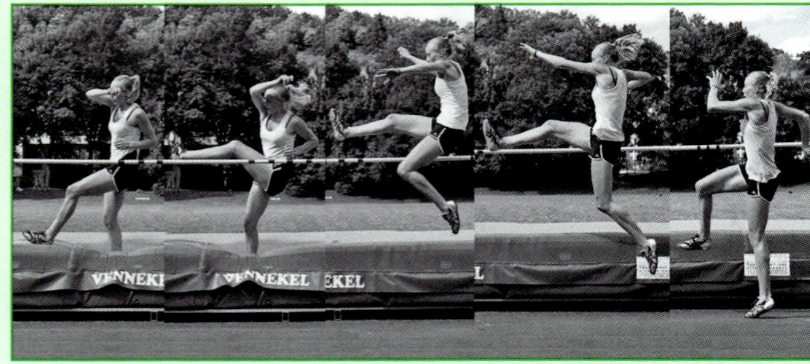 Bild 126: Schersprung
„Anlaufen, Abspringen und Drehung um die Körperlängsachse“ Die Schüler laufen wie bisher an und sollen nun zusätzlich im Absprung das lattennahe Schwungbein von der Latte wegziehen, anreißen und fixieren. **(Selbst-)Beobachtungsaufgabe:** „Liege ich nach der Landung mit den Beinen rechtwinklig zur Latte im Kissen und kann unter der Latte hindurch nach vorne raus? Das ist richtig. Parallel (längs) zur Latte wäre falsch“. **Hinweis:** Beckenhaltung und Unterschenkelheben brauchen noch nicht korrigiert zu werden. Es geht zunächst nur um die eine Informationsverarbeitung zum wichtigen Diagonalhochzug des Schwungbeines. Ist die Drehung um die Längsachse vollständig, kann das Becken gut nach oben ausweichen. Befindet sich die Latte beim Hochsteigen seitlich, geht das weniger gut.	**Materialbedarf:** Keiner. 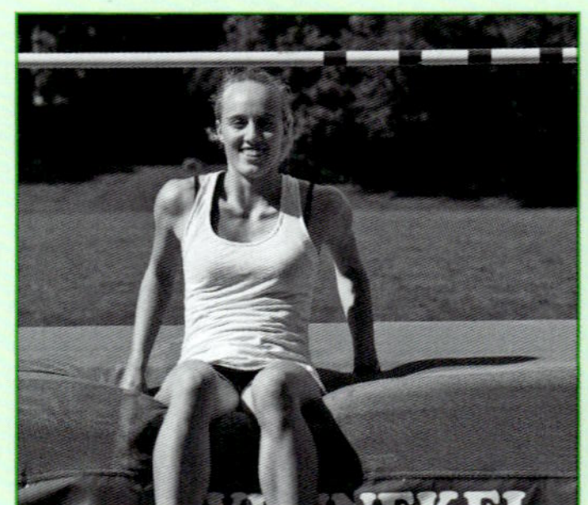 Bild 127: Richtige Lage in der Matte 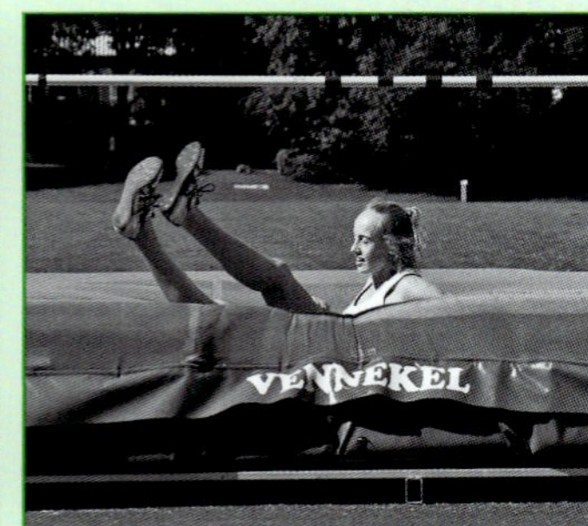 Bild 128: Fehlerbild bei zu wenig Rotation

Stundenabschnitte und Unterrichtsinhalte	Organisatorische Hinweise

„Anlaufen, Abspringen, Drehen und Becken heben"

Die Schüler achten nun auf das Anheben des Beckens über der Latte. Diese Aktion hängt eng mit der Kopfsteuerung zusammen: „Nehmt den Kopf über der Latte nach hinten." „Wer mit dem Kinn zur Brust zieht, dessen Becken wird eher hängen. Öffnen!"
Bessere Springer, die schon eine gewisse Höhe erreichen, erhalten den Hinweis, über der Latte etwas zu warten. Der Körperschwerpunkt muss sie überquert haben, bevor abschließend die Unterschenkel angehoben werden.

Hinweis: Die Schüler dürfen den Kopf aber nicht zu früh (noch mit Bodenkontakt) nach hinten nehmen und mit den Schulterblättern Richtung Latte ziehen. Das würde die Steigephase unterbrechen. Und sie dürfen auch nicht den Absprungpunkt zur Mitte hin überlaufen, dann den Fuß ausdrehen und gegen die Laufrichtung nach hinten abdrücken. Der Sprung geht mit Drehung um die Längsachse nach vorne.

Materialbedarf: Keiner.

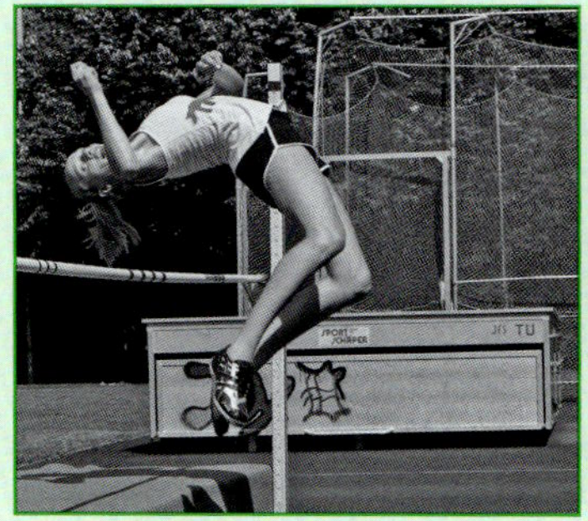

Bild 129: Becken hoch – Kopf tief

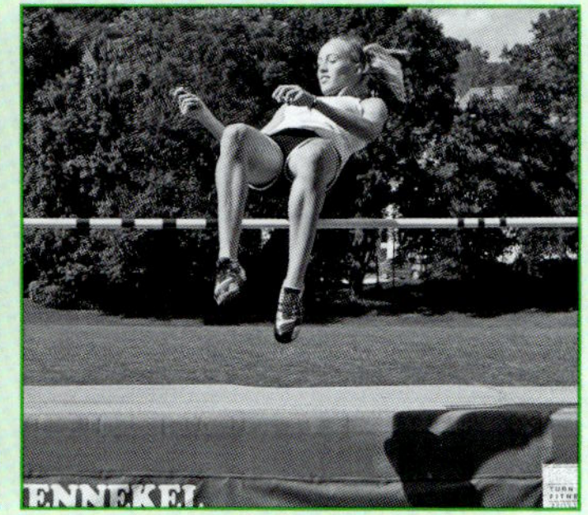

Bild 130: Fehlerbild
Kinn auf der Brust

„Anlaufen, Abspringen, Drehen, Becken heben und Unterschenkel ausschleudern" (Flop)

Nach der (wenigstens ansatzweise) passiven Phase des Beckenhebens heben die Schüler nun zum Abschluss der Bewegung noch durch einen Kick (relativ spät, aber schnell) die Unterschenkel an.

Hinweis: Werden die Beine als Ganzes angehoben, senkt sich das Becken deutlich und die Latte wird in der Regel mit der Unterseite der Oberschenkel gerissen. → Korrekturhinweis: „Nur die Unterschenkel ausschleudern!"

Materialbedarf: Keiner.

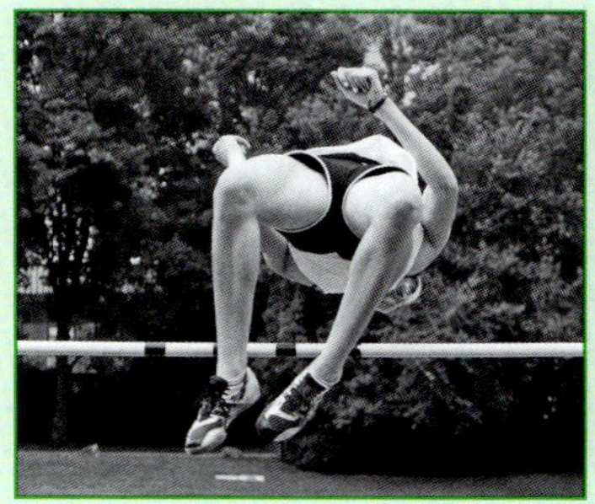

Bild 131: Unterschenkel hängen

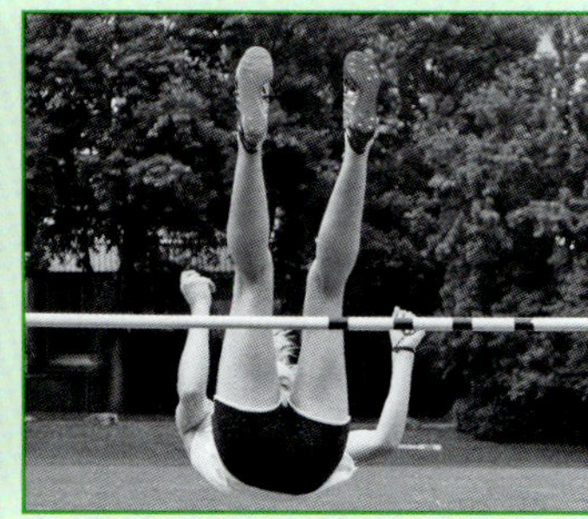

Bild 132: Ausschleudern der Unterschenkel

Stundenabschnitte und Unterrichtsinhalte	Organisatorische Hinweise

Differenzierung: „Über den Pezziball gleiten“

Zur Becken- und Unterschenkelschulung wird für schwächere Schüler in einigen Lehrbüchern als zusätzliche Übung der Standflop empfohlen. Als Analogübung für „Draußen“ bietet sich folgende Variante an:
Ein möglichst großer Pezziball wird mittig auf die Matte gelegt. Der Schüler legt sich mit dem Rücken auf den Pezziball und schiebt sich mit den Beinen langsam über den Ball. Dabei nimmt er anfangs den Kopf in den Nacken und nach Überwindung des höchsten Punktes zur Landung wieder auf die Brust.
Die so geübte Bewegung entspricht weitgehend den Aktionen, die der Schüler beim Flopspringen auch nacheinander ausführen muss. Hier kann er sie zunächst „in Zeitlupe“ erfahren und einüben.

Hinweis: Die Übung ist auch als A4-Ausdruck online verfügbar (s. S. 177, vgl. Material „Über den Pezziball gleiten“).

Materialbedarf: Großer Pezziball.

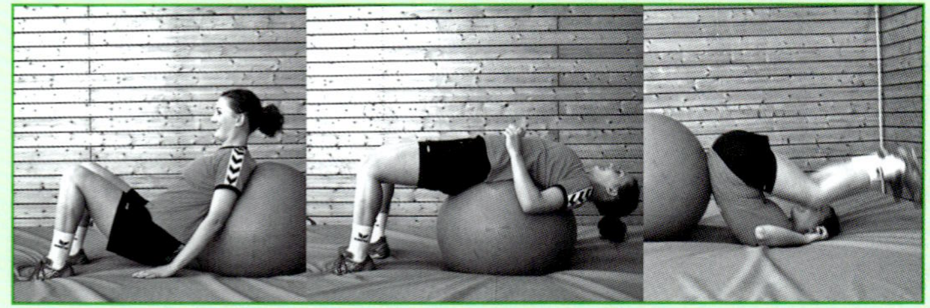

Bild 133: Über den Pezziball gleiten

Mentale Rekapitulation vor dem Springen auf Höhe

„Steigernd anlaufen, auf der Impulskurve kürzere und schnellere Schritte – Sprungfuß in Laufrichtung setzen – Schwungbein hoch und von der Latte wegdrehen – Becken heben, Kopf zurück, warten – Unterschenkel ausschleudern – Landen“.

Hinweis: Die Bilderserie des kompletten Sprunges ist auch als A4-Ausdruck online verfügbar (s. S. 177, vgl. Material „Flop_komplett“).

Materialbedarf: Keiner.

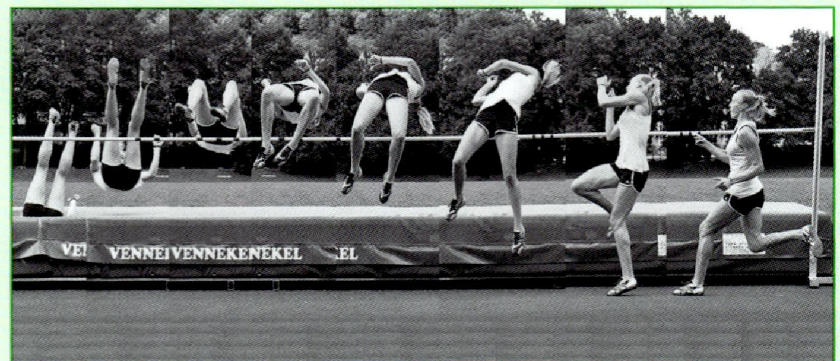

Bild 134: Flop komplett

Stundenabschnitte und Unterrichtsinhalte	Organisatorische Hinweise

Alle wesentlichen Fehler

Alle aus unserer Sicht wesentlichen Fehler sind in der nachfolgenden Abbildung nochmals übersichtlich dargestellt.

Hinweis: Die Abbildung ist auch als A4-Ausdruck online verfügbar (s. S. 177, vgl. Material „Fehlerbilder“) enthalten.

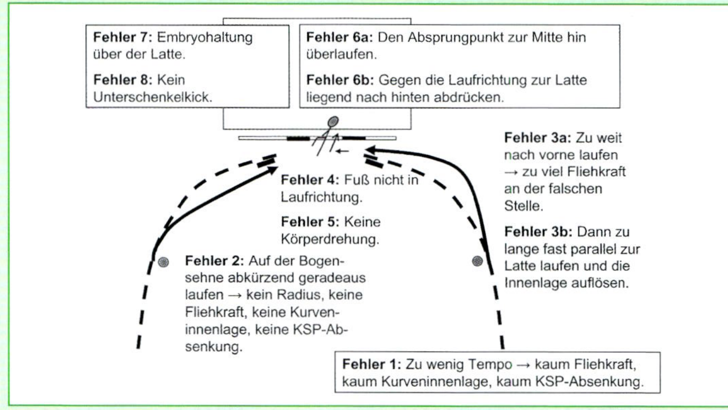

Abb. 54: Wesentliche Fehler

Schluss (Wettbewerbsform)

Klassisch: „Springen auf Höhe“

Den Abschluss der Stunde bildet ein Einzelwettbewerb mit Sprüngen auf Höhe nach Wettkampfregeln (pro Höhe maximal drei Versuche).

Materialbedarf: Auswertebogen zum Relativhochsprung (online verfügbar, s. S. 177, vgl. Material „Auswertebogen_relativ“).

Alternative: „Hochsprung relativ“

Alternativ kann auch ein Einzelwettbewerb mit Sprüngen auf Höhe nach Wettkampfregeln (pro Versuch maximal drei Versuche) absolviert werden, bei dem jeder Schüler nach dem Springen von der erzielten Höhe seine Körpergröße subtrahiert. Je kleiner die Differenz desto besser ist er.

„Wer kommt wie weit an seine Körpergröße heran: Bis auf 20 cm? Bis auf 10 cm? Ganz?“

	Flop	Rang	Größe	Differenz	Rang
Steffen	1,60	1	1,80	20	4
Sven	1,60	1	1,78	18	3
Herbert	1,60	1	1,70	10	1
Andi	1,50	4	1,75	25	5
Judith	1,42	5	1,58	16	2
Torsten	1,40	6	1,70	30	6
Simone	1,35	7	1,75	40	7

Abb. 55: Auswertebogen Relativhochsprung

3 Doppelstunde 7: Dreisprung – eine zeitweilige Alternative zum Weitsprung

Einführung

Der Dreisprung ist wie das Springen mit dem Stab oder die Biathlonstaffel, wie das Teamstoßen oder der Orientierungslauf eine Disziplin, die das Standardprogramm der Leichtathletik bereichert. Warum ein Jahrzehnt lang nur Weitsprung? Erfahrungsgemäß ist der Dreisprung als Abwechslung recht beliebt. Für Schüler liegt der Reiz allein schon darin, dass sie ihn nicht kennen.
Die Gefahr von Verletzungen oder Verschleißerscheinungen besteht im Schulsport und bei der Flachsprungtechnik kaum. Sollen neue Inhalte unterrichtet werden – die meisten Bildungspläne sind eigentlich offen genug – dann lautet das Gegenargument meist: „Wir kriegen ‚das Normale' nicht mal durch". Dann sollte auf „das Normale" einfach einmal verzichtet werden!

Immer dann, wenn wie beim Stabspringen oder Hürdenlaufen etwas gelernt werden kann und nicht alles unmittelbar und eindimensional auf der kurzfristig nicht zu ändernden Sprint- oder Sprungkraft basiert, haben Schüler schneller Erfolgserlebnisse.
Und auf diese kommt es letztendlich an! Sicher limitiert die physische Komponente auch die Dreisprungleistung, aber durch eine geschickte Raumaufteilung (zurückhaltender erster, betont aktiver zweiter vor dem dritten Sprung) im Rahmen dieses Mehrfachsprunges hat der Jugendliche der Mittelstufe auf das Ergebnis jedenfalls mehr Einfluss als beispielsweise beim Weitsprung. Dort liegen „die Karten" relativ eindeutig „auf dem Tisch". Das spricht nicht gegen den Weitsprung. Er ist elementar und hat seine Berechtigung. Aber „Laufen – Springen – Werfen" sollte nicht von der Grundschule bis zum Abitur aus nur drei oder vier Disziplinen bestehen.
In der Unterstufenstunde wurde nach dem Dehnen und vielfältigen Hüpf-, Seil- und Reifensprüngen großer Wert auf Wechselsprünge

gelegt (vgl. **Doppelstunde Leichtathletik** Band 1, S. 104 ff.). Mehrere Varianten von Mehrfachsprüngen führten dann zu ersten Dreisprungversuchen aus einem stark verkürzten Anlauf mit dem die Stunde – abgesehen von der abschließenden Wettkampfform – auch endete.
In der Mittelstufe soll über den Kern des koordinativen Rhythmuswechsels hinausgegangen werden. Jetzt wird auch Weite aus einem vollständigen Anlauf heraus abgerufen. Parallel geht es um die Vermittlung des Basiswissens: „Hop – Step – Jump“ und „Erhaltung der Horizontalgeschwindigkeit“.

Kompetenzen

Motorisch: Die Schüler können den Rhythmuswechsel des Dreisprungs aus vollem Anlauf koordinativ bewältigen.

Kognitiv: Die Schüler kennen die biomechanischen Grundlagen des Dreisprungs. Sie kennen die optimale Raumaufteilung der drei Teilsprünge, können diese beschreiben und begründen.

Didaktisch-methodische Anmerkungen

Das kreislaufwirksame Spiel „Würfel-Summentraben“ und das Dehnen am Mittelkreis leiten die Stunde vor dem speziellen Aktivieren mit den Spielformen „Datenspringen“, „Sprungrückenhüpfen“ und einer Hinkstaffel auf dem Rasen ein. Im Hauptteil, der an die Unterstufenstunde mit ihrem Kern des Rhythmuswechsels anschließt und auf der Bahn sowie an der Sprunganlage stattfindet, sollen verschiedene Arten der Wechselsprünge die Schüler an die Zieltechnik mental und koordinativ heranführen. Und sie sollen ihnen helfen, ihre „Schokoladen“-Seite herauszufinden: „Mit welchem Bein springe ich zuerst und zweimal“?

Diese Reflexion der Schrittfolge, der Länge der in etwa gleich verteilten drei Teilsprünge und der biomechanischen“ Hintergründe[13] des anspruchsvollen Bewegungsablaufs dienen der zwischenzeitigen Regeneration; denn in dieser Stunde wird viel gesprungen,

[13] Ziel ist es, die Geschwindigkeit des Anlaufs möglichst verlustfrei in die Absprunggeschwindigkeit überzuführen. Dazu darf der Schüler nicht „Stemmen“ und damit die horizontale Geschwindigkeitskomponente abbremsen.
Er muss vielmehr durch einen aktiv-greifenden Fußaufsatz mit integrierter Zug-Druckphase versuchen, die Horizontalkomponente weiter zu steigern.

nach einer gewissen Zeit auch aus vollem Anlauf heraus. Jener ist der Hauptunterschied zur Unterstufe, in der nur mit fünf bis sieben Anlaufschritten ohne große energetische Beanspruchung agiert wurde.

Wenn die adäquate Anlauflänge aufgrund der Weitsprungstunde – dort war dies mit zentrales Thema – nicht bekannt ist, dann muss sie, wie dort beschrieben, erarbeitet und der folgende Stundenteil gekürzt werden.

Der Schlussteil der Stunde besteht für jeden Schüler aus einem individuellem Vergleich zwischen seiner Weit- und Dreisprungleistung: „Wo bin ich besser"?

Hinweise zur Vorbereitung

Die meisten Schulsportanlagen sind für den Dreisprung gar nicht ausgerüstet. Ein „verbandskonformes Stadion" hat in der Regel keinen 7-m-Balken, möglicherweise einen 9-m-Balken. Stehen überhaupt Absprungbalken für den Dreisprung zur Verfügung, so sind die Abstände normalerweise zu groß und für den Schulsport nicht tauglich. D. h.: In dieser Stunde wird ggf. auf der Weitsprunganlage gesprungen, und der Absprung muss durch ein Klebeband vor der Stunde markiert werden. Dabei sollten die geklebten Absprungbalken der Differenzierungsmöglichkeit vor allem zu Beginn der Mittelstufe Rechnung tragen.

Für die Orientierungshilfe der Raumaufteilung des Dreisprungs werden genauso wie für die Spiele des Aufwärmens zehn Leitkegel o. Ä. und ein paar Zahlenblätter benötigt. Letztere können online (s. S. 177) (vgl. Material „Zahlenblätter") heruntergeladen und ausgedruckt werden.

Hausaufgaben zur Vorbereitung dieser Stunde: „Google Videos"

In der Sportstunde vor Beginn dieser Dreisprungeinheit bekommen die Schüler folgende Hausaufgabe: „Sucht bei ‚Google Videos (youtube)' nach ‚Jonathan Edwards'. Er springt mit drei Sprüngen am Stück über 18 Meter = 3 x 6 m. „My goodness" wird der Sprecher sagen. Frage ist: „Springt Edwards (a) ‚links-links-links' oder (b) ‚links-rechts-links' oder (c) ‚links-links-rechts'"?

Doppelstunde 7: *Dreisprung – eine zeitweilige Alternative zum Weitsprung*

Stundenabschnitte und Unterrichtsinhalte	Organisatorische Hinweise

Einleitender Stundenteil (Aufwärmen)

Allgemeines Aufwärmen

Spielerische Alternative: „Summierungs-Würfeltrab“

Die Klasse wird in vier etwa gleich große Gruppen eingeteilt und begibt sich auf den Rasenplatz. Jede Gruppe sammelt sich zu Beginn an je einer Eckfahne (größerer Raumweg) oder je einem Strafraumeck (kleinerer Raumweg). Im Anspielkreis liegen zehn Blätter mit Zahlen von 1 bis 60 (vgl. Abb. 57) wahllos durcheinander.

Nach dem Startsignal würfeln die Gruppen in ihrer Ecke mit einem Würfel und traben zur Mitte. Wenn einer die gewürfelte Zahl erkannt hat, muss er diese kurz berühren. Anschließend trabt die Gruppe wieder in die Ecke, würfelt und addiert die neue Zahl immer zu der alten hinzu. Zum Anspielkreis joggen, die Zahl suchen, zurück, würfeln, addieren usw. „Welche der vier Gruppen hat zuerst die Zahl 60 erreicht“?

Materialbedarf: Zehn Blätter mit Zahlenkombinationen von 1 bis 60 (vgl. Material „Zahlenblätter“) sind online verfügbar (s. S. 177). Bei Wind müssen sie beschwert werden. Am besten ist es, sie einzuschweißen. Vier Schaumstoffwürfel (oder normale Würfel).

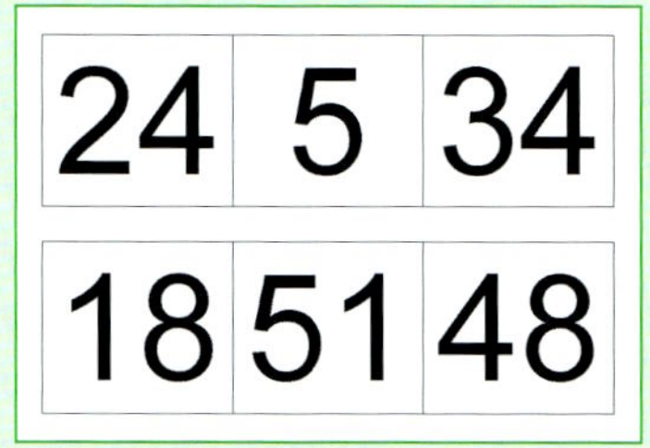

Abb. 56: Zahlenblatt

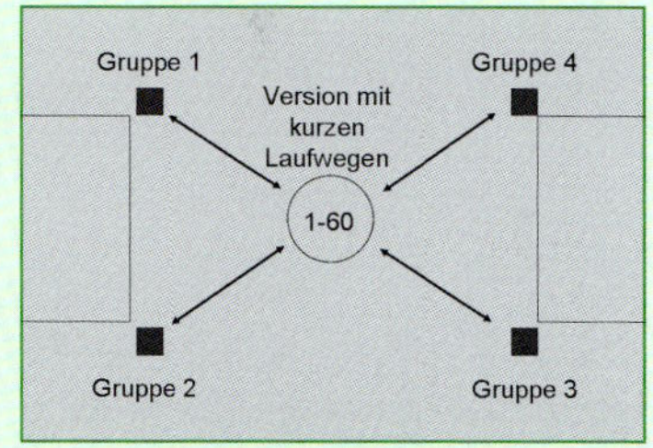

Abb. 57: Raumwege

***Spezielles Aufwärmen* „Dehnen“**

Die Klasse absolviert zusammen mit dem Lehrer ein kurzes gehaltenes Dehnprogramm für die unteren Extremitäten. Ergänzend zur Erklärung und Demonstration der Dehnübung bekommen die Schüler eine altersgemäße Information über den gedehnten Muskel/die gedehnte Muskelgruppe und dessen/deren Funktion beim Springen.
Pro Übung 20 sec Haltedauer → danach lockern

- Übung (1) → In Rückenlage ein Bein anwinkeln und über das andere mit dem Knie auf dem Boden ablegen. Schultern bleiben auf dem Boden.
- Übung (2) → In Rückenlage beide Beine in angewinkelter Stellung nach rechts und links ablegen. Schultern bleiben auf dem Boden.

Materialbedarf: Keiner

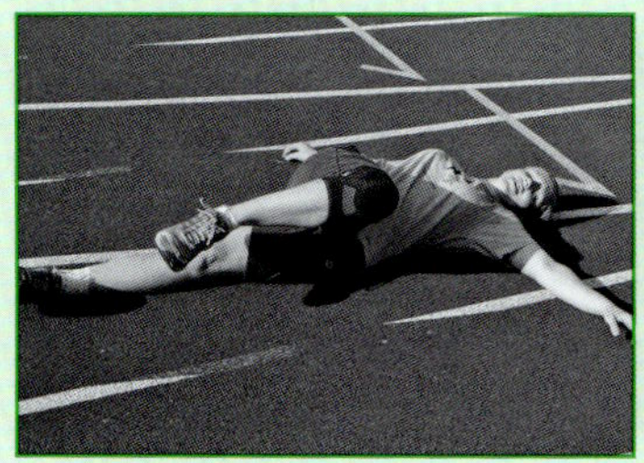
Bild 135: Übung (1) Gesäßmuskel

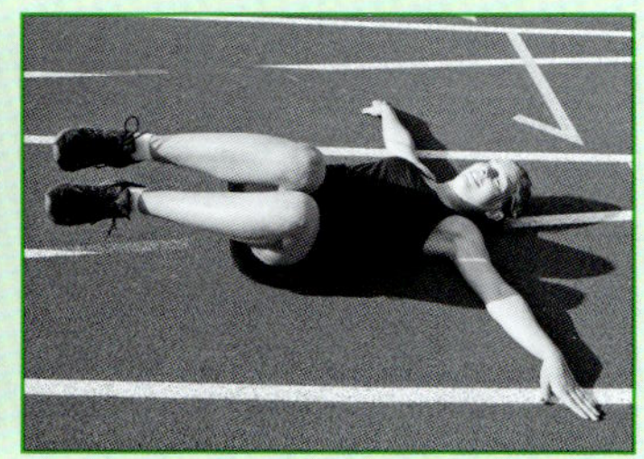
Bild 136: Übung (2) Rumpf

Stundenabschnitte und Unterrichtsinhalte	Organisatorische Hinweise

- Übung (3) → Im Stand in den seitlichen Ausfallschritt gehen.
- Übung (4) → Im Stand ein Fußgelenk oberhalb des Knöchels fassen und Richtung Gesäß ziehen.
- Übung (5) → Im Stand bei gestreckten Beinen die Hände langsam zu den Fußspitzen führen.
- Übung (6) → In Schrittstellung die hintere Ferse Richtung Boden drücken.

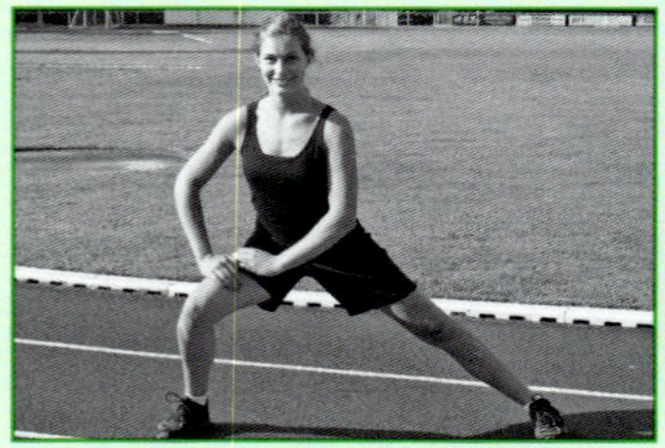

Bild 137: Übung (3) Adduktoren

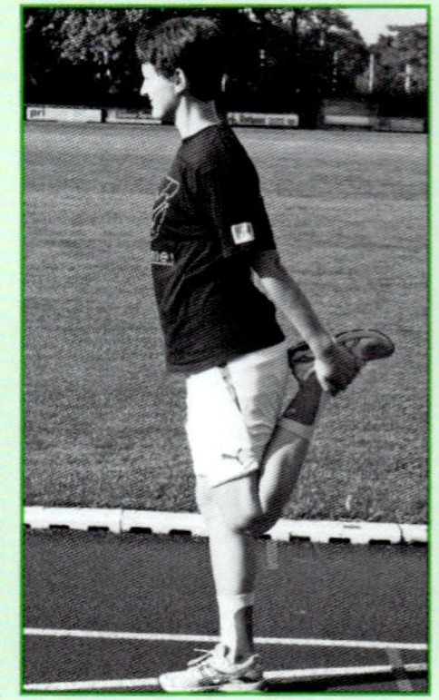

Bild 138: Übung (4) OS-Vorderseite

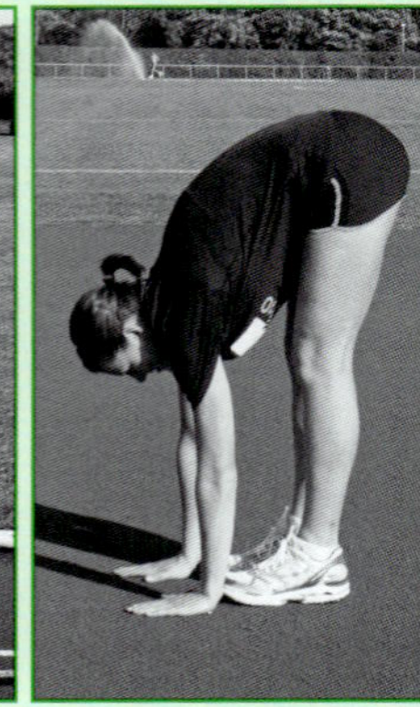

Bild 139: Übung (5) OS-Rückseite

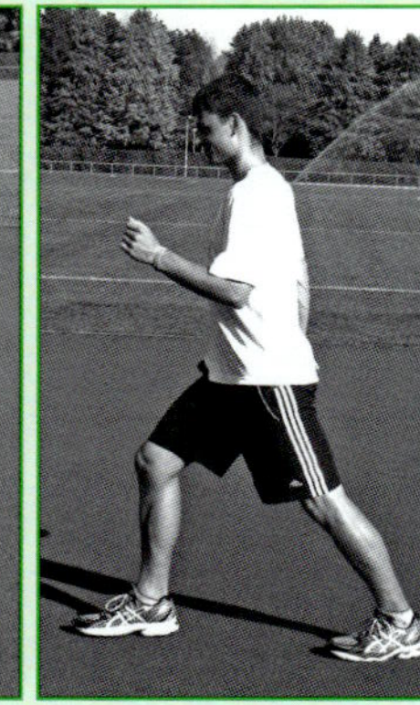

Bild 140: Übung (6) Wade

***Spezielles Aufwärmen* „Datenspringen"**

Zehn Leitkegel mit Zahlen von null bis neun werden auf dem Rasen zwischen Strafraum und Strafraum verteilt. Je zwei besonders markierte Kegel sind 18,29 m und zwei Kegel 15,50 m voneinander entfernt. Das lässt sich mit Hilfe der Schüler schnell arrangieren.
Die Schüler erhalten die Aufgabe, das aktuelle Datum (alternativ ihre Handynummer, ihre Postleitzahl oder ihren Geburtstag) zu überspringen. Dazu suchen sie im Laufen das Hütchen mit der passenden Zahl und überspringen dieses aus dem Lauf.

Frage: „Zwei Hütchenpaare haben einen besonderen Abstand: 18,29 m und 15,50 m. Was könnte das sein"?
Antwort: Dreisprungweltrekord Männer und Frauen. „Diese Zahlen springen wir abschließend nun noch über die entsprechenden Hütchen".

Materialbedarf und Organisationshinweis:
Zehn Leitkegel mit Zahlen 0–9 (vgl. Material „Zahlen_0_9"), ein 20-m-Maßband.

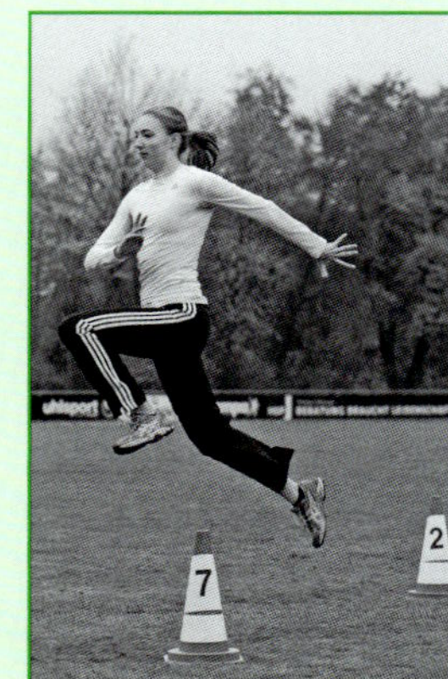

Bild 141: Datenspringen

Stundenabschnitte und Unterrichtsinhalte	Organisatorische Hinweise

Spezielles Aufwärmen „Sprungrücken“

Die Hälfte der Schüler kauert sich im Kniestand als natürliche Hindernisse in zwei Meter Abstand auf den Rasen. Die andere Hälfte absolviert eine Sprungserie. Der jeweils springende Schüler macht hintereinander ohne Pause Steigesprünge über die am Boden kauernden Schüler. „Rechts weg, links landen, rechts vor und weg“ usw. oder umgekehrt: „Links weg, rechts landen, links vor und weg“. Dann wird gewechselt. Dto.

Materialbedarf: Keiner.

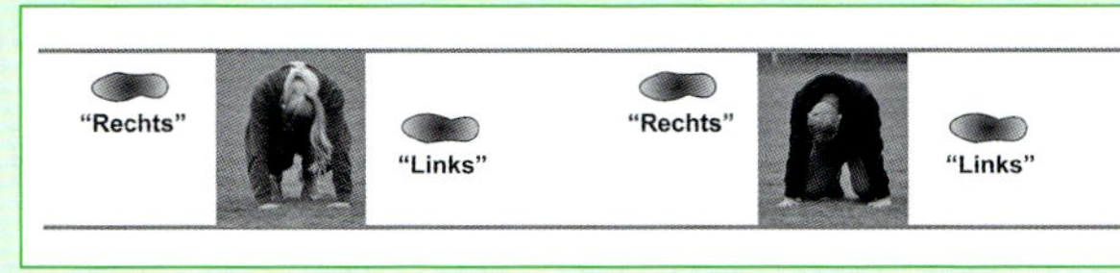

Abb. 58: Fußfolge bei Linksspringern

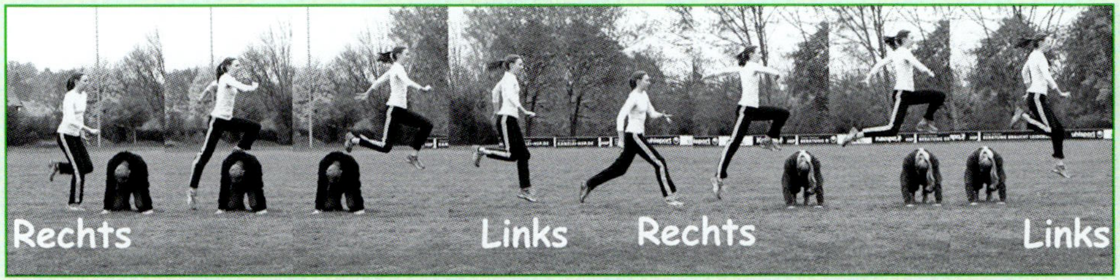

Bild 143: Sprungrücken komplett – Ablauf bei Rechtsspringerin

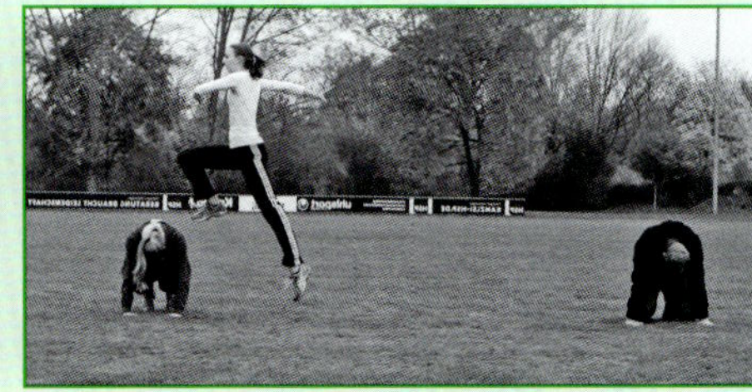

Bild 142: Grundsituation „Sprungrücken“

Spezielles Aufwärmen „Hüpfstaffel“

Die Klasse wird in drei bis fünf Mannschaften unterteilt, wobei sieben Schüler die Obergrenze je Team sind. Der Lehrer stellt für jede Mannschaft ein Start- und ein Zielhütchen auf. Die Schüler stellen sich hintereinander am Starthütchen auf und legen die rechte Hand auf die rechte Schulter des Vordermanns. Mit der linken Hand greifen sie den linken Fußknöchel des Vordermanns. Auf Kommando hüpft jede Mannschaft gemeinsam zur Wendemarke (Hütchen). Dort findet ein Bein- und Handwechsel statt. Anschließend geht es zurück zum Starthütchen.

Materialbedarf: Pro Mannschaft zwei Markierungshütchen.

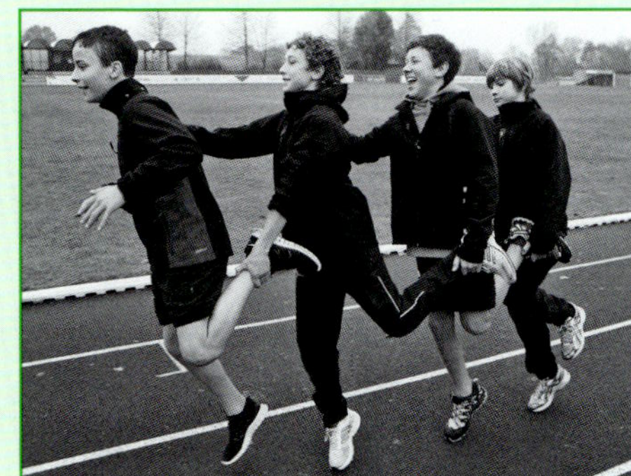

Bild 144: Hüpfstaffel

Stundenabschnitte und Unterrichtsinhalte	Organisatorische Hinweise

Hauptteil („Triple Jump“ aus dem Weitsprunganlauf)

Anknüpfen an die Unterstufe und Einführung in die Mittelstufenstunde „Drei Arten des Mehrfachspringens“

Die Klasse geht jetzt vom Gras auf die Bahngerade neben der Sprunganlage.

Induktiver Einstieg: „Wenn ihr im Hinblick auf die 15,50 m oder 18,29 m drei Sprünge hintereinander machen sollt: Welche Möglichkeiten habt ihr dann beim Beinwechsel?“
Antwort: „Li-re-li“, „re-li-re“, „li-li-li“, „re-re-re“, „li-li-re“, „re-re-li“.
„Das probieren wir jetzt aus“!

Die Schüler absolvieren

- In Form des Schrittsprunges zwei Sprungläufe „links-rechts-links usw.“ über 20–30 m.
  Hinweis: Knieeinsatz – Fußspitze anziehen – mit der ganzen Fußsohle aktiv nach hinten-unten ziehen und strecken.
- Als Verdoppelung zwei Wechselsprungserien „links-links-rechts-rechts-links-links usw.“ über 20–30 m.
- Zwei einbeinige Sechserhops „links-links-links usw.“
  Hinweis: „Schwungbeineinsatz kompensiert weniger Sprungkraft“!
- Zwei einbeinige Sechserhops „rechts-rechts-rechts usw.“

Zwischenfrage: „Welche Seite fühlte sich besser an?“ … „Die bevorzugen wir jetzt: Wählt Eure ‚bessere‘ Seite als Beginn. Mit diesem Bein springt ihr zweimal?“
Für Untentschlossene: „Wer rechts schreibt: Beginn links. Wer links schreibt: Beginn rechts“.

Bewusst machen der Rhythmisierung:
Dreisprung-Rhythmus „links-links-rechts-beidbeinig landen“ (in der Regel Rechtshänder) aus dem **Gehen** oder Dreisprung-Rhythmus „rechts-rechts-links-beidbeinig landen“ (Linkshänder) aus dem Gehen.

Dreisprung-Rhythmus aus dem **Traben** – immer wieder die Bahngerade runter.

Materialbedarf: Zwei Markierungshütchen.

Hinweis: Die jeweiligen Rhythmen der Mehrfachsprünge sollen von den Schülern laut mitgesprochen werden. Den Schülern muss klar sein, was sie gerade machen, gemacht haben und machen werden. Das wird durch das Mitsprechen unterstützt.

19

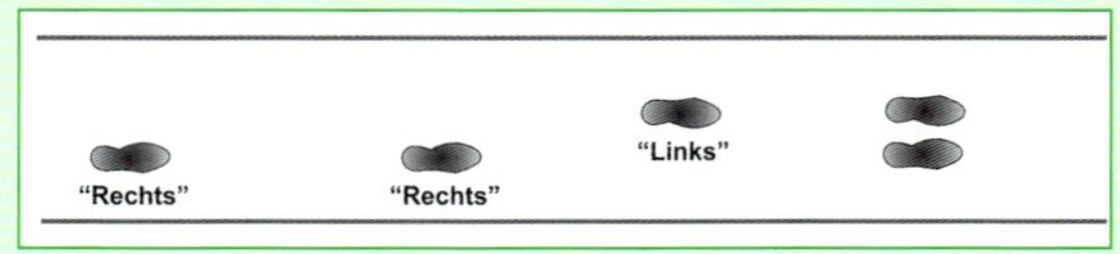

Abb. 59: Dreisprungrhythmus rechts-rechts-links aus dem Gehen

20

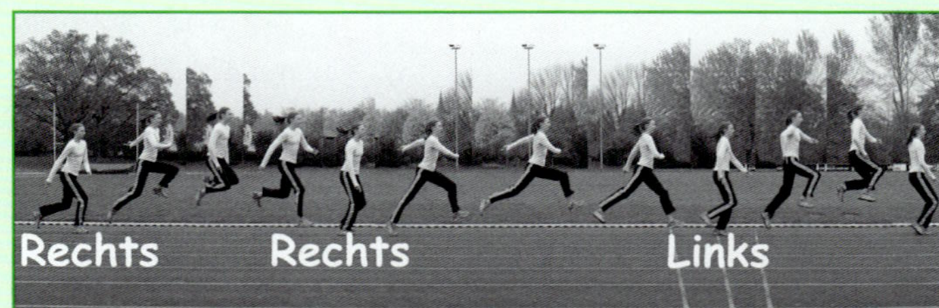

Bild 145: Dreisprungrhythmus rechts-rechts-links aus dem Gehen

Stundenabschnitte und Unterrichtsinhalte	Organisatorische Hinweise
Springen an der Anlage: Rhythmusfixierung Die Schüler laufen fünf bis sieben Schritte an und deuten mit „links-links-rechts“ oder „rechts-rechts-links“ den Bewegungsablauf an. Drei bis fünf Wiederholungen zur Stabilisierung des Koordinationsmusters sind angemessen. **Hinweis:** Bezug zur Hausaufgabe „Jonathan Edwards“ hier herstellen. Mit welcher Schrittfolge springt Jonathan Edwards?	**Materialbedarf:** Keiner.
Springen aus dem Anlauf Festzulegen ist nun der Anlauf. Er muss passen, liegt aber eigentlich bereits vom Weitsprung fest. Die Schüler laufen zwei bis dreimal mit nur angedeutetem Absprung an und korrigieren den Anlauf gegebenenfalls.	**Materialbedarf und Organisation:** Wenn möglich werden an zwei Anlaufbahnen bei etwa 5 m (Kleinere, Langsamere) und **7 m** (Größere, Schnellere) Abstand zum Grubenrand zwei Absprunghütchen aufgestellt, was möglicherweise nach dem ersten Versuch ±1 m zu korrigieren ist. Dem „Schlechtesten“ muss es in die Grube reichen ohne dass der „Beste“ beim dritten Kontakt (Absprung) bereits im Sand steht. **Erinnerung oder Hinweis:** Im Rahmen der Weitsprungstunde wurde der Anlauf durch verschiedene Maßnahmen bestimmt. Die Schüler sollten sich diesen auch merken, was nun von Vorteil wäre. Ist dies nicht der Fall, müssen hier die dort beschriebenen Lernschritte nun eingefügt werden. Gegebenenfalls ist dann im Hinblick auf diese Reststunde auf einen nachfolgenden Inhalt zu verzichten.
Dreisprung und Raumaufteilung Die Schüler laufen von ihrer Marke aus dem Hochstart mit großen Schritten los und versuchen an der Absprungmarke, das Koordinationsmuster der eingeführten Dreisprungtechnik umzusetzen. Hauptfehlerbild: Der erste Sprung ist in der Regel (zu) groß, der zweite viel zu kurz.	21 **Materialbedarf und Organisation:** Klebeband. 7-m- und 9-m-Absprungbalken sind vorhanden oder müssen mit Klebeband gekennzeichnet werden. **Hinweise:** Die Abstände werden eventuell später je nach Alter der Mittelstufenklasse wiederum um einen Meter nach vorne verlegt werden müssen. Die genannten Abstände orientieren sich an älteren Schülern, die erfahrungsgemäß so die Grube erreichen, was z. B. in Klasse 7 vielleicht (eher) nicht reicht. Beim zweiten „links“ bzw. „rechts“ und beim Absprung steht wie am Absprung ein weiteres Hütchenpaar, das mittlere etwa einen halben Meter enger als das erste und dritte. Die Hütchen helfen bei der Raumorientierung bzw. Sprungaufteilung.

Stundenabschnitte und Unterrichtsinhalte	Organisatorische Hinweise

Reflexion „Hop – Step – Jump“ als koordinativ-kognitive Notwendigkeit und als Regeneration

Die Schüler werden in Gruppen mit folgenden Fragen ein paar Minuten alleine gelassen oder sie werden entwickelt:

- Warum heißt das erste Abheben ‚Hop' (Hüpfer) und nicht ‚Jump' (Sprung)?
- Was ist das Problem, wenn der erste Sprung lang und insbesondere hoch ist?
- Weshalb sollten wir das erste Landebein nach dem Absprung nicht übertrieben weit vorstrecken ohne es aktiv unter den Körper zurückzuziehen?
- Warum konzentriert man sich als Dreispringer insbesondere auf den Step?

Hinweis: Wer zunächst zu weit und zu hoch springt, der hat bei der ersten Landung eine gewaltige exzentrische Amortisationsphase, aus der er kaum noch heraus kommt. Wer das Bein ohne aktive Rückholbewegung passiv nach vorne hält, der landet vor dem Körperschwerpunkt. Das bremst! Daher „nur ‚Hop'“ und „Greifen“ sowie den „Step“ nicht vergessen. Und „die Nase oben lassen“, geradeaus schauen!

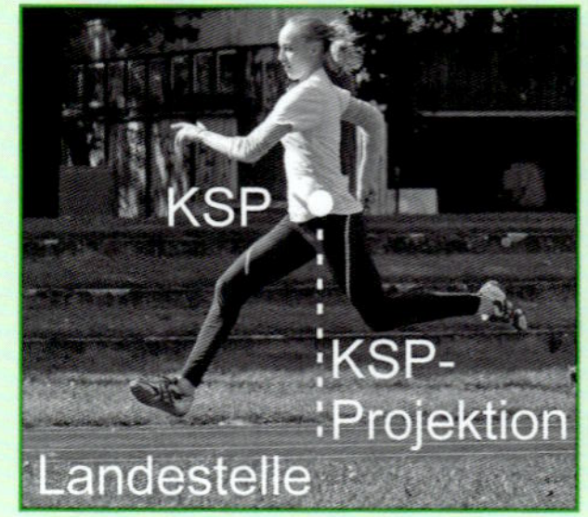

Bild 146: Fehlerbild – Bein passiv weit vorne

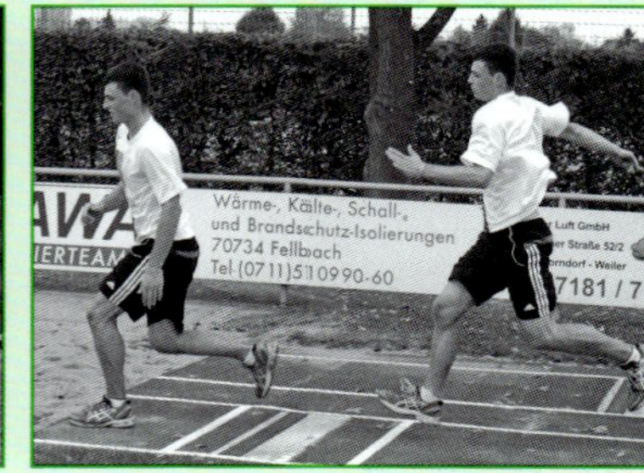

Bild 147: Fehler – Absprung ohne Spannung

Hinweis: Die KSP-Projektion weit hinter der Landestelle nimmt die Horizontalgeschwindigkeit heraus und bedingt eine große Amortisationsphase.

Schluss (Wettbewerbsform)

Persönlicher Vergleich mit dem eigenen Weitsprungniveau: „Wo bin ich besser?“

Die Schüler tragen zunächst ihre Weitsprungbestleistungen auf einem vorbereiteten Plakat ein. Anschließend absolvieren sie jeweils noch zwei Dreisprünge auf Weite und tragen das Ergebnis auf dem Plakat ein. Der Lehrer erklärt, dass man die Weitsprung- und Dreisprungleistung nach einer einfachen Formel miteinander vergleichen kann. Man sollte die doppelte Weitsprung-Bestleistung schaffen.
„Nehmt Euer bestes Weitsprungergebnis doppelt, z. B. 5m x 2 = 10m. Das solltet ihr jetzt im Dreisprung erzielen. Wer mehr schafft, der ist im Dreisprung besser“!

Abschließend würdigt der Lehrer die erbrachten Leistungen, indem er mehrere Schüler nach ihrer Präferenz (Weitspringer oder Dreispringer?) befragt.

Materialbedarf:
Plakat, Stifte und ein Maßband.

	Bestleistung Weit	2x Weit	Drei 1. Versuch	Drei 2. Versuch
Steffen	3,80	7,60	8,23	---
Sven	4,63	9,26	9,12	9,22
Herbert	5,12	10,24	11,70	10,34
Andi	4,95	9,90	10,07	10,72
Judith	4,42	8,82	8,58	8,34
Torsten	4,40	8,80	8,73	8,70
Simone	5,35	10,70	10,75	9,98

Abb. 60: Plakat Weit-/Dreisprungvergleich

4 Doppelstunde 8: Stabhoch – erstmals über die Latte in die Zehnkampfwertung

Einführung

„Feeling"! Kinästhetische Rückmeldungen: Mit dem eigenen Körper geschieht etwas. Das „kommt an". Erfahrungsgemäß sind Schüler recht schnell für das Springen mit dem Stab zu begeistern. Die „Karten" liegen im Gegensatz z. B. zum Weitsprung nicht von vornherein rein physisch bedingt „auf dem Tisch": „Wie schnell laufe ich an? Welche Sprungkraft habe ich?". Stattdessen dominieren beim Stabspringen anfangs koordinative Lernprozesse mit raschen Entwicklungsmöglichkeiten.

Die Doppelstunde „Stabhoch – erstmals über die Latte in die Zehnkampfwertung" setzt den in der **Doppelstunde Leichtathletik** Band 1 begonnenen Lehrweg „Runterspringen – rüberspringen – raufspringen" fort und thematisiert nach ein paar einführenden Übungen an der Weitsprunganlage vor allem das Raufspringen in das Sprungkissen der Stabhochanlage.

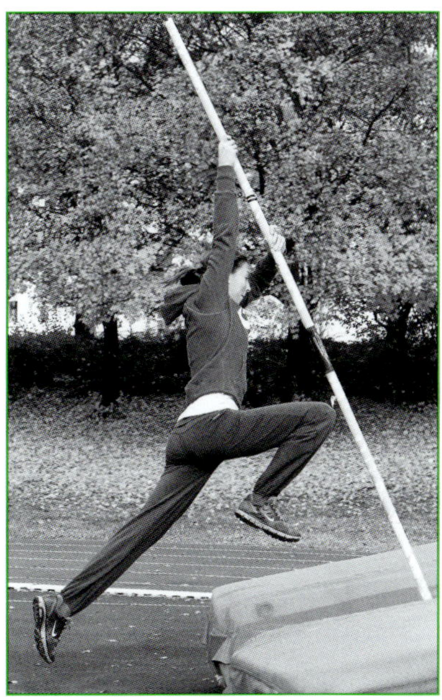

Abb. 148: Absprung einer jugendlichen Könnerin

Hinweis

Da bei dieser Art Ringbuchbindung lediglich eine max. Anzahl von 176 Seiten möglich ist, wird aus Platzgründen die Doppelstunde 8 als PDF-Datei online zur Verfügung gestellt.

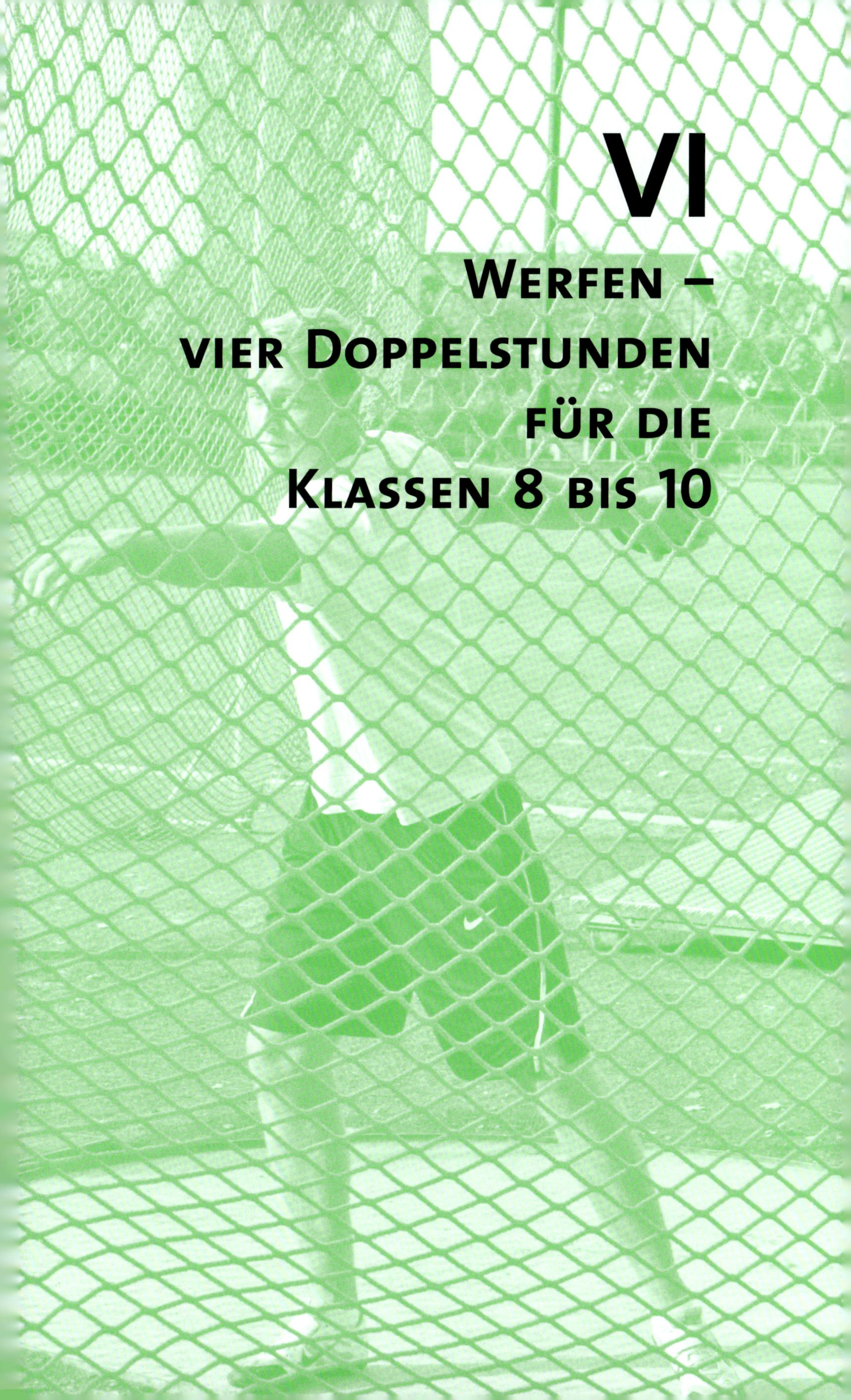

VI

Werfen – vier Doppelstunden für die Klassen 8 bis 10

1 Doppelstunde 9: Entwicklung der Speerwurftechnik

Einführung

Das Speerwerfen ist eine anspruchsvolle, motivierende, aber auch potentiell gefährliche Disziplin. Letzteres mag ein Grund dafür sein, dass sie an vielen Schulen vor Ort gar nicht oder nur sehr ungern unterrichtet wird. Speerwerfen benötigt einen klaren Ordnungsrahmen, der sehr konsequent eingefordert und ohne Ausnahme eingehalten werden muss. Dies erfordert auf Seiten des unterrichtenden Lehrers ein geschultes und wachsames Auge für möglicherweise entstehende Gefahrensituationen und den Willen zur sofortigen Intervention.

Wird dieser Ordnungsrahmen allerdings eingehalten, so bietet die Disziplin den Schülern eine exklusive Möglichkeit, die Flugeigenschaften eines weitgehend unbekannten Gerätes zu erkunden, mit dem von manchen beeindruckende Weiten zurückgelegt werden können.

Der gerade Wurf bzw. das Speerwerfen für höhere Klassenstufen sollte in der Schule möglichst nicht nur einmalig und sporadisch behandelt, sondern in allen Stufen aufgegriffen und weiterentwickelt werden. Der Unterstufe kommt dabei die Aufgabe zu, durch vielfältige Wurfgelegenheiten elementare Grundlagen für das Werfen zu schaffen. Erst in der Mittelstufe geht es um das Erlernen der eigentlichen Speerwurftechnik in der Grobform. In der Oberstufe kann diese dann weiter ausgebaut bzw. verfeinert und/oder mit theoretischen Informationen unterlegt werden. Der in der **Doppelstunde Leichtathletik** verwendete Lehrweg folgt dieser grundsätzlichen Aufgabenverteilung. Alle wichtigen methodischen Schritte zum Speerwerfen sind in Abbildung 64 schematisch dargestellt.

Bei der Einführung des Geraden Wurfes stehen im Unterstufenband (vgl. **Doppelstunde Leichtathletik** Band 1) die drei Grundaufgaben „Viel Werfen“, „Präzise Werfen“ und „Weit Werfen“ im Vordergrund.

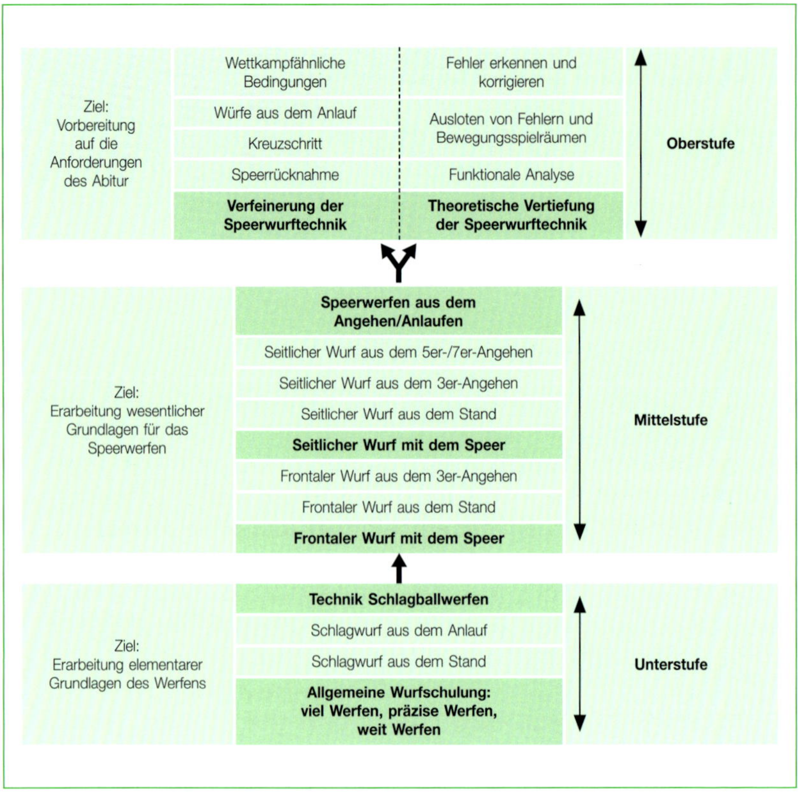

Abb. 64: Lehrweg zum Speerwerfen in der Doppelstunde Leichtathletik

Eine große Anzahl an Würfen mit unterschiedlichsten Materialien auf verschiedenste Ziele bildet dort den Schwerpunkt der Ausbildung. Thematisiert wird neben dem Schlagwurf aus dem Stand auch der Wurf aus dem Anlauf. Mit der Technik des Schlagballwerfens wird zudem eine unterstufenspezifische Technik eingeführt (Band 1, S. 140), die bereits Grundelemente der Anlauf- und Abwurfgestaltung des Speerwerfens beinhaltet.

Auf diesem Könnensstand baut nun die vorliegende Doppelstunde zur Entwicklung der Speerwurftechnik auf.[16] Ausgehend von der

[16] Sollte die Sportgruppe bislang noch keine Erfahrungen mit dem geraden Wurf gemacht haben, so empfehlen wir vor Durchführung der vorliegenden Doppelstunde zur Entwicklung der Speerwurftechnik die Erarbeitung des geraden Wurfes aus der **Doppelstunde Leichtathletik** Band 1. Mit den dort beschriebenen Doppelstunden „Aus dem Anlauf werfen: Spielerisch Ziele treffen" bzw. „Aus dem Anlauf werfen: Mit dem Schlagball in die Weite werfen" können die notwendigen Grundlagen gelegt werden.

Hauptaktion des Speerwerfens, dem eigentlichen Abwurf, wird versucht, mit relativ kleinen methodischen Schritten sukzessiv bis zur vorläufigen Zielform, dem Speerwerfen aus einem 7er-Angehen, zu gelangen. Die prinzipielle Vorgehensweise sieht so aus, dass allmählich vor eine bereits gekonnte Bewegung jeweils eine neue Teilaktion gesetzt wird, die in der Regel die energetischen Bedingungen der Wurfaktion (weiter) verbessert. Beispielsweise startet der methodische Lehrweg mit dem frontalen Wurf aus dem Stand. Zunächst soll die eigentliche Wurfbewegung ohne Vorbeschleunigung ausgeführt werden, damit sich die Schüler auf die alles entscheidende Hauptaktion konzentrieren können. Diese den Schülern dann bereits bekannte Hauptaktion des frontalen Werfens ist in allen nachfolgenden methodischen Schritten wieder vorhanden. Im zweiten Schritt wird vor das frontale Werfen nun noch ein Angehen mit drei Schritten gesetzt. Die zusammengesetzte Bewegung besteht also aus drei einfachen Gehschritten und dem bereits gekonnten frontalen Werfen. Aus Sicht der Schüler entstehen so überschau- und vor allem leistbare Aufgabenpakete, die im Unterricht ein zügiges Arbeitstempo zulassen.

Der methodische Weg dieser Doppelstunde endet zunächst auf der Stufe des Speerwerfens aus mehreren seitlichen Angehschritten mit bereits rückgenommenem Speer. Auf weitergehende methodische Schritte wie z. B. das Werfen aus höheren Anlaufgeschwindigkeiten, die Speerabnahme und das Werfen aus dem Anlauf mit Speerabnahme wird noch verzichtet. Diese Erweiterungen der Speerwurftechnik sollen der Oberstufe vorbehalten bleiben.

Kompetenzen

Motorisch: Die Schüler können einen Speer im 3er-Rhythmus aus dem Angehen in die Weite werfen.

Kognitiv: Die Schüler kennen die wesentlichen Merkmale der Speerwurftechnik und können diese beschreiben.

Didaktisch-methodische Anmerkungen

Die Stunde beginnt mit dem Laufspiel „Speedball" zur allgemeinen Erwärmung, das angesichts eines stark technikdominierten Hauptteils aus Gründen einer gewissen Gesamtintensität der Stunde ausreichend lange und relativ intensiv gespielt werden sollte. An dieser Stelle schließt sich die unbedingt notwendige Sicherheitsbelehrung an. Anschließend wird mit einer speziellen Speergymnastik die für die Wurfbewegung maßgebliche Muskulatur im Arm- und Schulterbereich gelockert und gedehnt.

Der Hauptteil beginnt mit einer Erklärung und Demonstration der beiden möglichen Griffarten, die die Schüler im Anschluss exemplarisch ausprobieren dürfen. Ausgehend vom „frontalen Wurf aus dem Stand“ als zentraler Lernaufgabe der Stunde wird die Bewegung über die Lernschritte „frontale Würfe aus dem 3er-Angehen“, „seitliche Würfe aus dem Stand“, „seitliche Würfe aus dem 3er-Angehen“ bis hin zu den „seitlichen Würfen aus dem 5er-/7er-Angehen“ als Zusatzaufgabe für besonders talentierte Schüler weiterentwickelt.

Den Abschluss bildet ein dem Boccia-Spielen nachempfundener Genauigkeitswettbewerb „Zielwerfen“, bei dem die Schüler die bis dahin erworbenen Wurffertigkeiten in einer Wettspielform anwenden dürfen.

Hinweise zur Vorbereitung

Leider kann das Wurfgerät Speer in dieser Doppelstunde durch kein anderes ersetzt werden. Um eine für das Erlernen der Speerwurftechnik sinnvolle Wiederholungsanzahl an Würfen zu gewährleisten, sollte eigentlich pro Schüler ein Speer zur Verfügung stehen. Da dies bei durchschnittlichen Klassengrößen aber kaum zu realisieren sein wird, empfehlen wir, die Klasse zu teilen und nur mit der Hälfte der Klasse die vorgeschlagenen methodischen Schritte zu absolvieren. Der andere Klassenteil muss in dieser Zeit selbstständig beschäftigt werden. Nach der Hälfte der Zeit wird gewechselt.

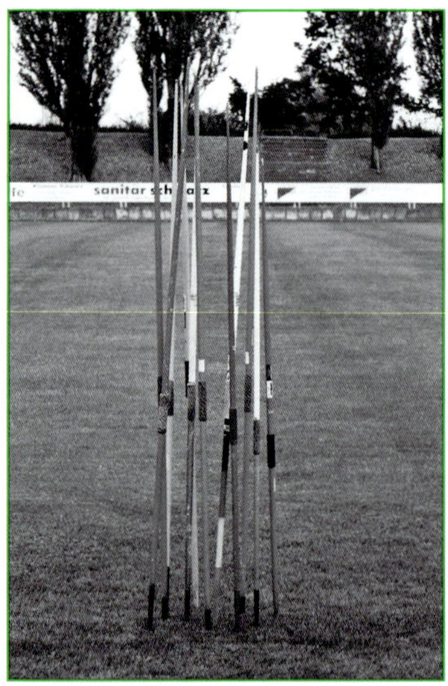

Bild 205: Speere vor dem Einsatz

Doppelstunde 9: *Entwicklung der Speerwurftechnik*

Stundenabschnitte und Unterrichtsinhalte	Organisatorische Hinweise

Einleitender Stundenteil (Aufwärmen)

***Allgemeines Aufwärmen* „Speedball“**

Parteiballspiel zwischen zwei Mannschaften mit zwei wechselnden Spielphasen. In der Spielphase „Hand“ ist es das Ziel, den Ball hinter der gegnerischen Auslinie abzulegen. Um einen Punkt zu erzielen, darf der Ball solange mit der Hand (ohne Dribbling) gespielt werden, bis er abgelegt wird oder auf den Boden fällt. Mit dem Ball in der Hand darf in der Spielphase „Hand“ nicht gelaufen werden.
Ist der Ball einmal auf den Boden gefallen, startet die Spielphase „Fuß“. In dieser wird der Ball nun solange mit dem Fuß weiter gespielt, bis ein Punkt durch Stoppen des Balles durch einen Mitspieler hinter der gegnerischen Auslinie erzielt wird. Anschließend erhält die unterlegene Mannschaft wieder beginnend mit der Spielphase „Hand“ Anspiel von ihrer Auslinie.
Gewonnen hat die Mannschaft mit den meisten Punkten.

Materialbedarf: Markierhemdchen, Tennisball.

Es werden zwei große Felder (ca. 100 x 60 m) markiert. Die Klasse wird in zwei Gruppen unterteilt und mit Markierhemdchen entsprechend gekennzeichnet. Es wird ein (möglichst kleiner) Spielball (z. B. Tennis- oder Elefantenhautball) benötigt.

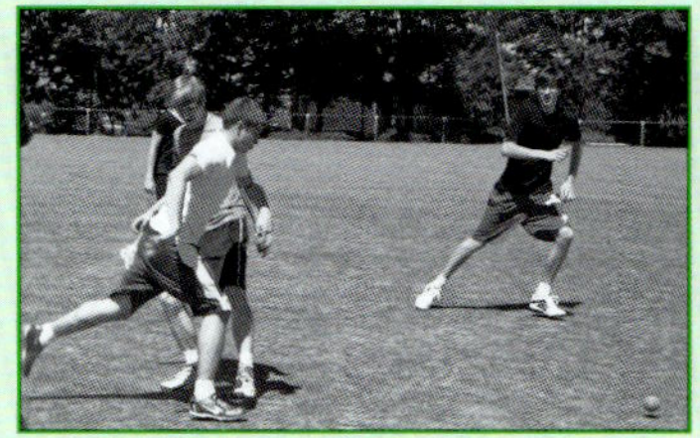

Bild 206: Spielphase „Fuß“

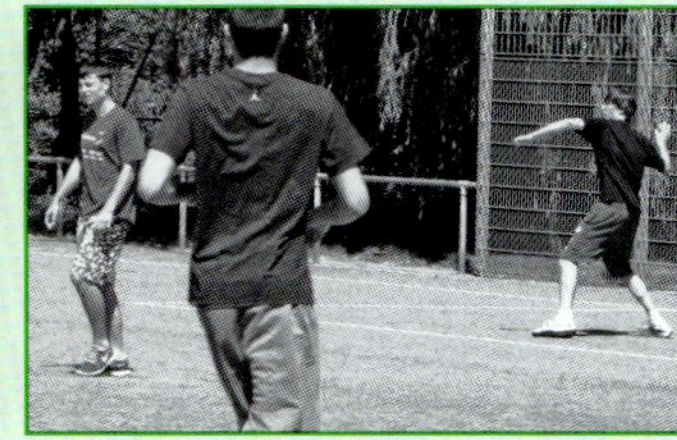

Bild 207: Anspiel von der Auslinie

Sicherheitsbelehrung

Die Klasse sammelt sich um den Lehrer und bekommt vor Beginn der Übungen eine Sicherheitsbelehrung mit wichtigen Verhaltensregeln. Auf deren konsequente Einhaltung sollte mit Nachdruck hingewiesen werden.

- Speer wird nur senkrecht zum Boden mit Spitze nach unten getragen!
- Es wird immer nur auf Anweisung des Lehrers geworfen!
- Die Speere werden immer zusammen auf Anweisung des Lehrers geholt!
- Jeder Schüler hat ausreichenden Sicherheitsabstand um sich herum!
- Linkswerfer gruppieren sich am linken Rand der Gruppe!
- Die Gruppe wirft immer auf einer Linie ab.

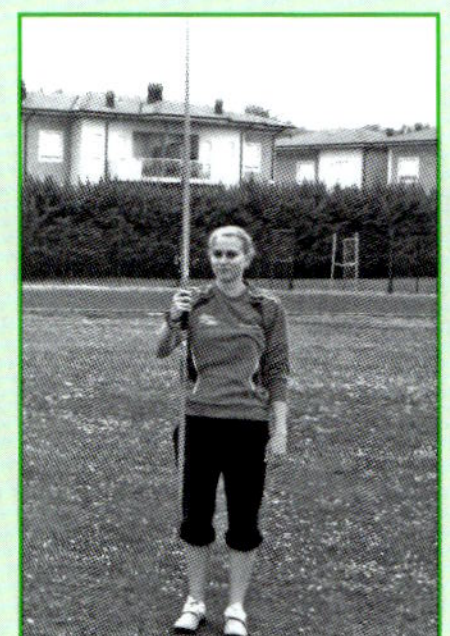

Bild 208: Speerhaltung

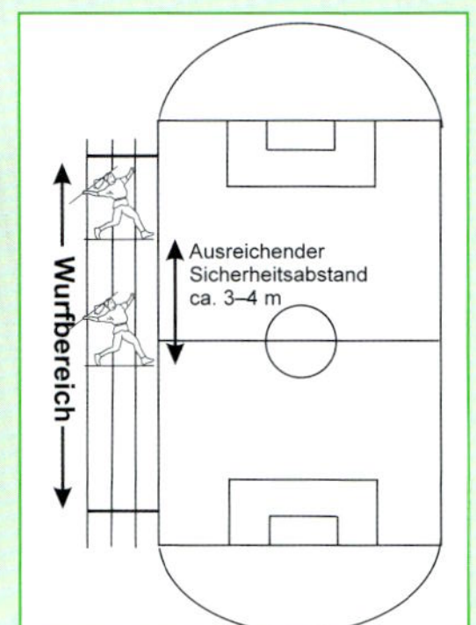

Abb. 65: Ausreichender Sicherheitsabstand

Stundenabschnitte und Unterrichtsinhalte	Organisatorische Hinweise

***Spezielles Aufwärmen* „Speergymnastik"**

Die Klasse absolviert zusammen mit dem Lehrer ein kurzes Bewegungsprogramm zum Dehnen für den Arm- und Schulterbereich mit dem Speer. Ergänzend zur Erklärung und Demonstration der Übung bekommen die Schüler eine altersgemäße Information über den gedehnten Muskel/die gedehnte Muskelgruppe und dessen/deren Funktion beim Speerwerfen.

Pro Übung ca. 30 sec Übungsdauer → danach lockern

- Übung (1) → Der beidhändig schulterbreit gefasste Speer wird von vorlings nach rücklings und wieder zurück gebracht.
- Übung (2) → wie Übung (1), nach jeder Vor- und Zurückbewegung wird der Speer eine Handbreit enger gefasst.
- Übung (3) → Der vor dem Bauch schulterbreit beidhändig gefasste Speer wird mit einem Arm hinter den Körper geführt – anschließend führt der andere Arm den Speer wieder über den Kopf nach vorne.
- Übung (4) → Der Speer wird hinter dem Kopf auf die Schulter gelegt und langsam abwechselnd in beide Richtungen nach vorne rotiert.
- Übung (5) → Der Speer wird ca. 50 cm vor dem Körper senkrecht in den Boden gesteckt. Die Schüler ergreifen den Schaft und lassen die Hände bis zur Wicklung hinabgleiten. In der Schlussstellung wird der Schulterbereich passiv gedehnt.

Materialbedarf: Pro Schüler einen Speer.

23

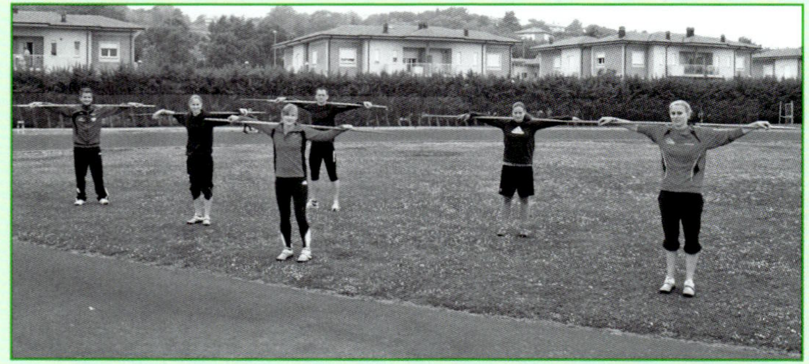

Bild 209: Speergymnastik mit ausreichendem Sicherheitsabstand

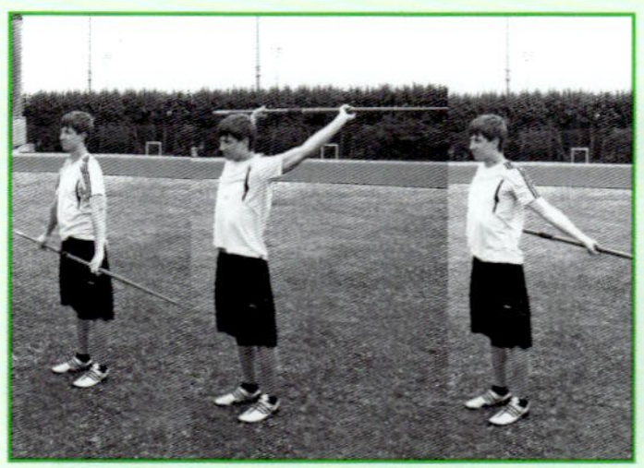

Bild 210: Übung (1)

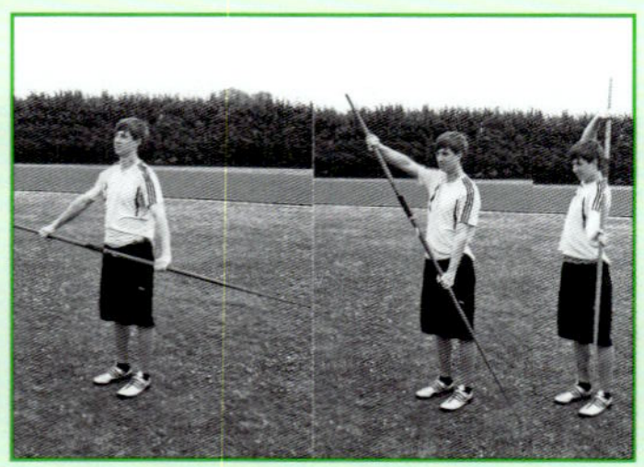

Bild 211: Übung (3)

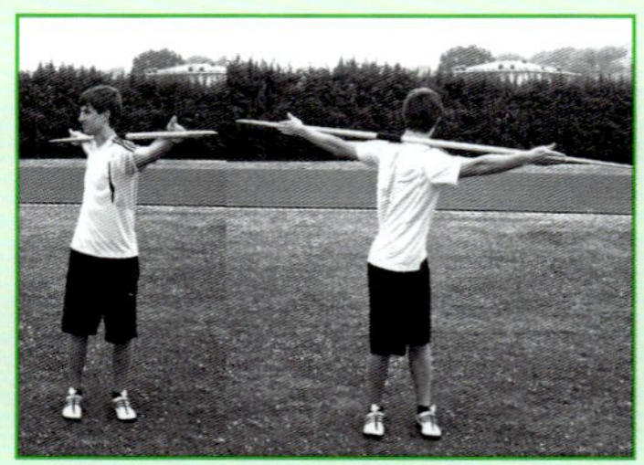

Bild 212: Übung (4)

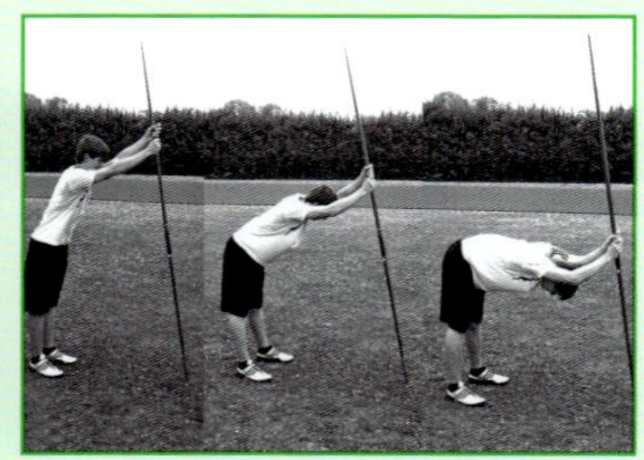

Bild 213: Übung (5)

Hauptteil (Speerwurftechnik)

Halten des Speers

Die Klasse sammelt sich im Halbkreis um den Lehrer; die Speere werden mit der Spitze nach unten fest in den Boden gesteckt. Der Lehrer erklärt und demonstriert die beiden möglichen Speerhaltungen. Anschließend probieren die Schüler diese am steckenden Speer aus.
Beim Normalgriff greifen Zeigefinger und Daumen hinter der Wicklung, während die übrigen Finger diese fest umschließen. Beim Zangengriff greifen Zeige- und Mittelfinger rechts und links des Speeres hinter der Wicklung; die übrigen Finger umschließen diese fest.

Alternative (für ältere Schüler): Die Schüler legen den Speer in die Wurfhand und fahren am Schaft herunter, bis Zeigefinger und Daumen an der Wicklung zu liegen kommen.

Materialbedarf: Pro Schüler ein Speer.

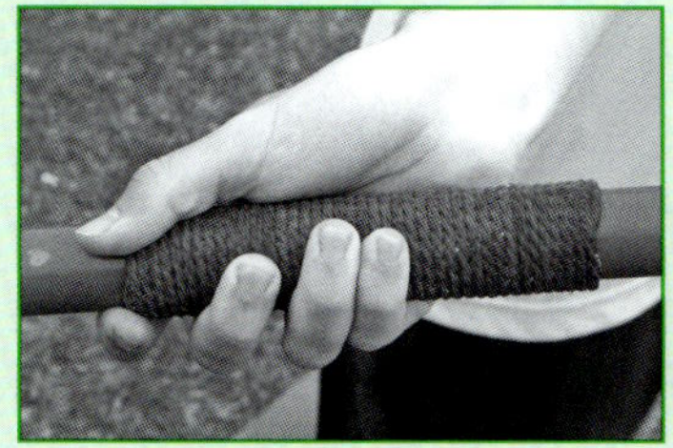

Bild 214: Normalgriff

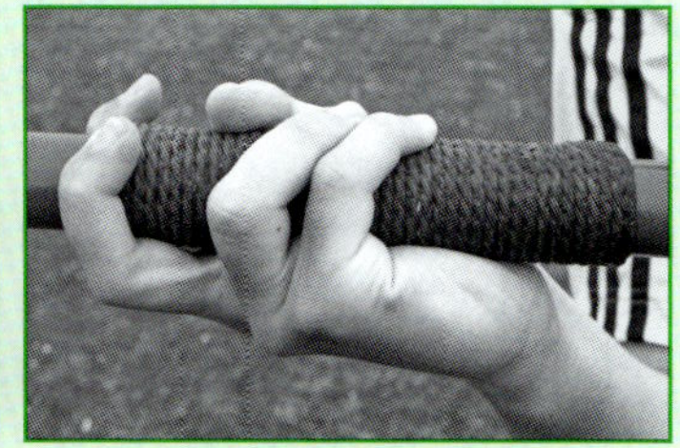

Bild 215: Zangengriff

Frontaler Wurf aus dem Stand

Ziel ist das Erlernen der Schlagwurfbewegung mit einem Speer. Zentrales Augenmerk muss anfangs auf das „Treffen" des Speeres längs seiner Achse gelegt werden. In der Ausgangsstellung steht der Schüler in leichter Schrittstellung frontal zur Wurfrichtung und streckt den Arm lang nach hinten oben. Der Speer wird zunächst durch das Vorbringen des Oberarms und danach durch das Ausschleudern mit Unterarm und Hand beschleunigt (Schlag- oder Kernwurf). Kein Rotationswurf! Beide Füße haben zum Abwurfzeitpunkt festen Bodenkontakt.
Der Lehrer demonstriert den frontalen Standwurf. Anschließend verteilt sich die Klasse auf der Längsseite des Fußballfeldes (vgl. Grundaufstellung) mit ausreichendem Sicherheitsabstand zum jeweiligen Nebenmann. Es wird gemeinsam auf Kommando geworfen und gemeinsam auf Kommando der Speer geholt.

Materialbedarf: Pro Schüler ein Speer.

24

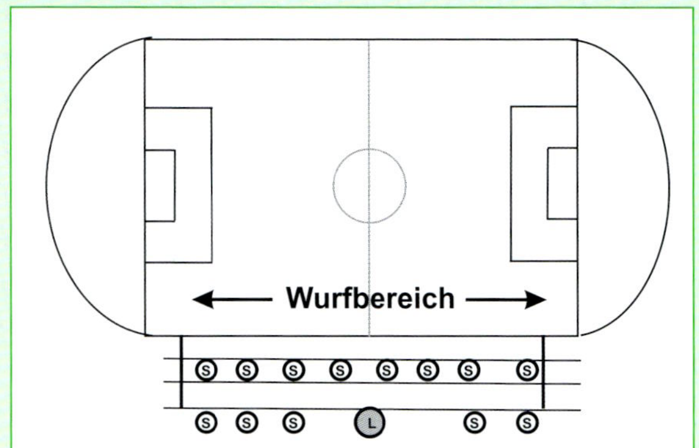

Abb. 66: Grundaufstellung Speerwerfen

Stundenabschnitte und Unterrichtsinhalte	Organisatorische Hinweise

Aufgabenstellungen:
- „Werfe so in den Boden, dass sich die Spitze möglichst tief eingräbt und das Ende des Speers genau in Deine Richtung zeigt“.
- „Werfe nun ca. 5–10 m vor Dich in den Boden, so dass sich die Spitze immer noch möglichst tief eingräbt“.

Hinweis: Es sollten pro Schüler mindestens 10 Würfe absolviert werden.

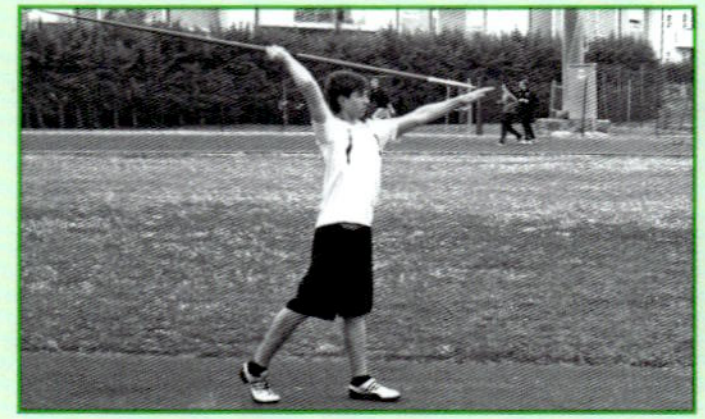

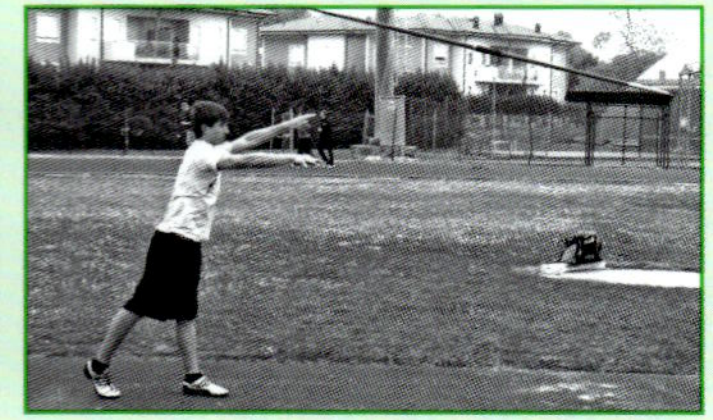

Bild 216+217: Ausgangs- und Endposition beim frontalen Wurf aus dem Stand

Frontaler Wurf aus dem 3er-Angehen

Ziel ist das Umsetzen der frontalen Schlagwurfbewegung aus einem Dreier-Rhythmus. Dazu werden dem frontalen Standwurf drei Gehschritte vorgeschaltet. Der Oberkörper bleibt die ganze Zeit in Abwurfposition.
Es empfiehlt sich, die drei Schritte akustisch zu unterstützen („links – rechts – links“).
Die Klasse steckt ihre Speere in den Boden und kommt an einer zentralen Stelle zusammen. Der Lehrer demonstriert den frontalen Standwurf aus dem 3er-Angehen. Anschließend verteilt sich die Klasse wieder auf der Längsseite des Fußballfeldes (vgl. Grundaufstellung) mit ausreichendem Sicherheitsabstand zum jeweiligen Nebenmann. Es wird gemeinsam auf Kommando geworfen und gemeinsam auf Kommando der Speer geholt.

Hinweis: Je nach Leistungsstärke der Gruppe sollten etwa 10 Würfe absolviert werden.

Materialbedarf: Pro Schüler ein Speer.

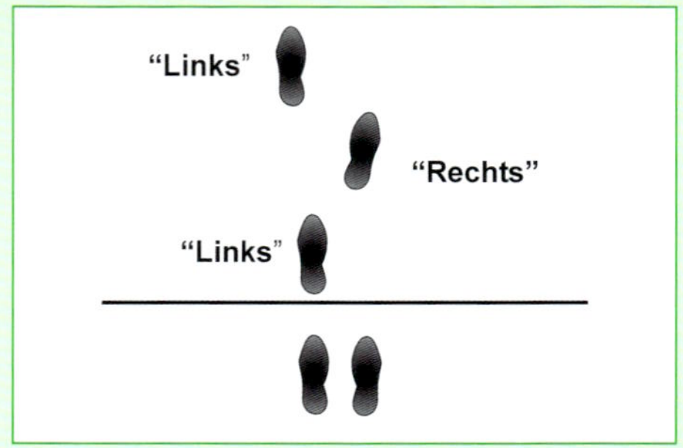

Abb. 67: Fußstellung 3er-Angehen frontal

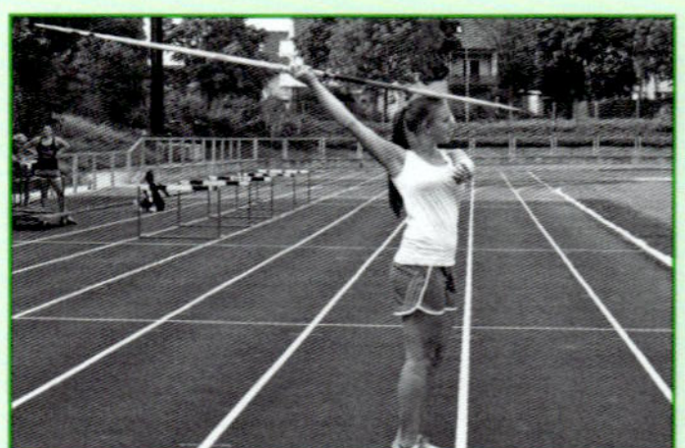

Bild 218: Ausgangsposition

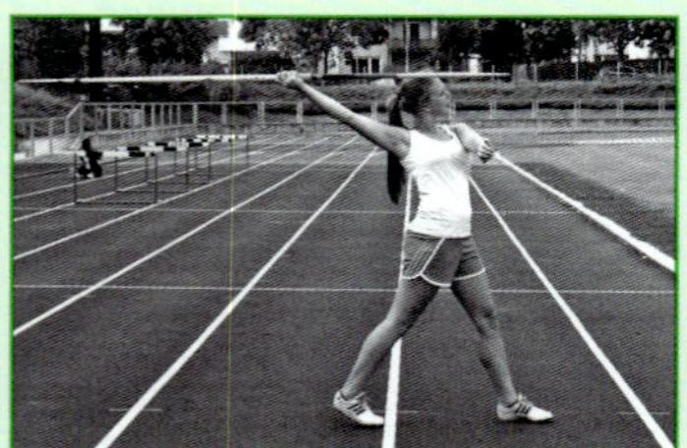

Bild 219: „Links“

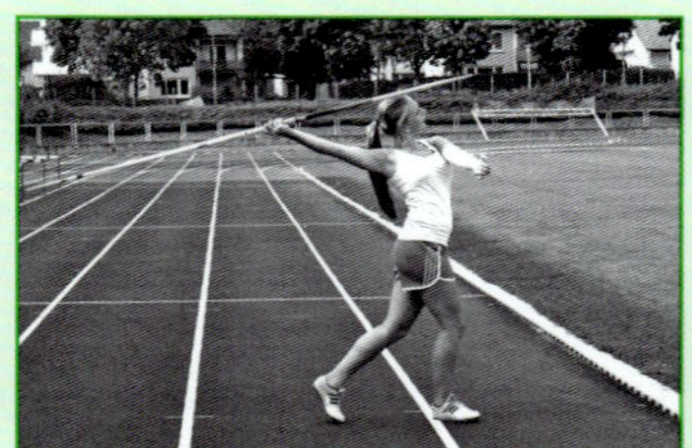

Bild 220: „Rechts“

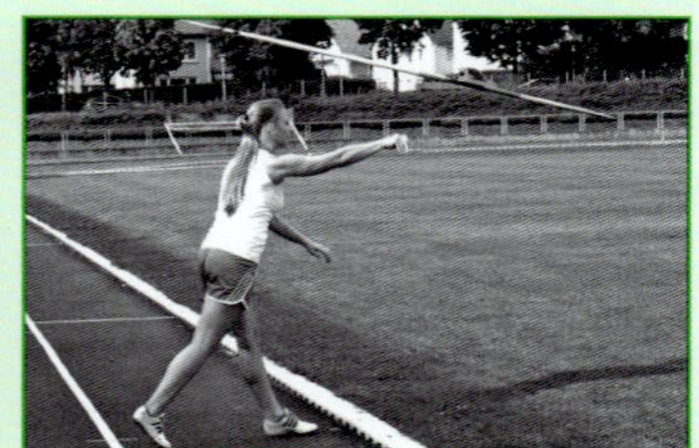

Bild 221: „Links“ = Abwurfposition

Stundenabschnitte und Unterrichtsinhalte	Organisatorische Hinweise
Seitliche Würfe aus dem Stand Ziel ist das Erlernen der Eindrehbewegung des Körpers „unter den Speer". Dazu wird der Speer in der Ausgangsstellung mit um 90° zur Wurfrichtung versetzter Schulterachse zunächst mit langem Arm hinten gehalten und dann nach oben geführt. Parallel dazu wird die Schulter um 90° nach vorne gedreht. Die gesamte Bewegung wird durch ein leichtes Mitrotieren der Hüfte unterstützt. Bei richtiger Ausführung ergibt sich die bereits aus dem frontalen Wurf aus dem Stand bekannte Abwurfposition. Die Klasse steckt ihre Speere in den Boden und kommt wieder an der zentralen Stelle zusammen. Der Lehrer demonstriert den seitlichen Wurf aus dem Stand. Anschließend verteilt sich die Klasse wieder auf der Längsseite des Fußballfeldes und übt die Bewegung unter Einhaltung der bekannten Sicherheitsregeln.	**Materialbedarf:** Pro Schüler ein Speer. 25

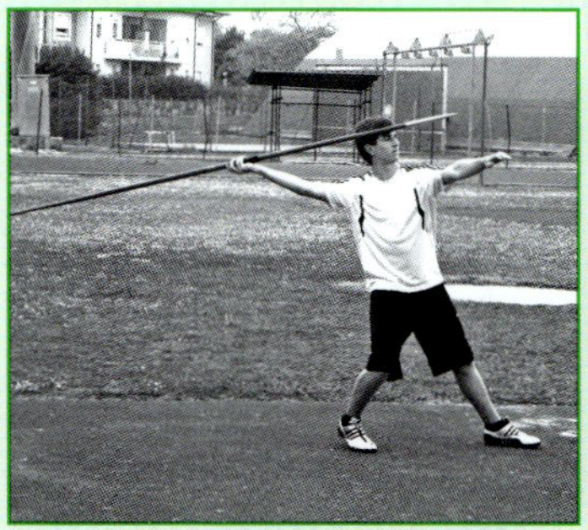

Bild 222: Ausgangsposition

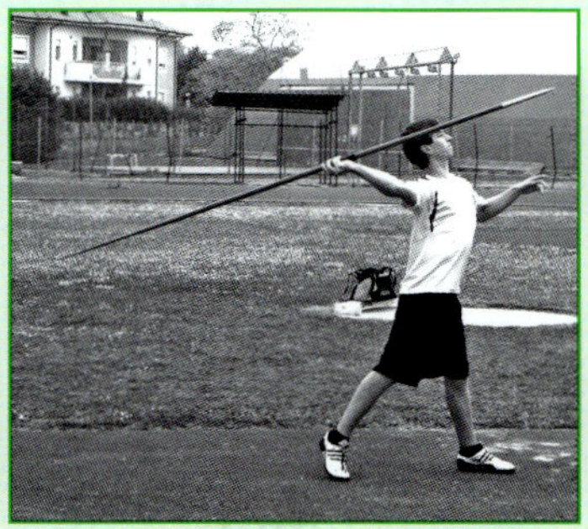

Bild 223: Rotieren der Hüfte

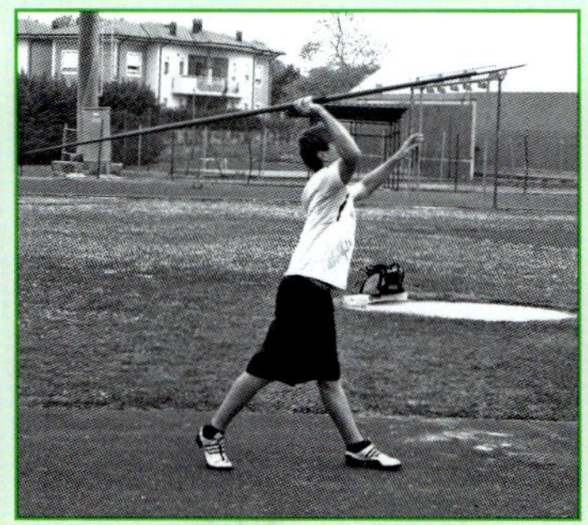

Bild 224: Rotieren der Schulter

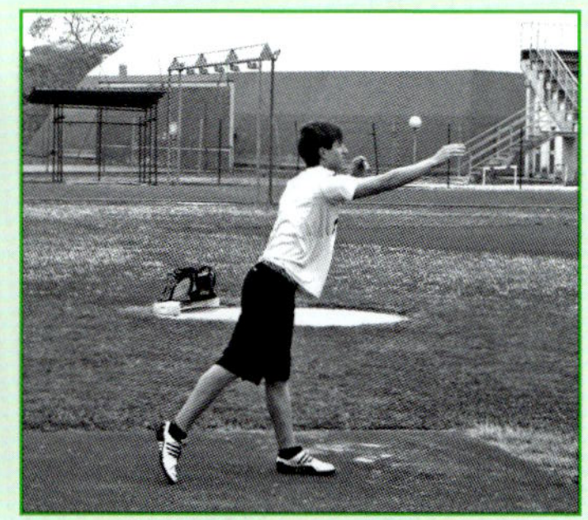

Bild 225: Abwurf

Stundenabschnitte und Unterrichtsinhalte	Organisatorische Hinweise

Seitliche Würfe aus dem 3er-Angehen

Ziel ist das Umsetzen der seitlichen Schlagwurfbewegung aus dem Dreier-Rhythmus. Beide Teile sind aus den vorangegangenen Lernschritten bereits bekannt und müssen jetzt „zusammengesetzt“ werden.
Die Klasse steckt ihre Speere in den Boden und kommt wieder an der zentralen Stelle zusammen. Der Lehrer demonstriert den seitlichen Wurf aus dem 3er-Angehen. Anschließend verteilt sich die Klasse wieder auf der Längsseite des Fußballfeldes und übt die Bewegung unter Einhaltung der bekannten Sicherheitsregeln.

Differenzierung: Gute Schüler üben mit mehr Dynamik und erweitern das Angehen zu „seitlichen Würfen aus dem 3er-Rhythmus“ oder setzen vor den 3er-Rhythmus noch zwei bzw. vier Gehschritte (vgl. Video 26).

Materialbedarf: Pro Schüler ein Speer.

26

27

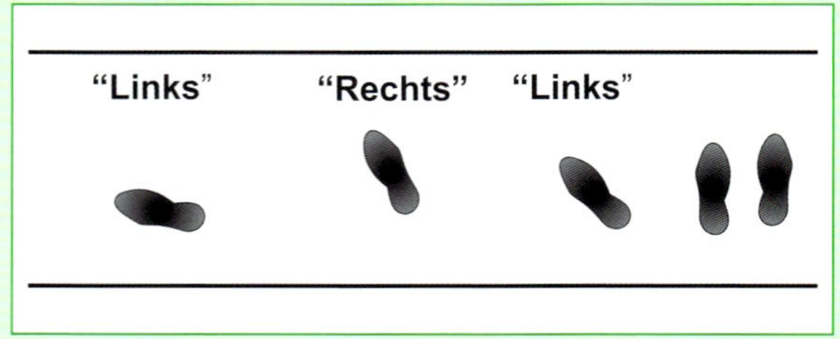

Abb. 68: Fußstellung 3er-Angehen seitlich

Seitliche Würfe aus dem 5er-/7er-Angehen

Ziel ist die sukzessive Erhöhung der Geschwindigkeit vor dem Abwurf mit zurückgenommenem Speer. Dazu werden der bereits erlernten seitlichen 3er-Schlagwurfbewegung weitere Gehschritte vorangestellt.
Mit zunehmender Übungsdauer werden die Gehschritte in Laufschritte überführt.

Hinweis: Da die Laufbahn für sieben Angehschritte zu schmal ist, muss für diese letzte optionale Übungsform auf die Querseite gewechselt werden. Hier ist ein paralleles Werfen aller Schüler nicht mehr möglich. Die Schüler werfen daher jeweils nacheinander auf der Speerwurfanlage. Nachdem alle Schüler geworfen haben, werden die Speere wieder gemeinsam geholt.

Differenzierung: Gute Schüler erweitern das Angehen zu „seitlichen Würfen aus dem 5er-/7er-Rhythmus“.

Materialbedarf: Pro Schüler ein Speer.

28

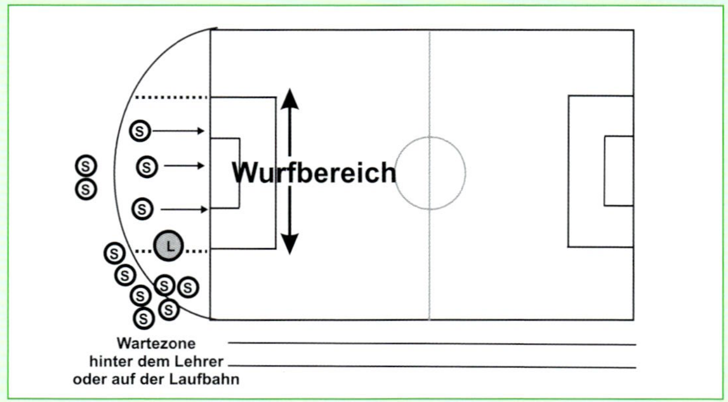

Abb. 69: Grundaufstellung 5er-/7er-Angehen

Stundenabschnitte und Unterrichtsinhalte	Organisatorische Hinweise

Schluss (Wettbewerbsform)

Genauigkeitswettbewerb „Zielwerfen“

Die Klasse wird in Gruppen à 5 Schüler aufgeteilt. Jeder Schüler hat einen Speer und die Gruppe bekommt zusätzlich eine Abwurfmarkierung. Bei der Einteilung sollte nochmals auf die Sicherheitsbestimmungen hingewiesen und pro Gruppe ein Schüler als „Gruppenchef“ bestimmt werden. Der Gruppenchef hat die Aufgabe, die Einhaltung der Sicherheitsbestimmungen genau zu überwachen.
Die Gruppen erhalten dann folgende Anweisung: Ein Schüler wirft von einer jeweils festzulegenden Markierung seinen Speer beliebig weit in eine Richtung. Die anderen vier Schüler werfen nun ebenfalls nacheinander von der festgelegten Markierung und versuchen, so nah wie möglich an den Speer ihres Mitschülers heranzukommen. Derjenige Schüler mit dem geringsten Abstand bekommt einen Punkt und darf von dort als nächster vorlegen.

Hinweis: Vor Beginn wird vom Lehrer allen Gruppen ein Aktionsraum mit ausreichenden Sicherheitsabständen zugewiesen, der nicht verlassen werden darf.

Materialbedarf: Pro Schüler einen Speer und pro Gruppe eine Abwurfmarkierung (z. B. Hütchen). Weitere Gegenstände (z. B. Hütchen) zum Markieren der Aktionsräume.

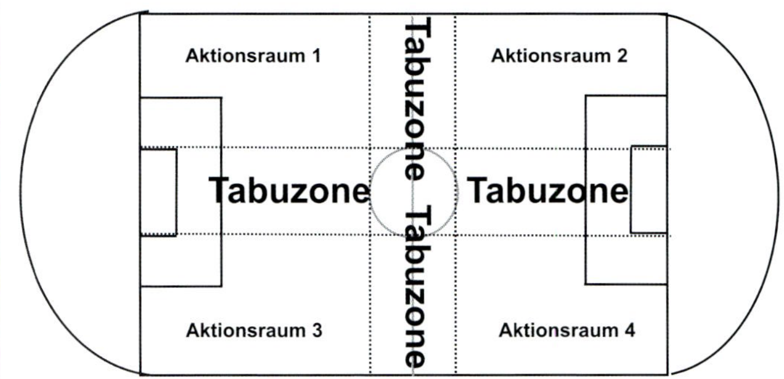

Abb. 70: Aufteilung des Fußballfeldes in Aktionsräume

2 Doppelstunde 10: Drehwurf – erstmals mit dem Diskus

Einführung

Wenn man diese Disziplin einmal beherrscht, dann macht es richtig Spaß, anzuschwingen, mit dem Körper dem Arm voraus steigernd anzudrehen, den Diskus körperbetont im richtigen Winkel abzuwerfen und ihm Rotation zu verleihen. Gekonntes Diskuswerfen ist „Ästhetik pur". Aber es ist koordinativ recht anspruchsvoll, deutlich schwieriger als das Werfen mit anderen Geräten, die zum Teil gleich richtig weit fliegen; denn zur Beinarbeit der Drehung aus dem Stand rückwärts zur Wurfrichtung und zum „Schleppen" des Diskus' kommen die spezifischen Eigenheiten einer Scheibe hinzu. Ihr Flug kann eine Augenweide sein. Sie kann aber auch im Netz landen oder flattern und bei 15 Meter abstürzen.

Die Doppelstunde „Drehwurf – erstmals mit dem Diskus" setzt den in der Doppelstunde Leichtathletik Band 1 begonnenen Lehrweg für die Drehwürfe fort und zeigt einen für die Schule taugliche Methodik hin zum Diskuswerfen aus der Drehung auf.

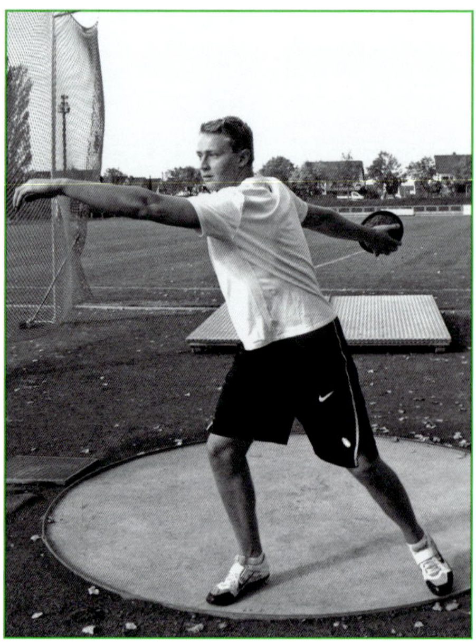

Bild 226: Ausholbewegung eines jugendlichen Könners

Hinweis

Da bei dieser Art Ringbuchbindung lediglich eine max.Anzahl von 176 Seiten möglich ist, wird aus Platzgründen die Doppelstunde 10 als PDF-Datei online zur Verfügung gestellt.

3 Doppelstunde 11: Vom frontalen Stoßen zur Kugelstoßtechnik

Einführung

„Was machen wir dieses Jahr in der Leichtathletik?“ Diese Frage wird Jahr für Jahr hundertfach zu Beginn einer Unterrichtseinheit gestellt werden. Fast genauso häufig lautet die Antwort „100 m, Weitsprung und Kugelstoßen“. Für Schüler gehört das Kugelstoßen damit zu den drei Kerndisziplinen der Leichtathletik. Um diesem Anspruch gerecht zu werden, sollte es daher möglichst in allen Stufen aufgegriffen und weiterentwickelt werden. Der Unterstufe kommt dabei die Aufgabe zu, die Grundlagen der Stoßbewegung

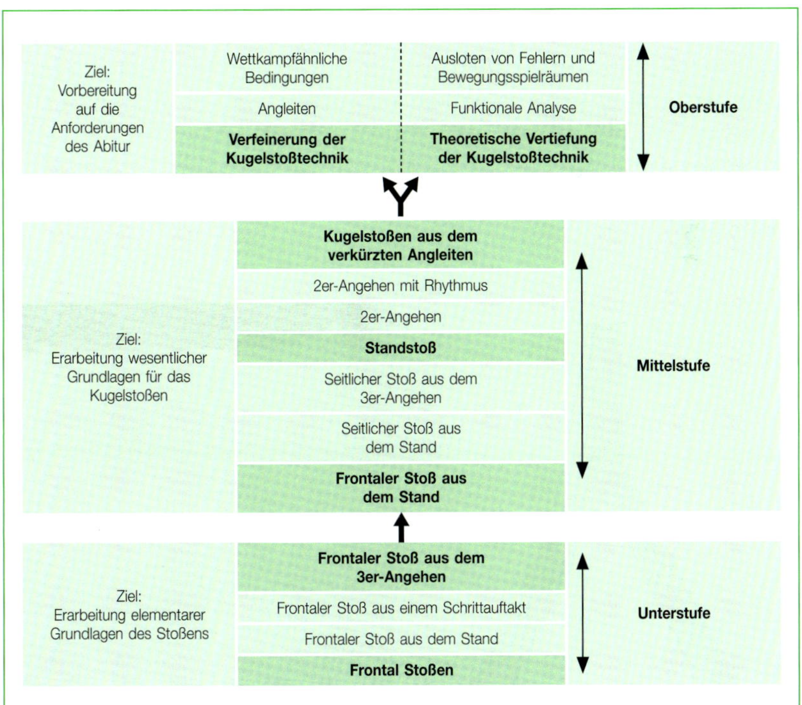

Abb. 76: Lehrweg zum Kugelstoßen in der Doppelstunde Leichtathletik

an sich zu legen. Hier muss den Schülern zunächst der Unterschied zwischen Werfen und Stoßen bewusst gemacht werden, ehe dann der „frontale Stoß" als zentrale Stoßbewegung thematisiert wird.

Erst in der Mittelstufe geht es um das Erlernen einer Kugelstoßtechnik in der Grobform. In der Oberstufe kann diese dann weiter ausgebaut bzw. verfeinert und/oder mit theoretischen Informationen unterfüttert werden. Der in der **Doppelstunde Leichtathletik** verwendete Lehrweg folgt dieser grundsätzlichen Aufgabenverteilung. Alle wichtigen methodischen Schritte zum Kugelstoßen sind in Abbildung 106 schematisch dargestellt.

Bei der Einführung des frontalen Stoßens steht in der Unterstufe (vgl. **Doppelstunde Leichtathletik** Band 1) ein zentrales Ausbildungsziel im Vordergrund, das auch für die Technikvermittlung in der vorliegenden Doppelstunde für die Mittelstufe wesentlich ist: der Doppelstützabstoß. Die Schüler erlernen dort eine Technik, bei der so abgestoßen wird, dass im Moment, in dem die Kugel die Hand verlässt, beide Füße festen Bodenkontakt haben.

Für den festen Bodenkontakt beim Abstoß muss der Schüler (hier Rechtshänder) drei Dinge tun: (1) Er drückt mit seinem vorne stehenden, gestreckten linken Bein nach hinten oben. (2) Er drückt mit seinem hinten stehenden fast gestreckten rechten Bein nach vorne oben. (3) Er muss seine Bauch-, Rücken- und Gesäßmuskulatur anspannen. Durch diese drei richtig ausgeführten Aktionen ergibt sich ein starres Widerlager für die eigentliche Stoßbewegung des Armes. Bildlich kann man sich dieses als „umgedrehtes Y" vorstellen.

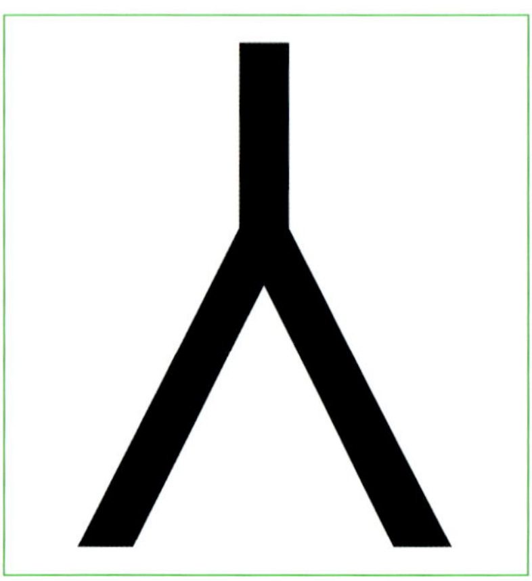

Abb. 77: Umgedrehtes Y

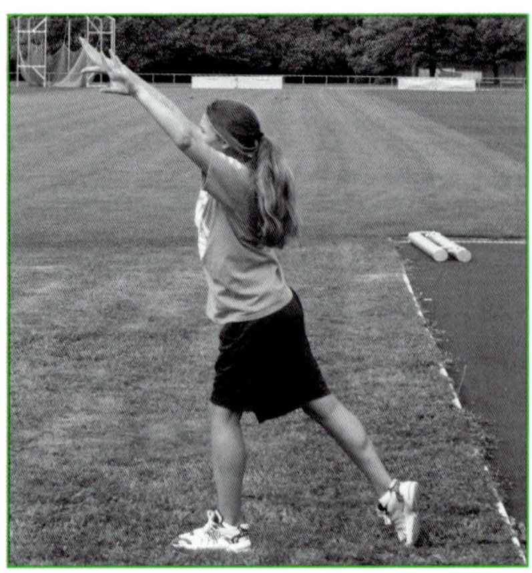

Bild 257: Schüler in der Abstoßposition

Aus *methodischen Gründen* ist es in der Schule sinnvoll, diese drei Aktionen um eine weitere Aktion zu ergänzen: (4) Der linke Arm zeigt im Moment des Ausstoßens immer in die Richtung, in der auch die Kugel abfliegen soll. Dadurch wird zum einen die notwendige Blockbildung (der linken Seite) quasi automatisch zum richtigen Zeitpunkt ausgelöst und zum anderen lässt sich so die Ausstoßrichtung relativ problemlos festlegen.

Auf diesem Könnensstand baut nun die Doppelstunde „Vom frontalen Stoßen zur Kugelstoßtechnik" auf.[17] Ausgehend von der Hauptaktion des Kugelstoßens, dem eigentlichen Abstoß, wird versucht, mit relativ kleinen methodischen Schritten allmählich bis zur vorläufigen Zielform, dem Kugelstoßen aus einem verkürzen Angleiten, zu gelangen. Die prinzipielle Vorgehensweise sieht so aus, dass schrittweise vor eine bereits gekonnte Bewegung jeweils eine neue Teilaktion gesetzt wird, die in der Regel die energetischen Bedingungen der Wurfaktion (weiter) verbessert. Beispielsweise startet der methodische Lehrweg mit dem frontalen Stoß aus dem Stand. Zunächst soll die eigentliche Stoßbewegung ohne Vorbeschleunigung ausgeführt werden, damit sich die Schüler auf die alles entscheidende Hauptaktion konzentrieren können. Diese den Schülern dann bereits bekannte Hauptaktion des frontalen Stoßens ist in allen nachfolgenden methodischen Schritten wieder vorhanden.
Im zweiten Schritt wird vor das frontale Stoßen nun noch eine 90°-Rotation gesetzt. Es entsteht als zusammengesetzte Bewegung der seitliche Stoß aus dem Stand.

Dieser in der Fachliteratur nur teilweise zu findende Zwischenschritt ist für die schulische Vermittlung des Kugelstoßens äußerst wichtig. Er bietet nämlich eine „Ausstiegsmöglichkeit" für diejenigen Schüler, die aufgrund ihrer konditionellen und/oder koordinativen Voraussetzungen den weiteren Weg bis hin zur Rückenstoßtechnik aus dem Angleiten gar nicht sinnvoll gehen können. Diese Schüler erwerben mit dem seitlichen Stoß aus dem 3er-Angehen eine im Rahmen ihrer Möglichkeiten funktional sinnvolle Technik.

---

[17] Sollte die Sportgruppe bislang noch keine Erfahrungen mit dem frontalen Stoß gemacht haben, so empfehlen wir vor Durchführung der vorliegenden Doppelstunde zur Entwicklung der Kugelstoßtechnik die Erarbeitung des frontalen Stoßes aus der **Doppelstunde Leichtathletik** Band 1. Mit der dort beschriebenen Doppelstunde „Frontal stoßen: Mit der „richtigen" Technik zum Erfolg" können die notwendigen Grundlagen gelegt werden.

Der methodische Weg dieser Doppelstunde endet zunächst auf der Stufe des verkürzten Angleitens. Die Erweiterung zur Rückenstoßtechnik ist Inhalt der für die Oberstufe konzipierten Doppelstunde (vgl. **Doppelstunde Leichtathletik** Band 3).

Kompetenzen

Motorisch: Die Schüler können eine Kugel aus einem Rückwärts-Angehen in die Weite stoßen.

Kognitiv: Die Schüler können die wesentlichen Merkmale der Kugelstoßtechnik beschreiben.

Sozial-kommunikativ: Die Schüler können ihre individuelle Leistungsfähigkeit einschätzen und sich im Abschlussspiel für eine Aufgabenstellung mit geeignetem Risikofaktor entscheiden.

Didaktisch-methodische Anmerkungen

Die Stunde beginnt mit dem Spiel „Ablegeball" zur allgemeinen Erwärmung. Um für die Gesamtstunde eine gewisse Intensität zu erreichen, sollte das Aufwärmspiel angesichts eines stark technikdominierten Hauptteils ausreichend lange gespielt werden. Durch die Verwendung eines Medizinballes als Spielgerät und die Aufteilung der Klasse auf zwei mittelgroße Spielfelder wird den Intentionen „Einstimmung auf den kraftbetonten Hauptteil der Stunde" bzw. „ausreichende Bewegungsintensität" Rechnung getragen.
Unter dem Aspekt „Gewöhnung an das Sportgerät" schließt sich ein Aktivierungsprogramm mit der Kugel für den Arm- und Schulterbereich an, das in Teilen durchaus koordinativ anspruchsvoll ist.
Es folgt die zwingend notwendige Sicherheitsbelehrung für den weiteren Übungsverlauf.

Der Hauptteil der Doppelstunde beginnt mit der Erklärung der Kugelhaltung, die für die Schüler von Anfang an klar sein sollte. Der weitere Verlauf der Stunde folgt dem oben skizzierten Lehrweg zum Kugelstoßen (vgl. Abb. 76). Für das effiziente Erlernen der Gesamtbewegung ist es wichtig, dass das individuelle Kugelgewicht für den jeweiligen Schüler differenziert ausgewählt wird. Akzelerierte bzw. „von Natur aus kräftige" Schüler bekommen ein höheres, retardierte bzw. „von Natur aus weniger kräftige" Schüler ein geringeres Kugelgewicht zugeteilt. Hier muss der Lehrer ggf. nachbessern. Dabei sollte das Gewicht prinzipiell so niedrig gewählt werden, dass bei den betreffenden Schülern die kraftbedingten Voraussetzungen für einen technisch korrekten Stoß vollständig erfüllt sind. Auf der anderen Seite sollte die Kugel wie unten beschrieben aber bereits so schwer sein, dass ein Werfen unwahrscheinlich wird.

Den Abschluss der Doppelstunde bildet der Genauigkeitswettbewerb Zielstoßen, der zum einen die technischen Inhalte der Stunde nochmals aufgreift und zum anderen Kugelstoßen als Mannschaftswettkampf erfahrbar machen soll. Zwei Mannschaften stoßen gegeneinander in eine Zielzone. Wird diese erreicht, gibt es je nach Entfernung einen, zwei oder drei Punkte für die Mannschaft. Jeder Schüler muss dabei vor Beginn seines Stoßes entscheiden, von welcher Abstoßmarkierung er stoßen möchte. Höheres Risiko (weiterer Abstand) gibt mehr Punkte. Er kann sich für einen sicheren, relativ einfach zu erreichenden Punkt, für zwei oder drei nun gar nicht mehr so sicher erreichbare Punkte entscheiden. Neben dem rein sportlichen Vergleich muss sich so jeder Schüler zusätzlich mit seiner individuellen Leistungsfähigkeit auseinandersetzen und eine Risikoabschätzung durchführen.

Hinweise zur Vorbereitung

Um eine für das Erlernen der Kugelstoßtechnik sinnvolle Wiederholungsanzahl an Stößen zu gewährleisten, sollte eigentlich pro Schüler eine Kugel zur Verfügung stehen. Dabei ist es zunächst vollkommen unerheblich, dass das Kugelgewicht auch dem „vorgeschriebenen“ Gewicht für die Klassenstufe entspricht. Für den Lernprozess sind in der Mittelstufe im Prinzip alle 3-kg-, 4-kg- und 5-kg-Kugeln, bei Jungen zusätzlich auch noch die 6-kg- oder die alten 6¼-kg-Kugeln verwendbar. Kräftigere Schüler bekommen eine schwerere, weniger kräftige eine etwas leichtere Kugel. Dies erhöht die zur Verfügung stehende Gesamtzahl an Kugeln in der Regel beträchtlich.

Trotzdem wird das Verhältnis „ein Schüler – eine Kugel“ bei durchschnittlichen Klassengrößen nicht immer zu realisieren sein. Für diesen Fall empfehlen wir, die Klasse zu teilen und jeweils mit der Hälfte der Klasse die vorgeschlagenen methodischen Schritte zu absolvieren. Der andere Klassenteil muss in dieser Zeit selbstständig beschäftigt werden. Nach der Hälfte der Zeit wird gewechselt.

Als Alternative bietet sich möglicherweise auch an, den kompletten methodischen Weg mit Medizinbällen durchzuführen. Diese sind in der Regel in größerer Anzahl vorhandenen und man benötigt im Vergleich zu den Kugeln nur einen halben Klassensatz. Die Verwendung von Medizinbällen hat Vor- und Nachteile: Aufgrund der deutlich reduzierten Gefährlichkeit des Stoßgerätes kann der elastische Medizinball in Gassenaufstellung jeweils zwischen zwei Schülern hin- und hergestoßen werden. Dies erhöht die Stoßanzahl und damit die Übungsintensität beträchtlich, können doch so 50% der Schüler statt nur drei Schüler wie in der vorgeschlagenen Grundform gleichzeitig stoßen. Auf der anderen Seite stellt das Stoßen mit Medizinbällen zumindest für viele Jungen in der Mittelstufe kein „richtiges“ Kugelstoßen dar und wird daher motivational häufig abgelehnt, was für die Durchführung der Unterrichtseinheit ein nicht zu unterschätzendes Problem bedeuten würde.

Ob der Weg über das Stoßen mit Medizinbällen eine gangbare Alternative darstellt, kann nur im Einzelfall entschieden werden. Sollte das für die betreffende Sportgruppe sinnvoll erscheinen, empfehlen wir trotzdem, gegen Ende der Unterrichtseinheit *Kugelstoßen* noch auf das Stoßen mit Eisenkugeln überzugehen.

Doppelstunde 11: *Vom frontalen Stoßen zur Kugelstoßtechnik*

Stundenabschnitte und Unterrichtsinhalte	Organisatorische Hinweise

Einleitender Stundenteil (Aufwärmen)

***Allgemeines Aufwärmen* „Ablegeball“**

Parteiballspiel zwischen zwei Mannschaften; Ziel ist es, den Ball hinter der gegnerischen Auslinie abzulegen. Gewonnen hat die Mannschaft mit den meisten Punkten.

Dabei gelten folgende Regeln:
- Mit dem Ball in der Hand darf nicht gelaufen werden.
- Fällt der Ball auf den Boden, so wechselt der Ballbesitz.

Materialbedarf: Markierhemdchen, zwei 2-kg-Medizinbälle.

Es werden zwei mittelgroße Felder (ca. 20 x 30 m) markiert. Die Klasse wird in vier Gruppen unterteilt und mit Markierhemdchen entsprechend gekennzeichnet. Pro Gruppe wird ein gemessen an den körperlichen Kräften der Gruppe mittelschwerer Medizinball benötigt.

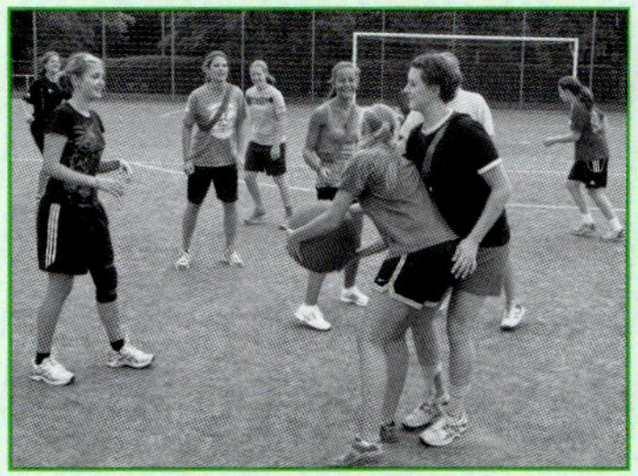

Bild 258: Ablegeball

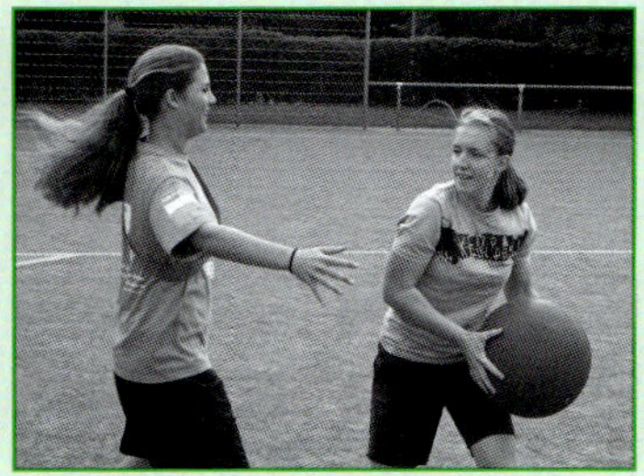

Bild 259: Abwehr beim Ablegeball

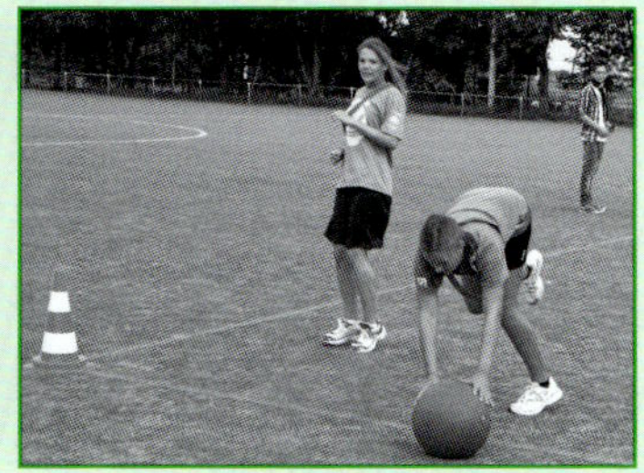

Bild 260: Punkt durch Ablegen

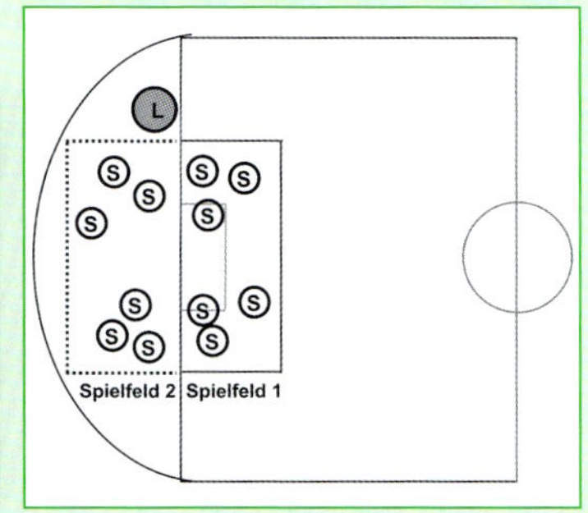

Abb. 78: Spielfelder Ablegeball

***Spezielles Aufwärmen* „Kugelgymnastik“**

Die Klasse stellt sich mit ausreichendem Sicherheitsabstand zum jeweiligen Nebenmann im Halbkreis auf und absolviert zusammen mit dem Lehrer ein kurzes dynamisches Aktivierungsprogramm mit der Kugel für den Arm- und Schulterbereich.

- Übung (1) → Kugel um den Körper kreisen.
- Übung (2) → Kugel im Achter durch die Beine kreisen.
- Übung (3) → Kugel um den Körper kreisen – dabei wechselseitig einen Oberschenkel anheben, wenn die Kugel vor dem Körper übergeben wird.

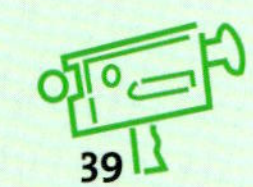

Materialbedarf: Pro Schüler eine Kugel – für die vorbereitenden Übungen können Kugeln mit unterschiedlichen Gewichten verwendet werden.

Hinweis: Sollten nicht genügend Kugeln zur Verfügung stehen, gehen jeweils zwei Schüler als Paar zusammen und führen die Übungen nacheinander im Wechsel aus.

Hinweis: Pro Übung ca. 20 sec Übungsdauer → danach lockern

Stundenabschnitte und Unterrichtsinhalte	Organisatorische Hinweise
• Übung (4) → Kugel vor dem Körper von der einen Hand in die andere übergeben, dabei wechselseitig einen Oberschenkel anheben, wenn die Kugel übergeben wird. • Übung (5) → Kugel beidhändig vor dem Körper senkrecht in die Höhe werfen und wieder auffangen. • Übung (6) → Kugel in Schulterhöhe vor dem Körper nur mit dem Handgelenk hin- und herstoßen. • Übung (7) → Kugel mit einem Arm neben dem Körper hochstoßen und wieder auffangen. • Übung (8) → gleiche Übung mit zusätzlichem Einsatz der Beinmuskulatur.	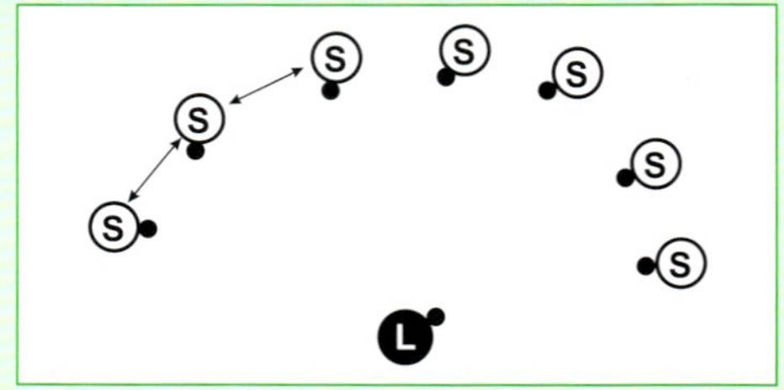 Abb. 79: Aufstellung in Halbkreisformation mit ausreichenden Sicherheitsabständen

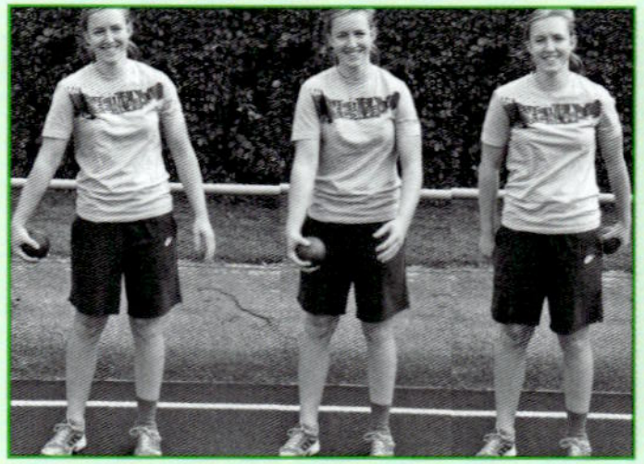

Bild 261: Übung (1)
Um den Körper kreisen

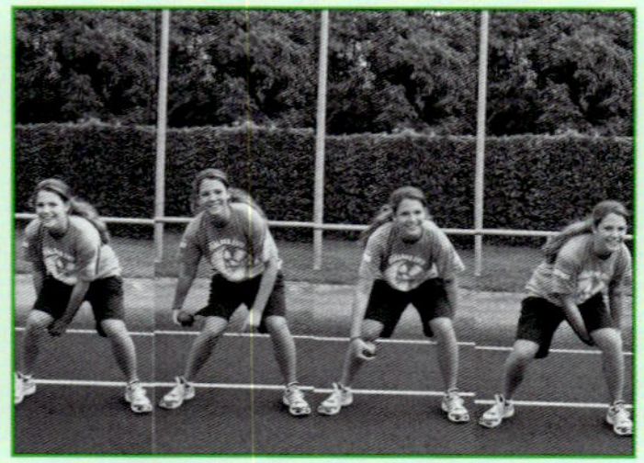

Bild 262: Übung (2)
Achterkreisen

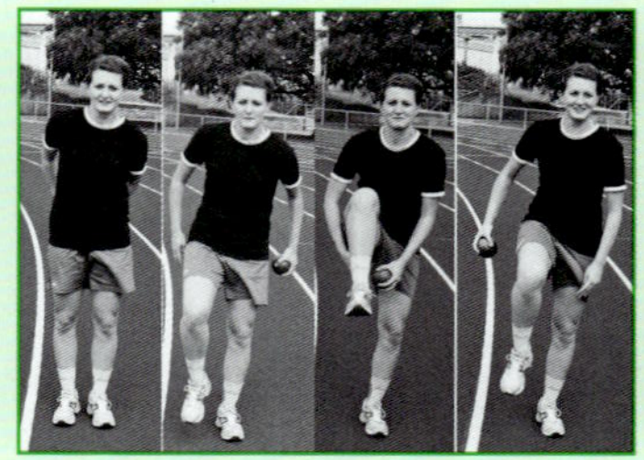

Bild 263: Übung (3)
Kugel kreisen mit Beinheben

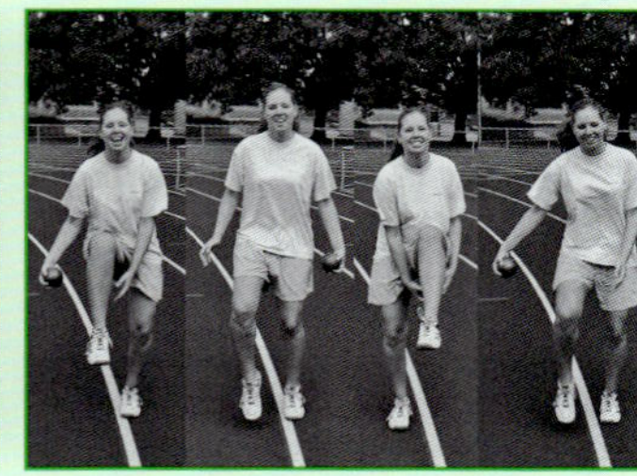

Bild 264: Übung (4)
Übergeben mit Beinheben

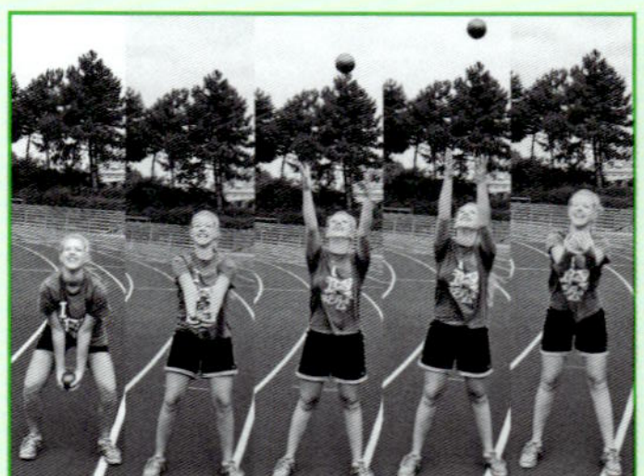

Bild 265: Übung (5)
Schocken und fangen

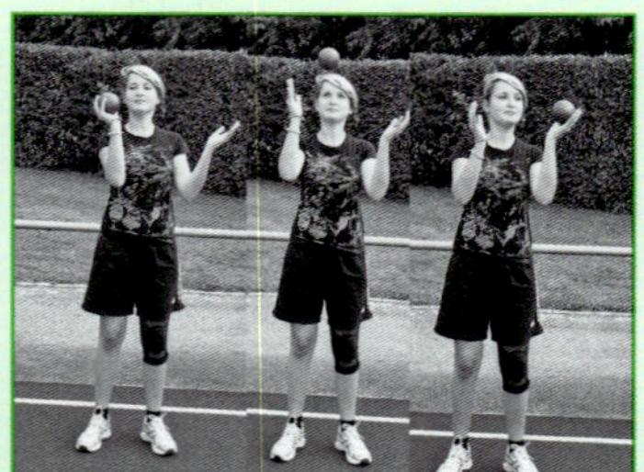

Bild 266: Übung (6)
Hin- und Herstoßen

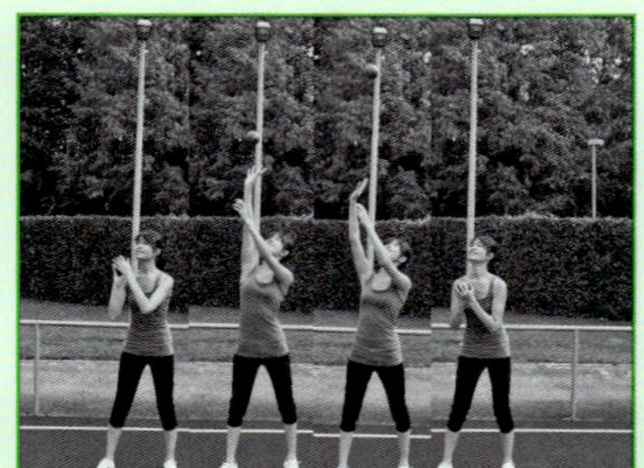

Bild 267: Übung (7)
Einarmiges Hochstoßen

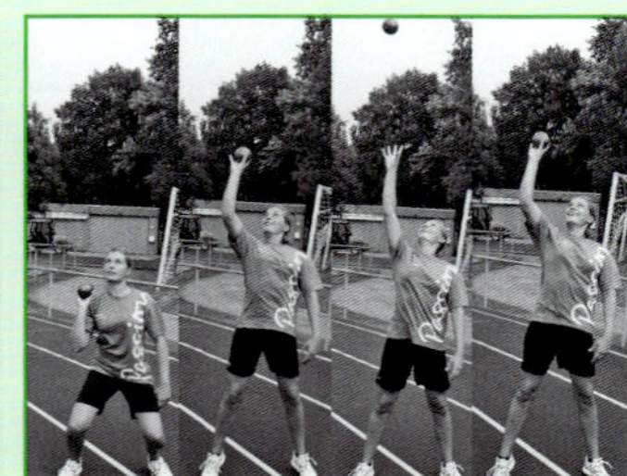

Bild 268: Übung (8)
Hochstoßen aus den Beinen

Stundenabschnitte und Unterrichtsinhalte	Organisatorische Hinweise
Sicherheitsbelehrung Die Klasse sammelt sich um den Lehrer und bekommt vor Beginn der Übungen eine Sicherheitsbelehrung mit wichtigen Verhaltensregeln. Auf deren konsequente Einhaltung sollte mit Nachdruck hingewiesen werden. • Es wird immer nur auf Anweisung des Lehrers gestoßen! • Die Kugeln werden immer zusammen auf Anweisung des Lehrers geholt! • Kugeln werden niemals zurück gestoßen, sondern immer zurück getragen!	
Hauptteil (Erarbeitung der Kugelstoßtechnik)	
Halten der Kugel Die Klasse sammelt sich im Halbkreis um den Lehrer; dieser erklärt und demonstriert die Haltung der Kugel: „Die Kugel liegt auf den Fingerwurzeln der gestreckten und leicht gespreizten Finger der Stoßhand. Daumen und kleiner Finger können bei Bedarf die Kugel seitlich etwas abstützen“. Anschließend probieren die Schüler die Kugelhaltung mit der eigenen Kugel aus.	**Materialbedarf:** Im Idealfall pro Schüler eine Kugel; ggf. auch eine Kugel für zwei Schüler. **Hinweis:** Um die notwendige Spannung in den Fingern zu spüren, bekommen die Schüler die Aufgabe, mit beiden Fingerflächen kräftig gegeneinander zu drücken.

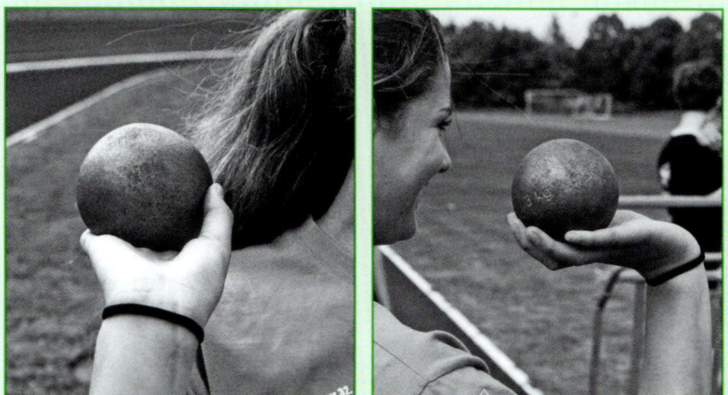

Bild 269 + 270: Lage der Kugel auf der Handfläche

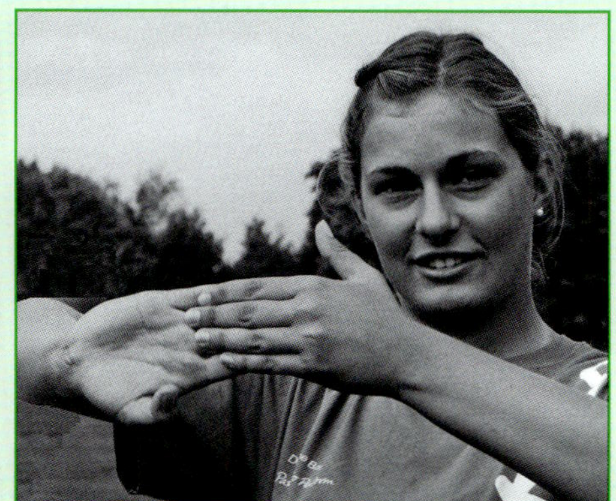

Bild 271: Drücken Hand gegen Hand

Stundenabschnitte und Unterrichtsinhalte	Organisatorische Hinweise

Frontaler Stoß aus dem Stand

Ziel ist die Wiederholung der zentralen Stoßbewegung aus dem Stand. Der Lehrer demonstriert den frontalen Standstoß und weist auf zwei wichtige Merkmale hin:

(1) „Beide Beine haben beim Abstoß Kontakt zum Boden" und
(2) „Der freie Arm zeigt die Stoßrichtung an".

Anschließend verteilt sich die Klasse mit ausreichendem Sicherheitsabstand gleichmäßig auf eine Seite des Kugelstoßsektors (vgl. Bild 271). Dazu stehen die Schüler in mehreren Reihen hintereinander an. Es wird auf ein Zeichen gemeinsam gestoßen und es werden auf Kommando gemeinsam die Kugeln geholt.

Hinweis: Es sollten pro Schüler etwa sechs bis acht Stöße absolviert werden.

Hinweis: Als methodische Alternative bietet sich hier ggf. auch der Einsatz eines Beobachtungsbogens (vgl. Material „Beobachtungsbogen_frontaler_Stoß") an. Mit diesem arbeiten die Schüler in Kleingruppen und korrigieren sich gegenseitig.

Materialbedarf: Pro Schüler eine Kugel.

40

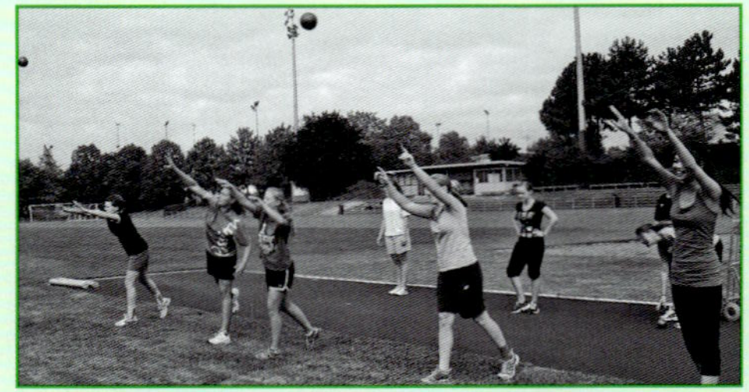

Bild 272: Grundaufstellung frontaler Stoß

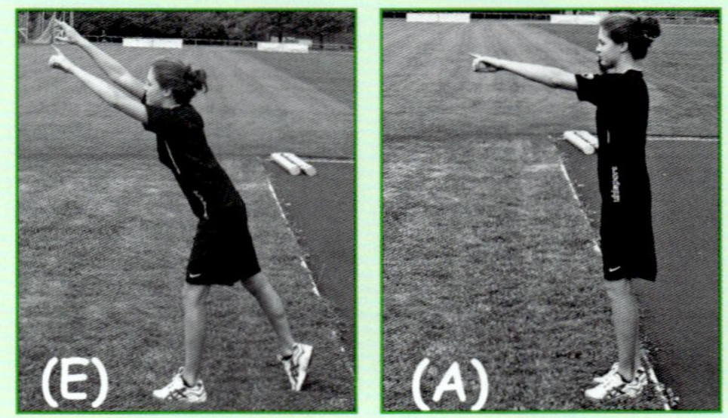

Bild 273+274: (A) Ausgangs- und (E) Endposition beim frontalen Stoß aus dem Stand

Seitlicher Stoß aus dem Stand

Ziel ist das Umsetzen der frontalen Stoßbewegung mit einer durch eine Rotation erzeugten, zusätzlichen Vorbeschleunigung. Dazu wird vor die bereits bekannte Form des frontalen Stoßes noch eine 90°-Rotation der Hüfte und der Schulter gesetzt.

Hinweis: Die Kugel muss dazu „an den Hals" genommen werden. Sie liegt wie oben bereits beschrieben auf den Fingerwurzeln der gestreckten und leicht gespreizten Finger der Stoßhand und wird nun mit fast schulterhoch gehaltenem Ellenbogen zwischen Kinn und Hals gedrückt.

Materialbedarf: Pro Schüler eine Kugel.

41

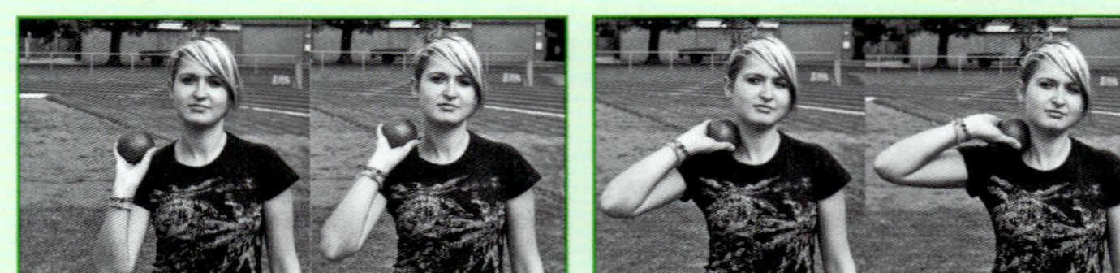

Bild 275+276: Anlegen der Kugel an die Schlüsselbeingrube

Stundenabschnitte und Unterrichtsinhalte	Organisatorische Hinweise
Um in die richtige Ausgangsposition zu gelangen, stehen die Schüler beim seitlichen Stoß aus dem Stand in Schrittstellung mit Blick in Stoßrichtung und nehmen die Kugel an den Hals. Nun drehen sie den Oberkörper etwa 90° nach hinten (natürlicherweise drehen dabei die Hüfte und das Stoßbein ebenfalls etwas nach hinten) und erreichen so die neue Ausgangsposition. Aus dieser beginnen sie nun den Stoß, indem sie zuerst die Hüfte und dann die Schulter in die frontale Ausstoßposition nach vorne drehen, um ohne Pause den bekannten Ausstoß anzuschließen. Die Klasse sammelt sich an der mittleren Stoßanlage. Der Lehrer erklärt und demonstriert den seitlichen Stoß aus dem Stand. Anschließend wird wieder auf drei Anlagen geübt. **Hinweis:** Je nach Leistungsstärke der Gruppe sollten wieder etwa sechs bis acht Stöße absolviert werden.	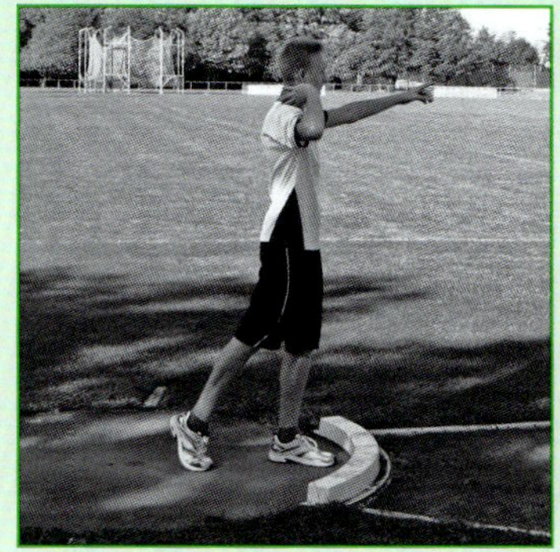 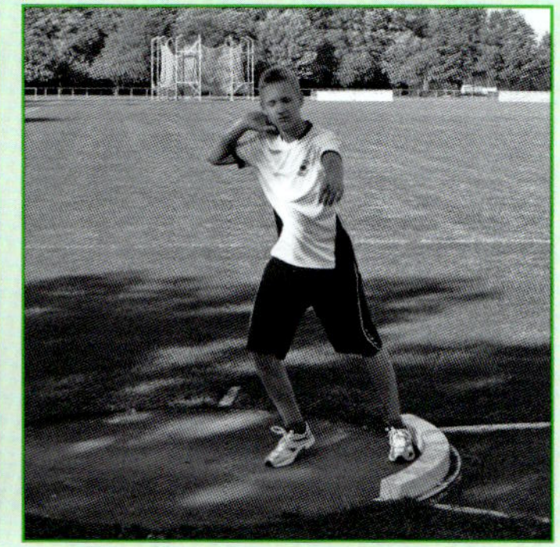 Bild 277+278: Einnehmen der Ausgangsposition aus dem frontalen Stand

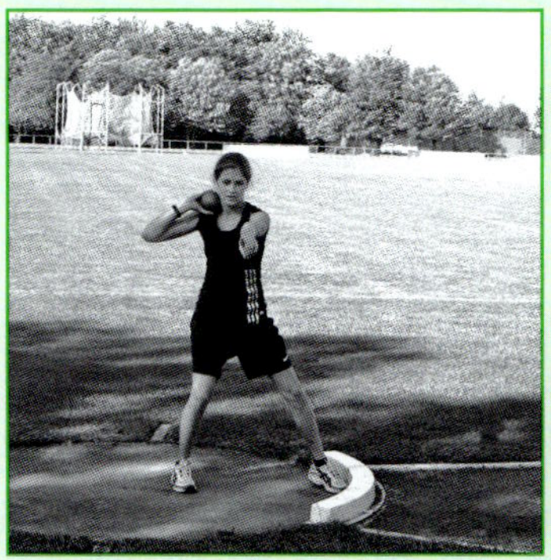

Bild 279: Ausgangsposition

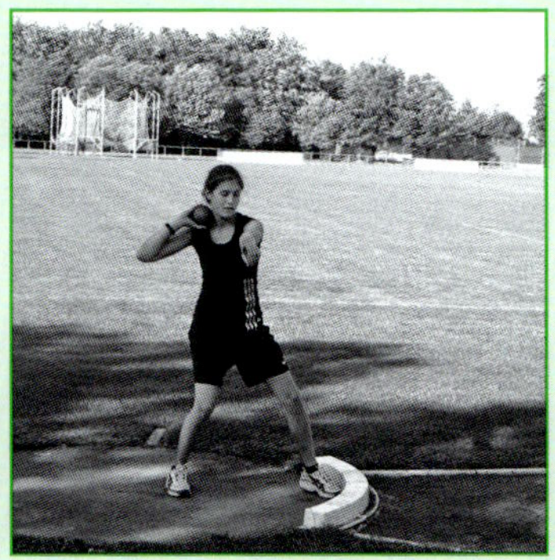

Bild 280: Hüfte vordrehen

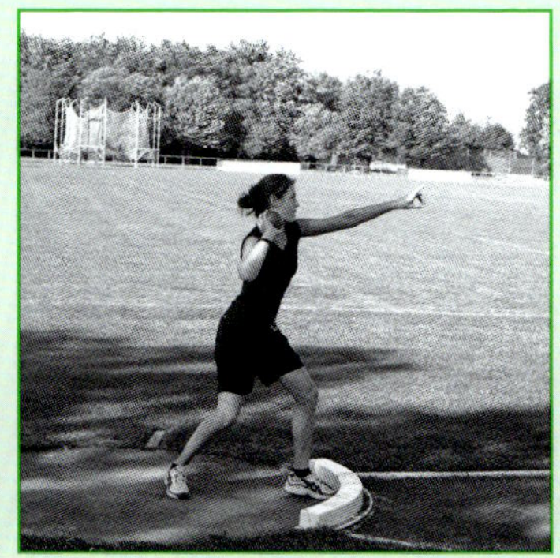

Bild 281: Schulter vordrehen

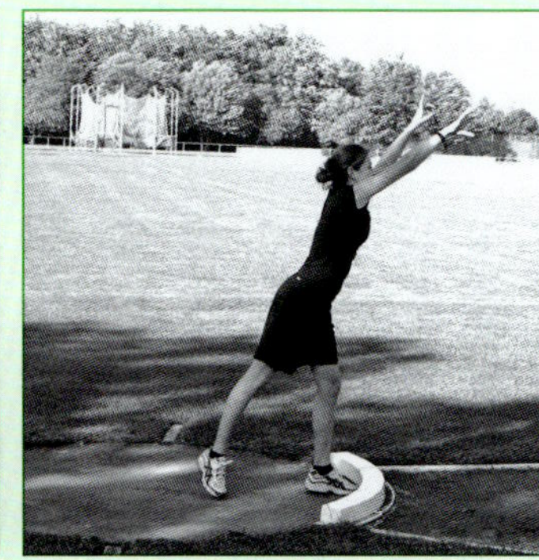

Bild 282: Ausstoß in frontaler Position

Stundenabschnitte und Unterrichtsinhalte	Organisatorische Hinweise

Seitlicher Stoß aus dem 3er-Angehen

Ziel ist das Umsetzen der seitlichen Stoßbewegung aus einer zusätzlich vorangestellten Beschleunigungsphase. Die Schüler versuchen mit einem „3-Schritt-Angehen“ in die bereits bekannte Ausgangsposition des seitlichen Standstoßes zu gelangen und aus dieser ohne Pause abzustoßen. Der Oberkörper bleibt bereits während der Angehschritte um 90° gegen die Ausstoßrichtung gedreht. Diese Position entspricht der Ausgangsposition des seitlichen Standstoßes. Dabei kann das 3-Schritt-Angehen entweder als Nachstellschritt *„links – ran – links“* oder als Kreuzschritt *„links – kreuz – links“* ausgeführt werden. Es empfiehlt sich, die drei Schritte akustisch zu unterstützen.
Die Klasse sammelt sich an der mittleren Stoßanlage. Der Lehrer erklärt und demonstriert den seitlichen Stoß aus dem 3er-Angehen. Anschließend wird wieder auf drei Anlagen geübt.

Hinweis: Mit zunehmender Übungsdauer sollten die drei Schritte schneller und rhythmischer (erster Schritt kurz – zweiter Schritt lang mit einer kleinen Flugphase – dritter Schritt kurz) ausgeführt werden.

Hinweis: Je nach Leistungsstärke der Gruppe sollten etwa vier bis fünf Stöße absolviert werden.

Materialbedarf: Pro Schüler eine Kugel.

42

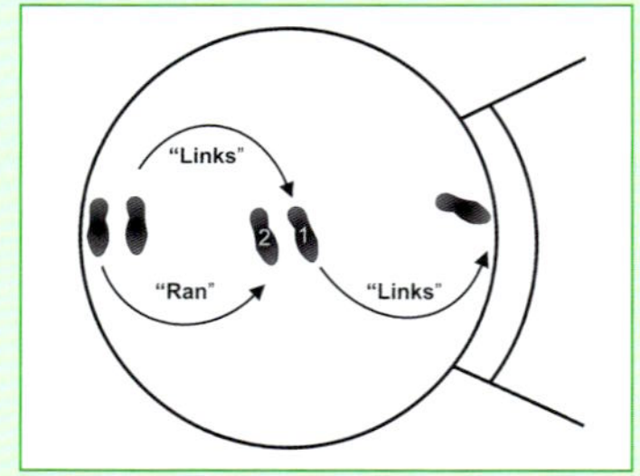

Abb. 80: Angehen mit „Links – Ran – Links“bzw. „Seit – Ran – Seit“

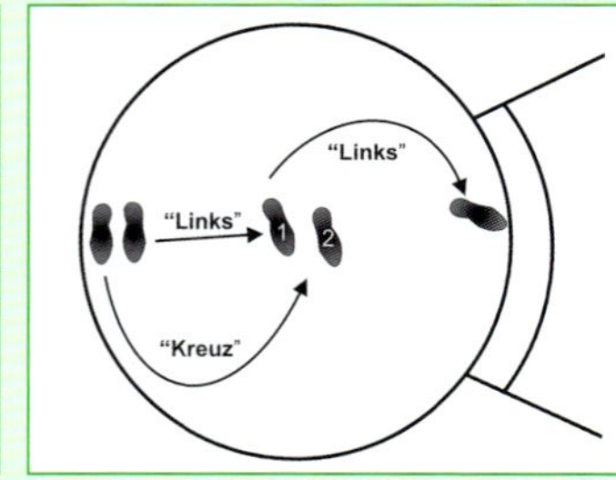

Abb. 81: Angehen mit „Links – Kreuz – Links“

Hinweis: Für einige Schüler dürfte diese Variante des Angehens bereits die optimale Technik darstellen, um möglichst weit zu stoßen. Trotzdem macht es Sinn, auch diese Schüler die weiteren Lernschritte einmal „ausprobieren“ zu lassen.

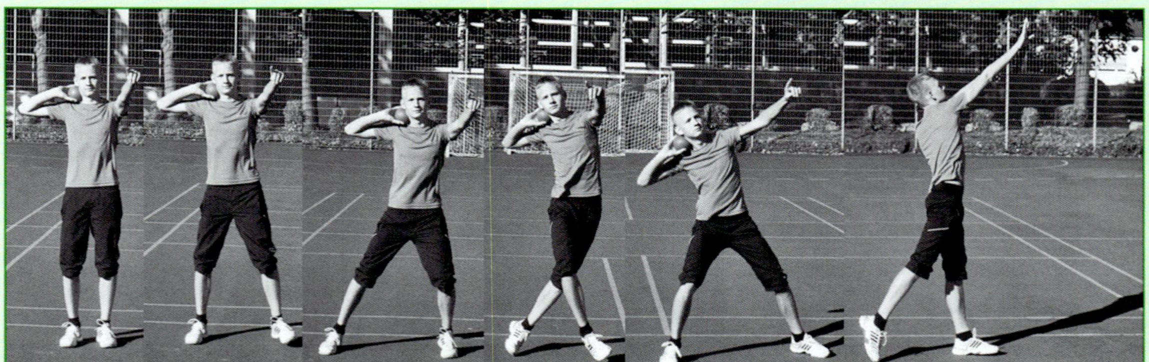

Bild 283: Seitlicher Stoß aus dem 3er-Angehen mit Kreuzen

Standstoß

Ziel ist die Erweiterung des seitlichen Stoßes aus dem Stand um eine zusätzliche 90°-Rotation. Dazu wird die Schulterachse in der Ausgangsstellung so weit nach hinten gedreht bis der Rücken in Stoßrichtung zeigt. Die Kugel liegt mit hoch gehaltenem Ellenbogen am Hals und der freie linke Arm wird locker nach vorne gestreckt. Die Beine gehen dabei beide in eine leichte Beugestellung. In dieser Position – sie wird auch *Stoßauslage* genannt – wird kurz in Ruhe verharrt.
Der Stoß beginnt nun mit einer Dreh-Streckbewegung nach vorne oben, die vom rechten Fuß über das rechte Knie und die rechte Hüfte eingeleitet wird und in der bereits aus dem frontalen Stoß aus dem Stand bekannten Abstoßposition endet. Dabei erleichtert das „nur auf dem Ballen stehen" die Drehung des Stoßbeins.

Die Klasse sammelt sich an der mittleren Stoßanlage. Der Lehrer erklärt und demonstriert den Standstoß. Anschließend wird wieder auf drei Anlagen geübt.

Materialbedarf: Pro Schüler eine Kugel.

43

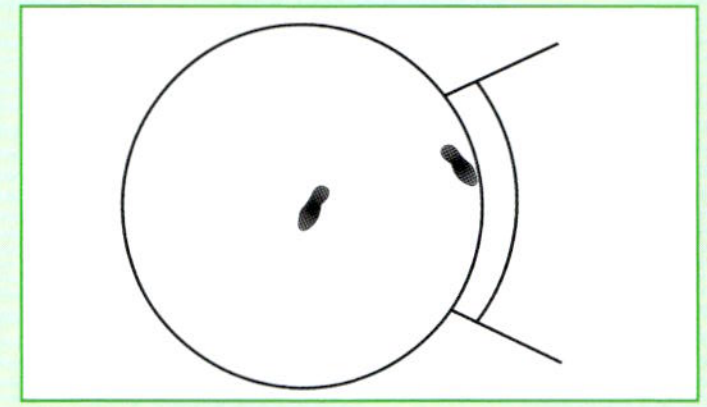

Abb. 82: Fußstellung in der Stoßauslage

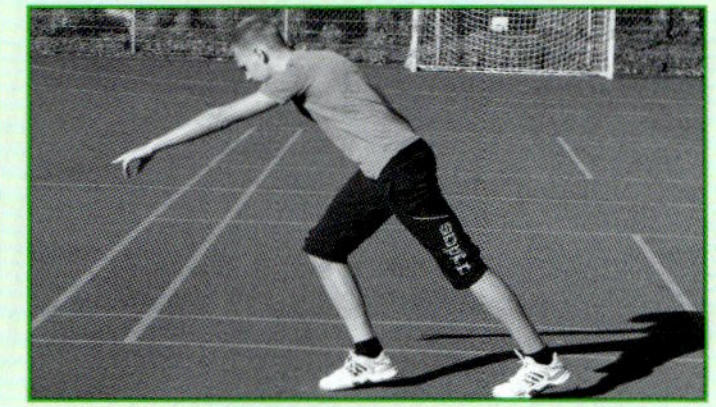

Bild 284: Stoßauslage von der Seite

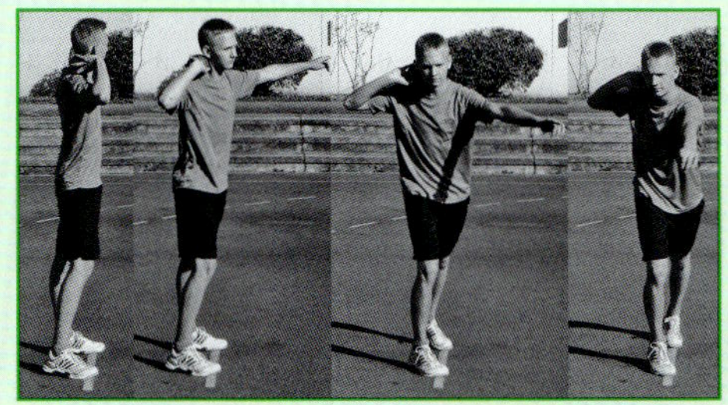

Bild 285: Einnehmen der Stoßauslage

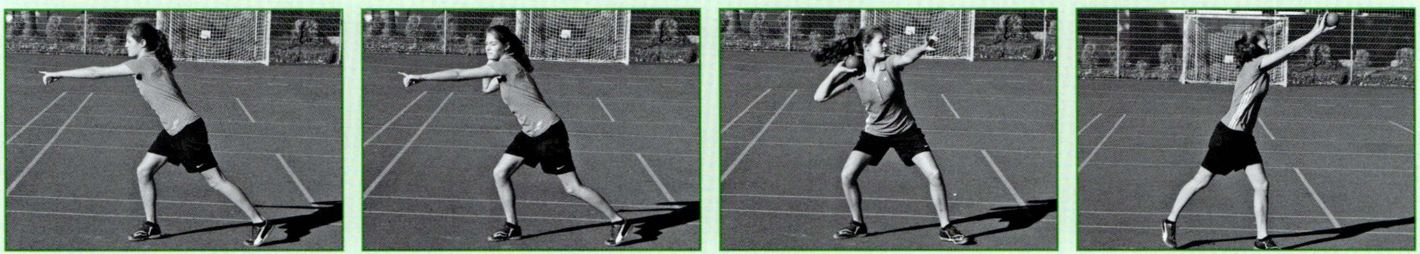

Bild 286 bis 289: Standstoß aus der Stoßauslage einer Schülerin der Klasse 9 in der Grobform

Stundenabschnitte und Unterrichtsinhalte	Organisatorische Hinweise

Erlernen der Angehbewegung mit dem Rücken zur Stoßrichtung

Ziel ist das Erlernen der Angehbewegung mit 2er-Kontakt. Die Klasse sammelt sich an einem geraden Strich auf der Tartanbahn. Der Lehrer erklärt und demonstriert ohne Kugel das 2er-Angehen.
Anschließend verteilt sich die Klasse auf dem Strich der Kunststoffbahn. Der Lehrer nimmt eine für alle Schüler einsehbare Position ca. 2 m hinter den Schülern ein. Schüler und Lehrer üben nun alle gemeinsam nach Ansage des Lehrers mehrfach „trocken" die Angehbewegung:*

„Ausgangsposition einnehmen" → die Schüler stellen sich aufrecht mit dem Rücken etwa 50cm vor den Strich und nehmen die Stoßhand an den Hals.
„Tiefgehen" → die Schüler gehen in eine mittlere Hockstellung.
„Rechtes Bein" → das rechte Bein wird leicht nach innen eingedreht aktiv auf die Linie gesetzt.
„Linkes Bein" → das linke Bein wird ebenfalls aktiv ca. weitere 50 cm nach vorne abgesetzt.

Hinweis: Wird die Schrittfolge von den Schülern weitgehend beherrscht, so kann als zusätzliche Anweisung noch „Standstoß" hinzugenommen werden. Die Schüler haben dann die Aufgabe aus der Schlussposition des Angehens noch einen Standstoß anzuschließen.

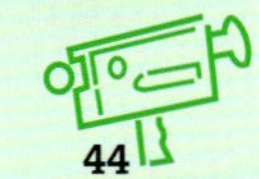

Materialbedarf: Keiner.

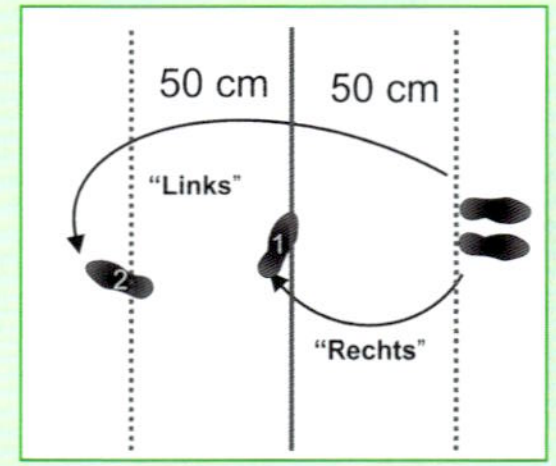

Abb. 83: Fußstellung der Angehbewegung

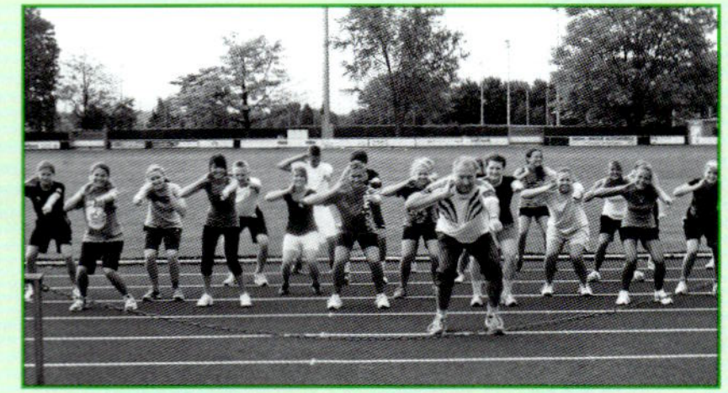

Bild 290: Grundaufstellung beim Üben der Angehbewegung

Variation „3er-Rhythmus": Die Angehbewegung kann auch im 3er-Rhythmus durchgeführt werden. Dazu wird vor den 2er-Kontakt noch ein Auftaktschritt mit links gesetzt. Es ergibt sich verbal der Rhythmus „Rück – Ran – Rück".

* Die nachfolgende Aufgabenfolge ist für „Rechtsstoßer", d. h. für Schüler, die mit der rechten Hand die Kugel stoßen, verbalisiert.

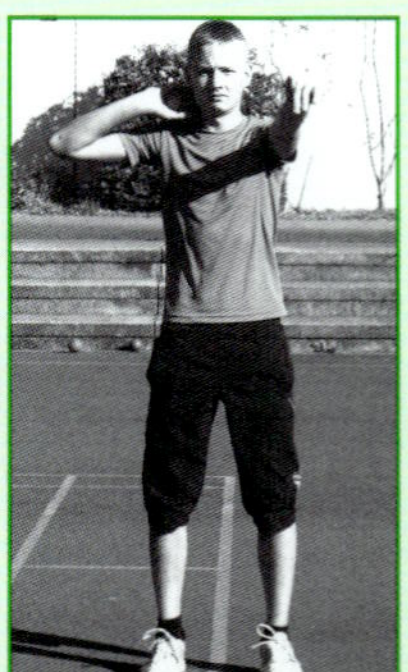

Bild 291: Ausgangsposition einnehmen

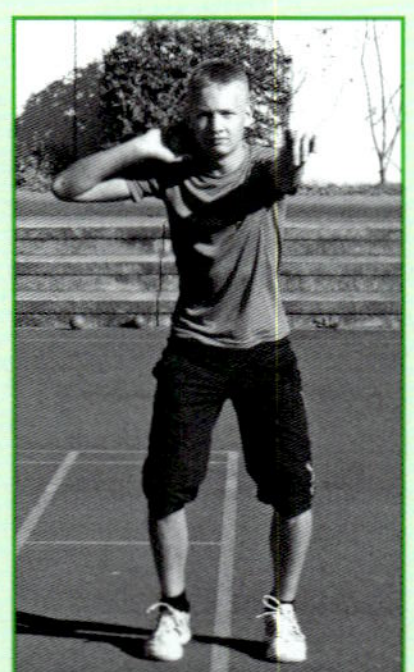

Bild 292: Tiefgehen

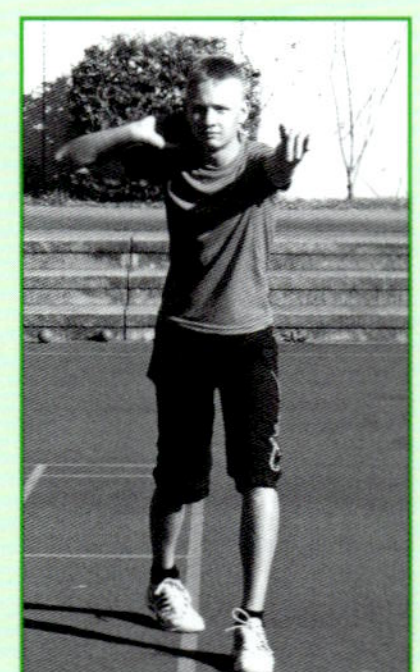

Bild 293: Rechtes Bein zurück

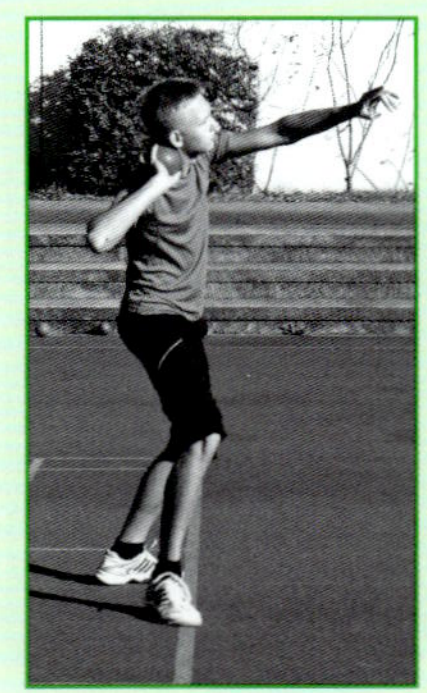

Bild 294: Linkes Bein zurück

Stundenabschnitte und Unterrichtsinhalte	Organisatorische Hinweise

Stöße aus dem 2er-Angehen

Ziel ist die sukzessive Erhöhung der Geschwindigkeit bis zum Abstoß. Dazu wird die bislang nur trocken geübte Angehbewegung nun mit der Kugel bis zum Ausstoß ausgeführt. Die Klasse begibt sich dazu wieder zurück an die drei Kugelstoßanlagen und übt unter Einhaltung der bekannten Sicherheitsregeln.

Hinweis: Mit zunehmender Übungsdauer sollten die zwei Schritte (rechts → links) schneller und rhythmischer ausgeführt werden.

Hinweis: Je nach Leistungsstärke der Gruppe sollten etwa drei bis sechs Stöße absolviert werden.

Materialbedarf: Pro Schüler eine Kugel.

45

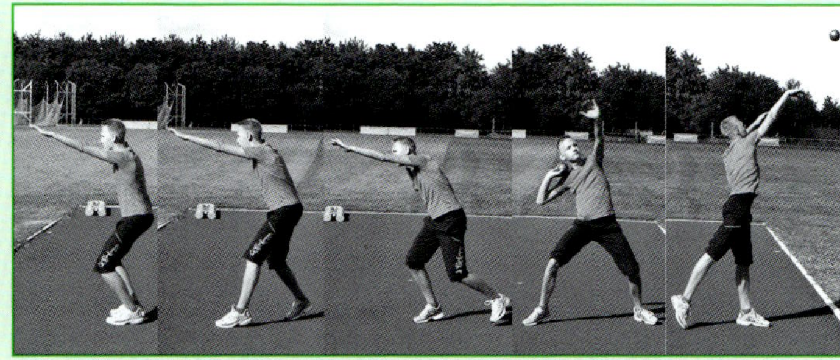

Bild 295: Stoß aus dem 2er-Angehen

Stöße aus dem verkürzten Angleiten

Ziel ist die weitere Erhöhung der Geschwindigkeit vor dem Abstoß. Dazu wird die bereits erlernte Angehbewegung nun mit deutlich mehr Dynamik vollführt. Nach dem Tiefgehen wird die Schrittfolge „rechts – links“ nun nicht mehr als Gehschritt sondern bereits als kleiner Sprung ausgeführt. Der Absprung erfolgt hierbei allerdings (noch) beidbeinig! Die restliche Bewegung entspricht der bereits bekannten Ausstoßbewegung.

Hinweis: Bewegungsbegabten Schülern kann an dieser Stelle bereits der Tipp gegeben werden, vor das verkürzte Angleiten noch eine kurze Auftaktbewegung mit dem linken Bein zu setzen und dann nur noch vom rechten Bein abzuspringen. Damit erreichen sie bereits die Grundform des rückwärtigen Angleitens.

Materialbedarf: Pro Schüler eine Kugel.

46

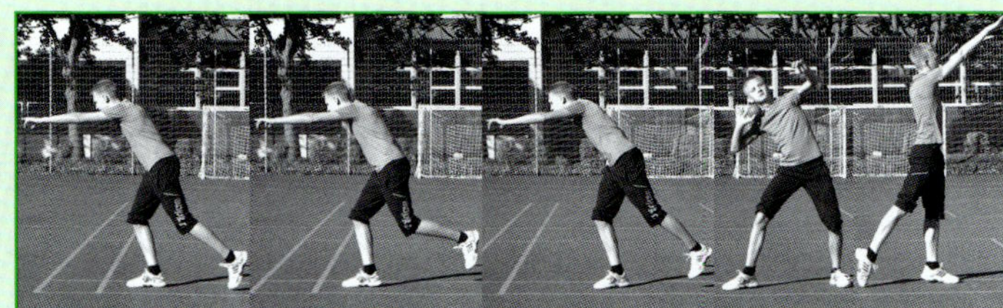

Bild 296: Stoß aus dem verkürzten Angleiten (Sprung von rechts auf rechts)

Stundenabschnitte und Unterrichtsinhalte	Organisatorische Hinweise

Schluss (Wettbewerbsform)

Genauigkeitswettbewerb „Zielstoßen“

Zur Vorbereitung wird die Kugelstoßanlage um eine Zielzone und zwei zusätzliche Abwurfmarkierungen (vgl. Abb. 84) erweitert.
Anschließend wird die Klasse in zwei Mannschaften aufgeteilt, die intern eine Reihenfolge festlegen. Jeder Schüler hat in der festgelegten Reihenfolge zwei Stoßversuche, die beide in die Wertung eingehen.
Nach Beginn des Wettbewerbes wird im Wechsel hinter gestaffelt angelegten Abstoßmarkierungen abgestoßen, die je nach Distanz zur Zielzone unterschiedliche Punktwerte ergeben. Ziel ist es, die Kugel von der selbst gewählten Abstoßmarkierung in die Zielzone zu stoßen. Gelingt dies, so wird der Punktwert zum Gesamtergebnis der Mannschaft hinzuaddiert. Gewonnen hat die Mannschaft mit den meisten Punkten.

Hinweis: Wenn alle Kugeln abgestoßen sind, gibt der Lehrer das Kommando zum Kugelholen. Anschließend stoßen die jeweils nächsten drei Schüler. Der „schnelleren“ Mannschaft kann ein Zusatzpunkt vergeben werden.

Variante: Das unterschiedliche Kugelgewicht wird bei der Wertung zusätzlich berücksichtigt. Der erzielbare Punktwert ergibt sich aus dem Produkt aus Kugelgewicht mal Wertigkeit der Abstoßmarkierung.

Materialbedarf: Eine Kugelstoßanlage, sechs Kugeln (2x3 kg, 2x4 kg, 2x5 kg) und zwei zusätzliche Abwurfmarkierungen.

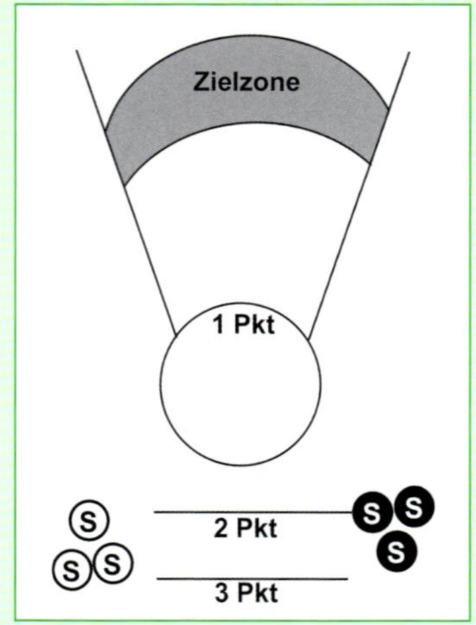

Abb. 84: Erweiterung der Kugelstoßanlage für den Genauigkeitswettbewerb Zielstoßen

4 Doppelstunde 12: Drehwürfe mit dem Schleuderball

Einführung

Das Werfen mit dem Schleuderball stellt für Schüler eine sehr attraktive Abwechslung im leichtathletischen Kanon der Schule dar. Es besitzt zwei wesentliche Vorteile: Zum einen ist die Technik des Schleuderballwerfens zumindest in der Form des „friesischen Standwurfes“ recht leicht zu erlernen, vergleicht man sie mit den für die anderen altersadäquaten leichtathletischen Wurfobjekten der Mittelstufe notwendigen Wurftechniken. Zum anderen besitzt der Schleuderball für Schüler einen hohen Aufforderungscharakter, da er im Vergleich zu Diskus oder Speer gefühlsmäßig „richtig weit“ fliegt und damit einen freudvollen Bewegungsvollzug erlaubt.

Bei der Einführung des Drehwurfes steht in der Unterstufe (vgl. **Doppelstunde Leichtathletik** Band 1) die Vermittlung einer einfachen Drehung mit Blick in Wurfrichtung im Vordergrund. Sie bildet die gemeinsame Basis der leichtathletischen Drehbewegungen, die nunmehr in der Doppelstunde Leichtathletik Band 2 in die Disziplinen Diskuswerfen und Schleuderballwerfen weiter ausdifferenziert werden.
In der Unterstufe standen die drei Grundaufgaben „Viel Werfen“, „Präzise Werfen“ und „Weit Werfen“ im Vordergrund. Mit unterschiedlichen Wurfgeräten, wie z. B. Fahrradmänteln, wurde versucht, mit den Schülern eine dem Alter entsprechende gelingende Drehbewegung einzuführen.

Auf diesem Könnensstand baut die Doppelstunde „Drehwürfe mit dem Schleuderball“ im zweiten Hauptteil auf.[18] Sie versucht, die

[18] Sollte die Sportgruppe bislang noch keine Erfahrungen mit dem Drehwurf gemacht haben, so empfehlen wir vor Durchführung der vorliegenden Doppelstunde *„Drehwürfe mit dem Schleuderball“* zunächst die Erarbeitung der Drehwurf-Basics aus der **Doppelstunde Leichtathletik** Band 1: „Aus der Drehung werfen – Erfahrungen mit dem Fahrradmantel“. Für die Schüler können so die notwendigen Grundlagen für die Umsetzung dieser für die Mittelstufe konzipierten Doppelstunde gelegt werden.

Technik des Schleuderballwerfens schülergerecht auf ein funktional ansprechendes Niveau zu bringen, das als „fertige“ bzw. abgeschlossene Zieltechnik für die Mittelstufe angesehen werden kann.

Nachdem das Schleuderballwerfen als leichteste und damit für Schüler machbare Form des Drehwurfs unverständlicherweise in fast keinem Bundesland aktuell mehr in der Oberstufe verankert ist, haben wir darauf verzichtet, es in einer weiteren Doppelstunde für die Oberstufe zusätzlich aufzubereiten. Allerdings kann ein Teil der hier für die Mittelstufe gemachten Vorschläge sicherlich auch gewinnbringend in den Oberstufenunterricht übernommen werden. Schülern gefällt es, mit dem Schleuderball zu werfen!

Kompetenzen

Motorisch: Die Schüler können einen Schleuderball sowohl aus einem Standwurf mit vertikalen Armkreisschwüngen als auch aus einer frontalen Drehung in die Weite werfen.

Kognitiv: Die Schüler kennen die wesentlichen Merkmale der Schleuderballtechnik und können diese beschreiben.

Didaktisch-methodische Anmerkungen

Die Stunde beginnt mit zwei Spielformen zur allgemeinen Erwärmung. Bei der etwas intensiveren „Taktik-Fange“ soll durch einen schnellen Wechsel von Belastung und Erholung das Herz-Kreislauf-System aktiviert werden. Das nachfolgende kraftbetonte Spiel „Rüben ziehen“ dient durch häufige Anspannungsphasen zur Vorbereitung der Rumpfmuskulatur auf die nachfolgende Belastung im Hauptteil.

Der Hauptteil beginnt nach ein paar bereits gezielten Gewöhnungsübungen an das neue, unbekannte Wurfgerät mit der Einführung des einfach zu erlernenden Standwurfes. Mit dieser teilweise auch als „Friesentechnik“ bezeichneten Variante lassen sich von den Könnern Wurfweiten über 60m erzielen. Für den Schüler ergeben sich mit der Standwurftechnik nach sehr kurzer Lernzeit bereits erste eindrucksvolle Erfolge, die ihn bei geschickter Unterrichtsführung motivieren, sich anschließend eine weitere möglicherweise noch effektivere Technik zu erarbeiten.

Eine solche steht in der zweiten Hälfte des Hauptteiles mit der Einführung der frontalen 1/1-Drehung (Blick nach vorne – Drehen –

Abwurf nach vorne) auf dem Programm. Wir haben uns an dieser Stelle bewusst für die frontale Drehvariante entschieden, weil wir davon überzeugt sind, dass diese im Vergleich zur $^{6}/_{4}$-Drehung (beginnend mit dem Rücken zur Wurfrichtung) von der Bewegungssteuerung her betrachtet, im Lernprozess Vorteile für den Schüler bringt. Der Schüler sieht bei der $^{1}/_{1}$-Drehung am Anfang und am Ende der Drehung in Wurfrichtung – seine Orientierung nach vorne bleibt während des gesamten Wurfes konstant. Wird die Drehung darüber hinaus wie vorgeschlagen auf einer Linie durchgeführt, kann sich der Schüler bezüglich der Drehweite und der Güte seiner Drehausführung selbst kontrollieren. Möglicherweise ergeben sich in der Mittelstufe auch noch unterstützende Transfereffekte aus anderen Sportarten (ähnlich Walzerdrehung).

Den Abschluss der Stunde bildet eine Wettbewerbsform, die die erarbeitete Technik des Wurfes aus dem Stand nochmals aufgreift. Die Schüler treten beim „Ostfriesenkönig" im K.O.-System paarweise gegeneinander an. Als Gewinner bleibt der Schüler mit der über den gesamten Wettbewerb konstant größten Wurfweite übrig.

Als Alternative wird das ursprünglich zu den Turnspielen zählende Schleuderballspiel vorgeschlagen. Bei ihm handelt es sich um ein Mitte des 19. Jahrhunderts an Nord- und Ostsee recht verbreitetes volkstümliches Treibballspiel, dessen Regelwerk[19] voraussichtlich einer kurzen Eingewöhnungsphase bedarf. Wir haben dieses Spiel trotz dieser Schwierigkeit aufgenommen, da es in idealer Weise den zentralen Wurfgegenstand der Stunde in ein historisch gewachsenes Spiel überführt.

Hinweise zur Vorbereitung

Die für die Stunde benötigten Schleuderbälle stehen normalerweise nicht in ausreichender Anzahl vor Ort zur Verfügung (optimal wäre pro Schüler ein Schleuderball). Hier muss ggf. bereits im Vorfeld aus verschiedenen Lagerorten eine entsprechende Anzahl zusammengetragen werden.
Wenn möglich sollte die halbe Klassenstärke an Bällen vorhanden sein. In diesem Falle kann die Doppelstunde wie beschrieben mit zwei unmittelbar hintereinander übenden Teilgruppen durchgeführt werden.

---

[19] Das offizielle Regelwerk des Schleuderballspiels, die amtlichen Spielregeln des Deutschen Turnerbundes e.V. kann man z. B. unter http://www.sip-schleuderball.de/ordnung/spielregeln2010.pdf downloaden.

Doppelstunde 12: *Drehwürfe mit dem Schleuderball*

Stundenabschnitte und Unterrichtsinhalte	Organisatorische Hinweise
Einleitender Stundenteil (Aufwärmen)	

Allgemeines Aufwärmen „Taktik-Fange“

Fangspiel mit taktischen Elementen: Die beiden Fänger haben die Aufgabe, alle anderen Spieler abzuschlagen, die sich dazu in einem abgesteckten Spielfeld bewegen dürfen. Schlägt einer der Fänger einen anderen Spieler ab – wechselt deren Rolle durch Übergabe der Markierhemdchen (Variante 1).
Die anderen Spieler haben zusätzlich zwei Medizinbälle zur Verfügung. Der Medizinball schützt den aktuellen Besitzer vor dem gefangen werden („Save“). Ein Medizinball darf aber nur fünf Sekunden gehalten werden und muss danach wieder weitergespielt werden. Taktische Aufgabe der anderen Spieler ist es, die beiden Bälle jeweils den am meisten gefährdeten Mitspielern zuzupassen und diese vor dem Abgeschlagen werden zu schützen.

Variante 2: Schlägt ein Fänger einen Spieler ab, muss dieser das Feld verlassen und außen um das Feld weiterlaufen. Die letzten beiden im Feld verbleibenden Spieler werden zu neuen Fängern.

Materialbedarf: Markierhemdchen, zwei Medizinbälle.

Es wird ein mittelgroßes Feld (ca. 20x30 m) markiert. Zwei Schüler werden mit Markierhemdchen als Fänger gekennzeichnet.

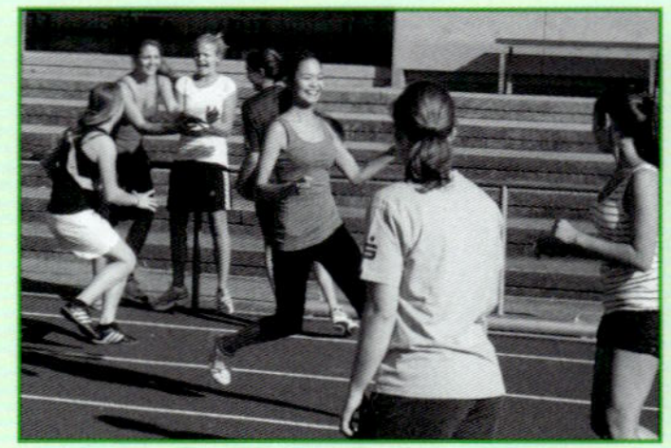

Bild 297: „Gefangen“

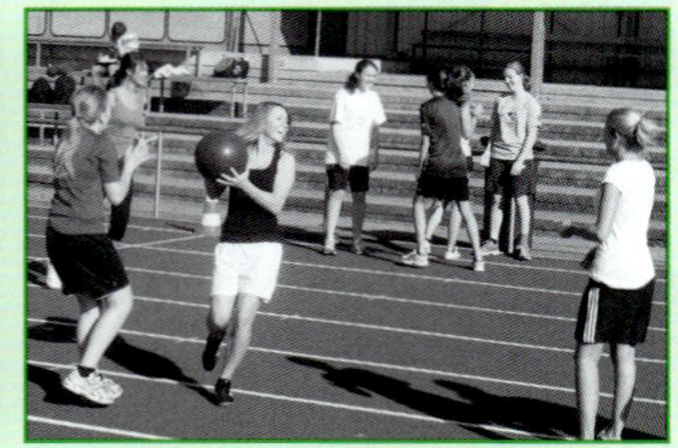

Bild 298: „Save“

Allgemeines Aufwärmen „Rüben ziehen“

Wettspiel zwischen zwei Mannschaften („Bauern“ und „Rüben“); Ziel der Bauern ist es, alle Rüben zu „ziehen“. Dazu liegen am Anfang alle Schüler bis auf einen (den Bauern) im Feld und haken sich mit den Armen gegenseitig in Bauchlage unter. Der einzelne Schüler hat nun die Aufgabe, die Rüben an den Füßen aus dem Rübenacker zu ziehen. Gelingt ihm das, wechselt die gezogene Rübe die Mannschaft und wird ebenfalls zum Bauer.

Gewonnen hat derjenige Schüler, der als letzte Rübe gezogen wird.

Materialbedarf: Keiner

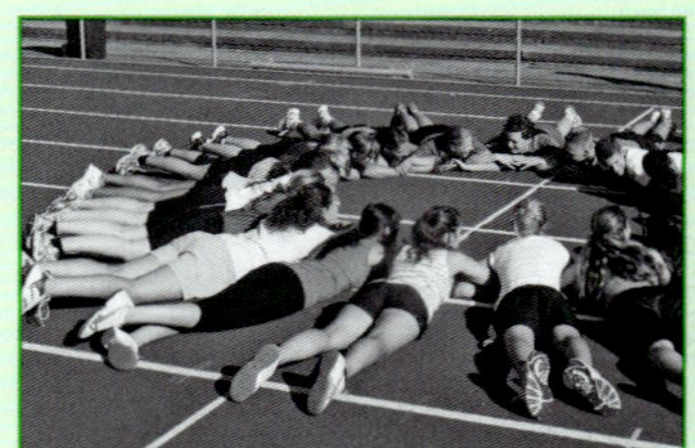

Bild 299: Rüben im Feld

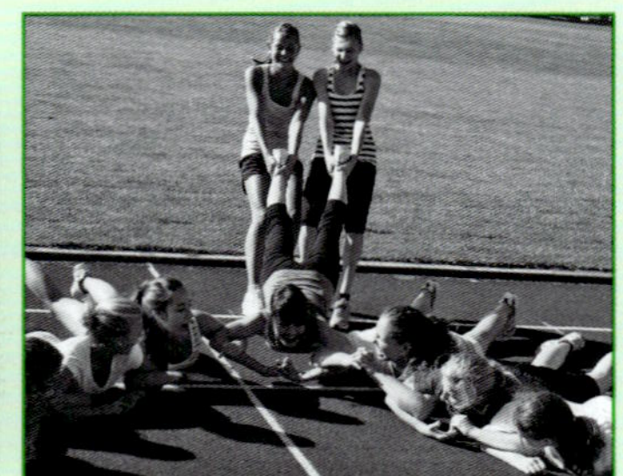

Bild 300: Rüben ziehen

Stundenabschnitte und Unterrichtsinhalte	Organisatorische Hinweise

Hauptteil (Erarbeitung des Standwurfes)

Gewöhnungsübungen ans Gerät

Die Klasse stellt sich mit ausreichendem Sicherheitsabstand zum jeweiligen Nebenmann im Halbkreis auf und absolviert zusammen mit dem Lehrer verschiedene Übungen mit dem Schleuderball. Dadurch sollen sich die Schüler zum einen an das in der Regel unbekannte Gerät gewöhnen und zum anderen ein Gefühl für das Verhalten desselben entwickeln. Die Schlaufe des Schleuderballs wird dabei aus Sicherheitsgründen mit der ganzen Faust fest umschlossen.

Übungsformen:
- Vertikale Armkreisschwünge vorwärts mit rechts bzw. links
- Vertikale Armkreisschwünge rückwärts mit rechts bzw. links
- Achterkreisen vor dem Körper mit rechts bzw. links
- Mehrere vertikale Armkreisschwünge mit Temposteigerung (langsam – mittel – schnell)
- Schräge Armkreisschwünge vorwärts

Hinweis: Die Bezeichnungen „vorwärts" bzw. „rückwärts" beziehen sich hierbei auf die Drehrichtung des Balles in der „erdbodennäheren" Hälfte.

47

Materialbedarf:
Pro Schüler ein Schleuderball.

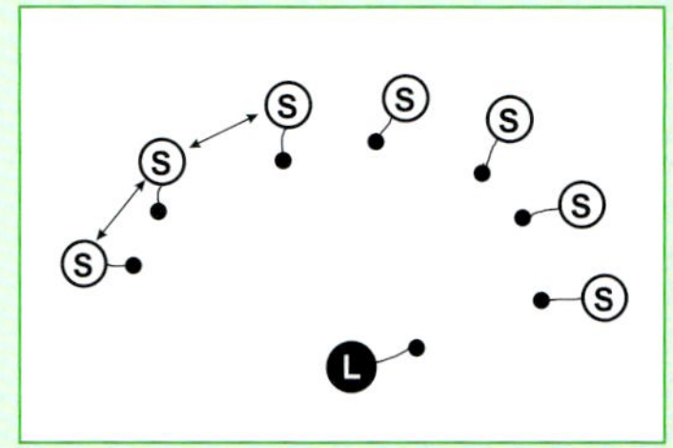

Abb. 85: Aufstellung in Halbkreisformation mit ausreichenden Sicherheitsabständen

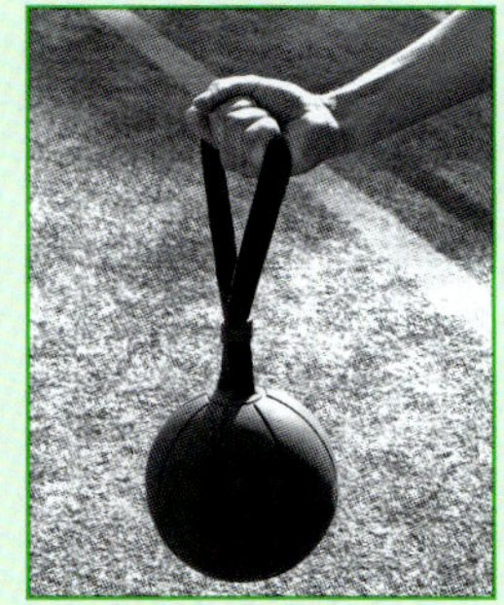

Bild 301: Sicheres Halten der Schlaufe bei den Gewöhnungsübungen

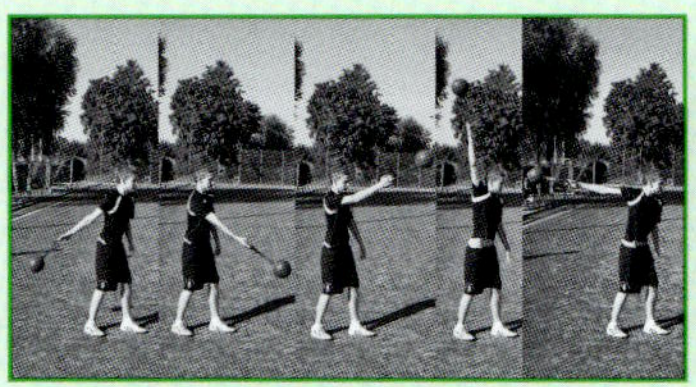

Bild 302: Vertikale Armkreisschwünge vorwärts (von hinten unten nach vorne oben)

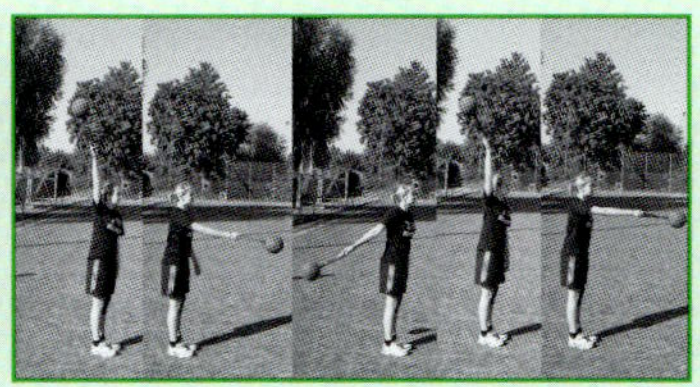

Bild 303: Vertikale Armkreisschwünge rückwärts (von vorne oben nach hinten unten)

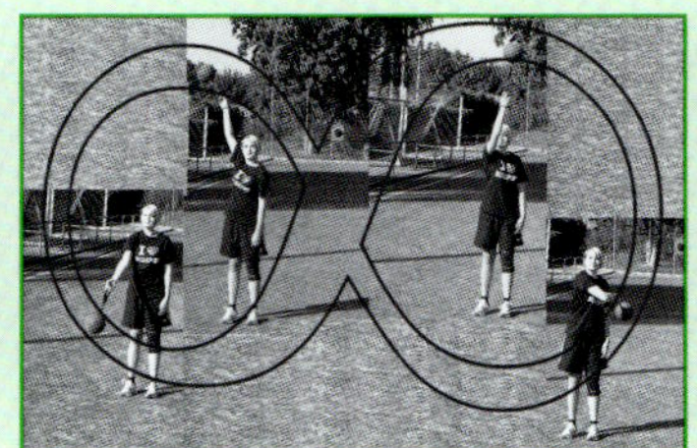

Bild 304: Achterkreisen

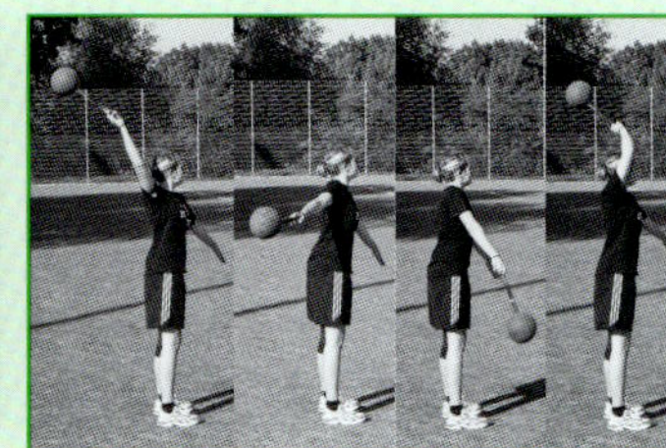

Bild 305: Schräge Armkreisschwünge

Stundenabschnitte und Unterrichtsinhalte	Organisatorische Hinweise

Würfe aus dem Stand – Explorative Phase

Die Klasse sammelt sich auf der Zielgeraden der Kunststoffbahn und bekommt die offene Aufgabe, aus dem Stand so weit wie möglich in das Fußballfeld zu werfen. Dabei sollen mehrere „Techniken" ausprobiert und ggf. optimiert werden.

Sicherheitshinweise:
- ausreichender seitlicher Abstand zum Nebenmann
- Werfen und Bälle zurückholen nur auf Kommando

Hinweis: Aufgrund der Gefahrensituation müssen die Würfe jeweils gemeinsam erfolgen und die Schleuderbälle anschließend wieder gemeinsam zurückgeholt werden.

Materialbedarf: Pro Schüler ein Schleuderball.

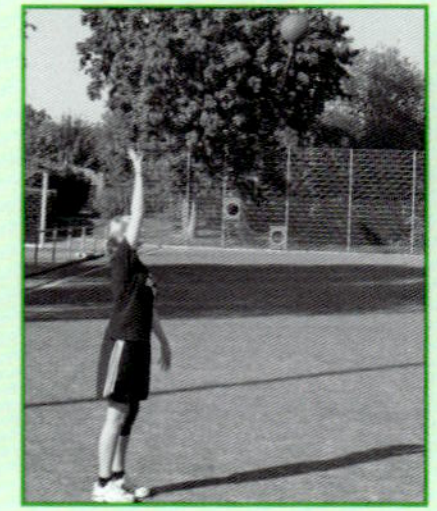

Bild 306: Fehler: „Zu später Abwurf"

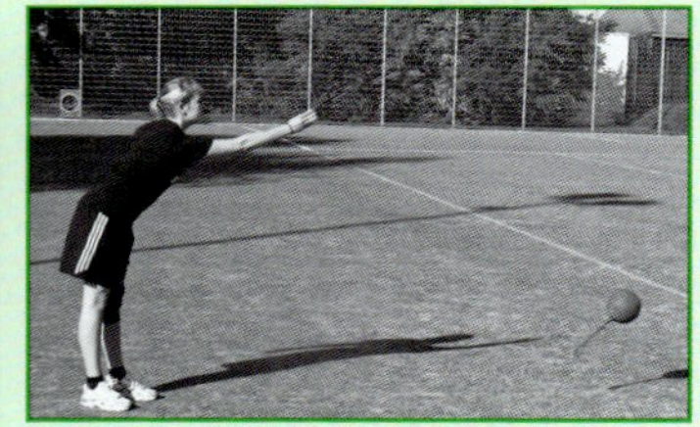

Bild 307: Fehler: „Zu früher Abwurf"

Würfe aus dem Stand – die optimale Technik

Die Klasse sammelt sich zu einem kurzen Reflexionsgespräch an einem zentralen Punkt auf der Bahn. Die Schüler sollen im Unterrichtsgespräch über ihre Erfahrungen bezüglich einer effektiven Technik berichten und daraus Kriterien für ein Gelingen des Wurfes ableiten, wobei einzelne Technikdemonstrationen durchaus sinnvoll sind. Am Ende des Reflexionsgespräches sollten die Schüler sich auf eine theoretisch „optimale Technik" einigen und diese beschreiben können.

Kriterien einer biomechanisch betrachtet optimalen Technik:
- Abwurfwinkel etwa bei 45° *
- möglichst hohe Abfluggeschwindigkeit
- möglichst geringe Reibungsverluste über die Finger; dazu sollte die Schlaufe möglichst nur mit den Fingerendgliedern gehalten werden

Anschließend führen die Schüler nochmals drei Würfe mit der erarbeiteten „optimalen Technik" durch.

Hinweis: Zur Motivationssteigerung für die im weiteren Verlauf der Stunde geplante Einführung der Drehung empfiehlt es sich, jeden Schüler eine Marke (z. B. Taschentuch) für seinen weitesten Standwurf setzen zu lassen. Mit dieser „Standwurfbestweite" können später die Drehwürfe verglichen werden.

Materialbedarf: Pro Schüler ein Schleuderball.

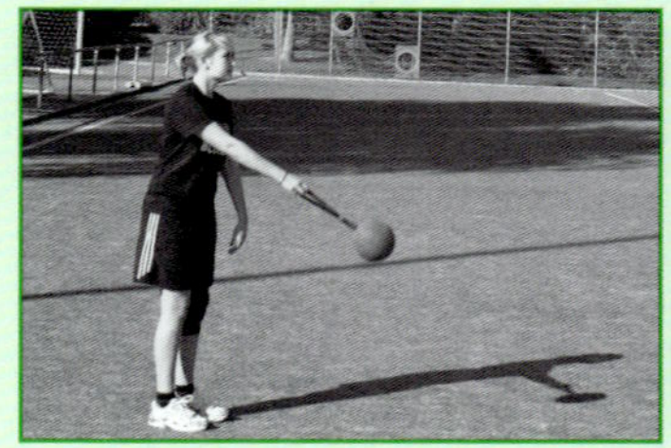

Bild 308: Richtiges Timing beim Abwurf

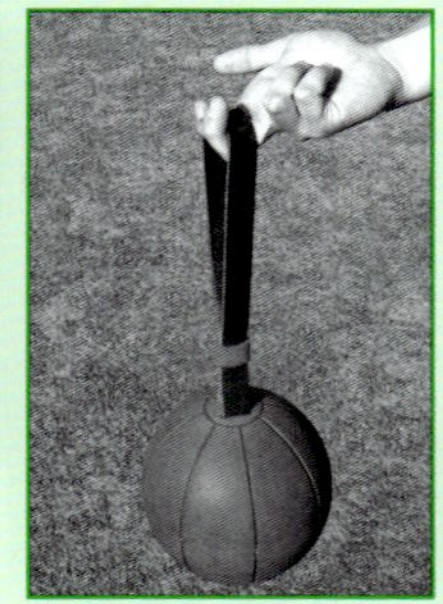

Bild 309: Optimales Halten der Schlaufe

Optimale Standwurftechnik: Bei der sogenannten Friesentechnik führt der Werfer im sicherem Stand mit Blick in Wurfrichtung mehrere auf Geschwindigkeitszunahme angelegte Armkreisschwünge aus (Drehrichtung von unten nach oben) und lässt den Ball mit größtmöglicher Geschwindigkeit zum richtigen Zeitpunkt (im 45°-Winkel) los.

* Physikalisch betrachtet fliegt der Schleuderball in erster Näherung erdbodennah ab und landet auch wieder auf dem Erdboden. Damit ergibt sich nach den Gesetzen des schiefen Wurfes ein optimaler Abflugwinkel von 45°. Dies sollte mit den Schülern in der Theorie auch so besprochen werden. Für die Praxis ist das Ansteuern der 45°-Abwurfposition bei ungeübten Schülern eher schwierig. Hier empfiehlt es sich möglicherweise die verbale Anweisung „gleich nach dem Tiefpunkt loslassen", zu geben. Bis der Schüler „reagiert" hat, ist erfahrungsgemäß oftmals gerade die richtige Position erreicht.

Hauptteil (Erarbeitung der Drehtechnik)

Vorbereitende Übungen zum Drehen

Die Schüler kommen in der Mitte der Kunststoffbahn zusammen und stellen sich jeweils zu dritt nebeneinander auf einer Linie auf. Auf Ansage absolvieren sie gemeinsam ein paar vorbereitende Drehübungen. Der Lehrer erklärt und demonstriert jeweils die Übungen:

- Jeweils im Wechsel eine Schrittdrehung „Links – Dreh – Links" und drei Gehschritte ausführen.
- Jeweils im Wechsel eine Schrittdrehung mit drei Laufschritten ausführen.
- Jeweils drei langsame Schrittdrehungen hintereinander ausführen; dazu steht der Schüler mit Blickrichtung nach vorne, setzt als Rechtshänder sein linkes Bein einen Schritt nach vorne, dreht nach dem Aufsetzen auf dem Ballen auf diesem um 180° weiter, setzt dann sein rechtes Bein einen Schritt nach vorne, dreht nach dem Aufsetzen wiederum ca. 180° nach vorne, setzt sein linkes Bein und versucht nun mit beiden Füßen fest stehen zu bleiben.
- Zunehmende Steigerung der Drehgeschwindigkeit.

Die Klasse sammelt sich nochmals und bekommt die Aufgabe als Gruppe den Drehrhythmus „Lang – Kurz – Kurz" gemeinsam zu klatschen. Dazu sprechen alle Schüler unterstützend „Links" – „Rechts" – „Links".

- Drei schnelle Schrittdrehungen mit akustischer Unterstützung durch die Restklasse ohne Ball.
- Dto. mit fest gefasstem Schleuderball.
- Abschließend soll jeder versuchen, insgesamt fünf Drehungen so schnell wie möglich hintereinander auszuführen.

Hinweis: „Die Arme in der Drehung zur Stabilisierung beide rechtwinklig nach außen abspreizen".

Materialbedarf: Keiner.

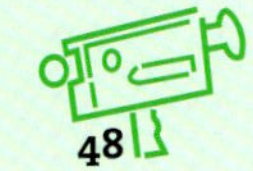

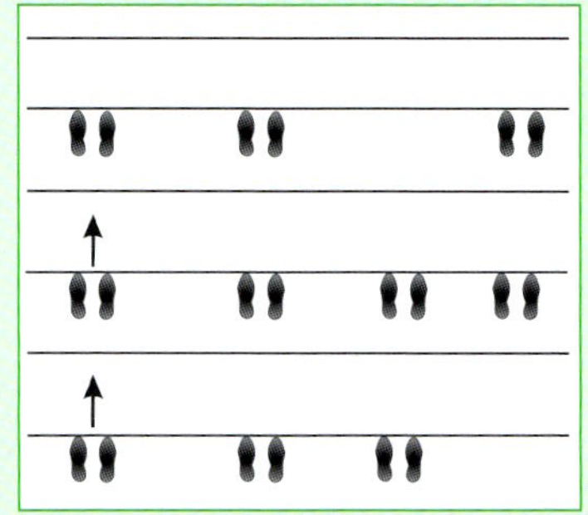

Abb. 86: Grundaufstellung

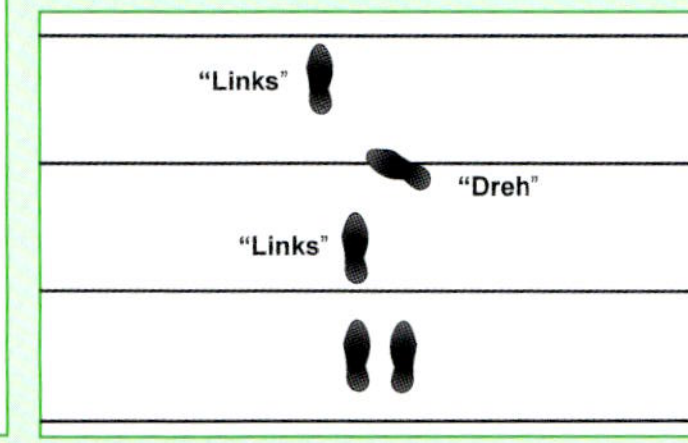

Abb. 87: Fußaufsatz bei der Schrittdrehung

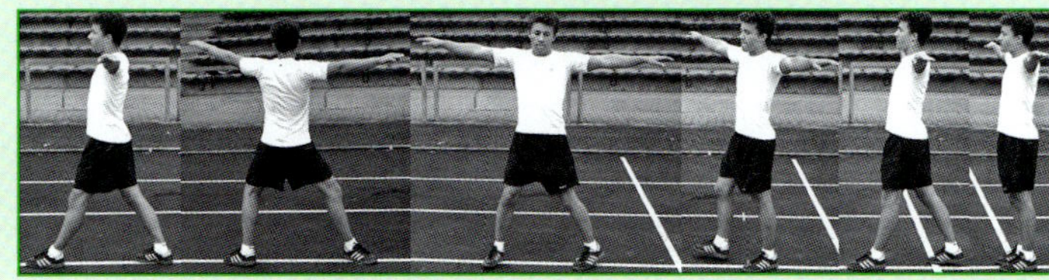

Bild 310: Schrittdrehung mit abgespreizten Armen ohne Ball

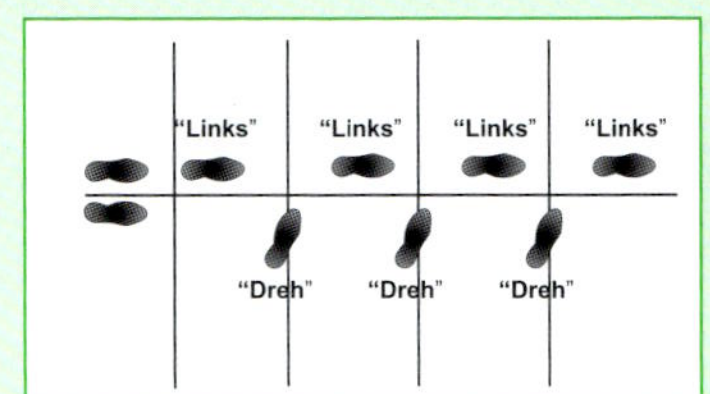

Abb. 88: Mehrere Drehungen hintereinander

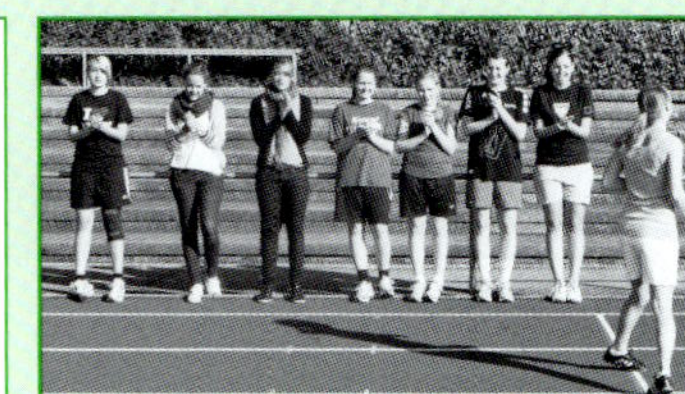

Bild 311: Akustische Unterstützung

Stundenabschnitte und Unterrichtsinhalte	Organisatorische Hinweise

Würfe aus der $^1/_1$-Drehung

Die Klasse verteilt sich mit möglichst großem seitlichem Abstand auf der Zielgeraden der Kunststoffbahn und wirft nun mehrmals auf Kommando aus einer frontalen $^1/_1$-Drehung.
Dabei gibt es mehrere Möglichkeiten, die Auftaktbewegung vor dem eigentlichen Drehbeginn zu gestalten:

- Anfangs sollte die Auftaktbewegung des Armes möglichst gering bleiben. Es empfiehlt sich zunächst, aus einem Rückpendeln im Umkehrpunkt mit dem linken Schritt zu starten.
- Schwächere Schüler können anfangs auch komplett ohne Auftaktbewegung des Wurfarmes beginnen. Sie stehen dazu wie in Bild 309 gezeigt mit ruhig nach außen abgespreizten Armen und starten aus dieser Position heraus ihre Drehung.
- Gute Schüler beginnen mit drei relativ langsamen schrägen Armkreisschwüngen und starten dann übergangslos ihre Drehung.

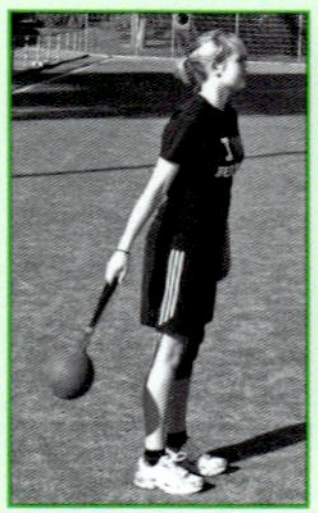

Bild 313: Ausgangsposition ohne Auftakt

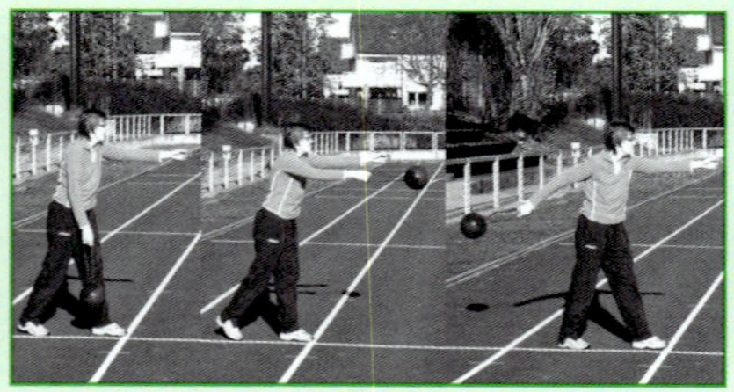

Bild 314: Auftakt mit Rückpendeln

Hinweis: Die Schüler sollten von Anfang an darauf achten, während des Abwerfens mit beiden Beinen Kontakt zum Boden zu haben (Doppelstützabwurf). Dadurch lässt sich die „Streubreite“ der Abwurfrichtungen deutlich eingrenzen.

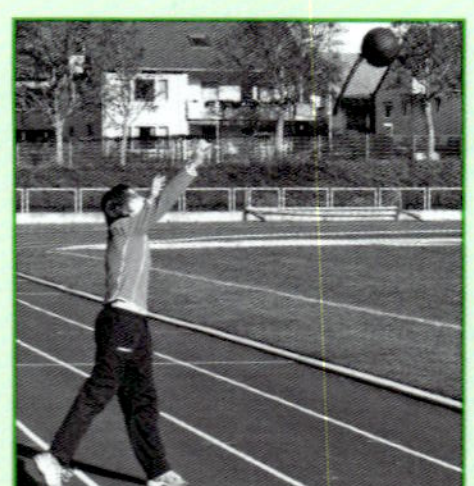

Bild 316: Optimale Abwurfposition

Materialbedarf: Pro Schüler ein Schleuderball.

49

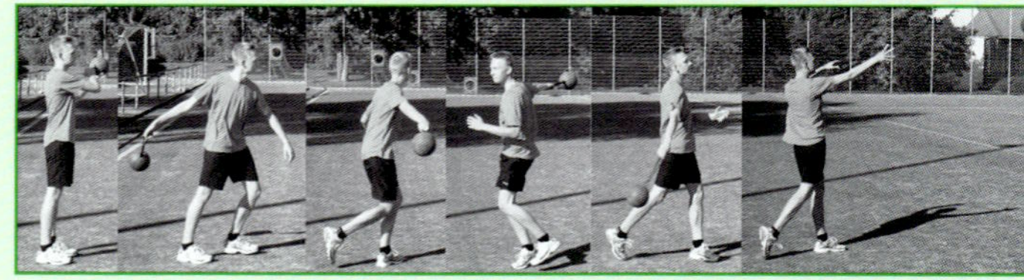

Bild 312: Wurf aus der frontalen $^1/_1$-Drehung mit Rückpendeln

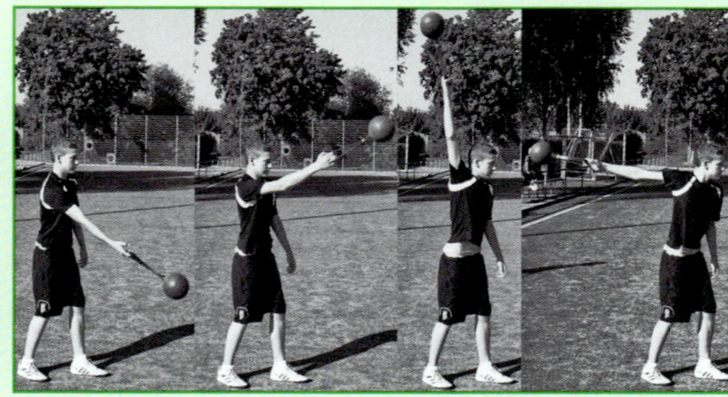

Bild 315: Auftakt mit Armkreisschwüngen

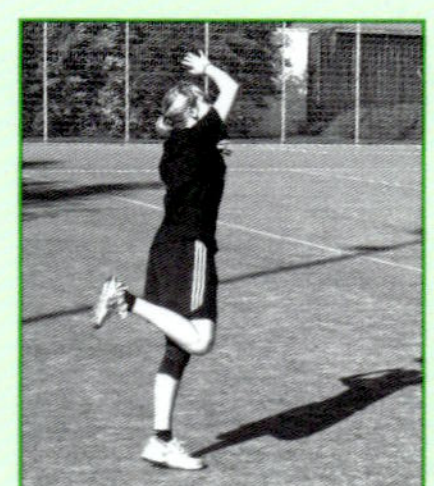

Bild 317: Fehlerbild einbeiniger Abwurf

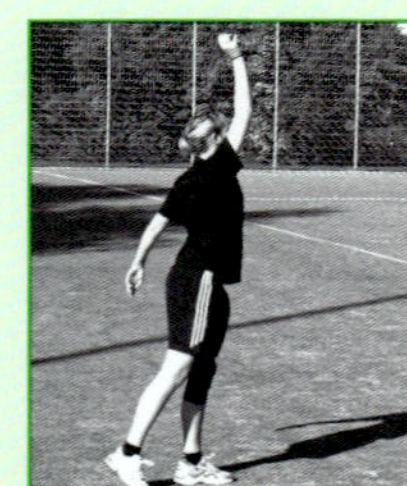

Bild 318: Fehlerbild „Wegziehen“ der linken Schulter

Würfe aus zwei $^1/_1$-Drehung

Mit zunehmender Drehsicherheit können die Schüler nun an weiterführende Aufgaben herangeführt werden. Schwächere Schüler verweilen dabei im Sinne einer Differenzierung auf der Stufe nur einer $^1/_1$-Drehung und versuchen diese zu perfektionieren.

Weiterführende Aufgaben:
- Würfe aus zwei direkt hintereinander durchgeführten $^1/_1$-Drehungen, wobei sich die zweite Drehung unmittelbar an die erste Drehung anschließt. Dabei sollte die erste Drehung etwas langsamer als die zweite ausgeführt werden und in einer der Startposition vergleichbaren frontalen Ausrichtung enden.
- Würfe aus einer $^1/_1$-Drehung mit vorangehendem „schnellen" schrägen Anschwingen.
- Würfe aus drei $^1/_1$-Drehungen.

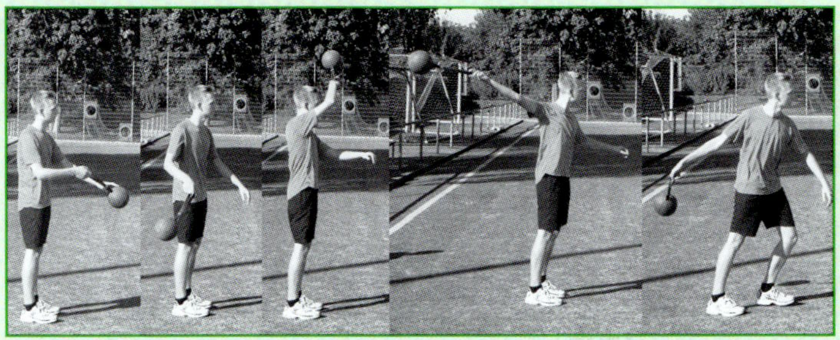

Bild 319: Anschwingen mit schrägen Armkreisschwüngen

Differenzierung: Bei koordinationsbegabten Schülern kann die Auftaktbewegung auch als ein Anschwingen mit schrägen oder senkrechten Armkreisschwüngen ausgeführt werden.

Hinweis: Wichtig ist, dass die Arme während der Drehungen nicht nach vorne laufen und den Oberkörper „überholen". Der Schleuderball sollte bildlich gesprochen immer hinterher geschleppt werden.

Materialbedarf: Pro Schüler ein Schleuderball.

50

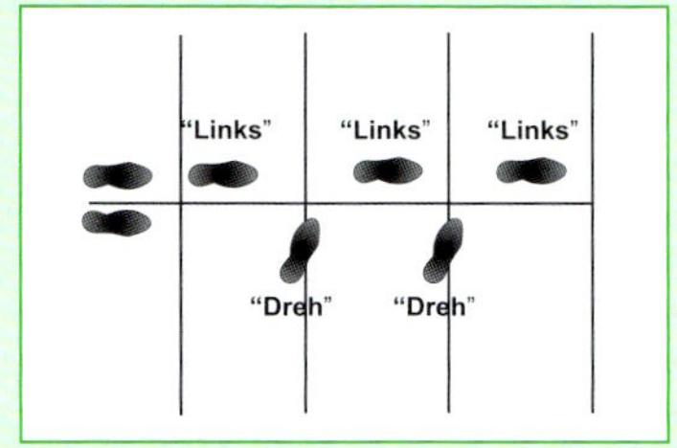

Abb. 89: Fußstellung bei zwei frontalen $^1/_1$-Drehungen

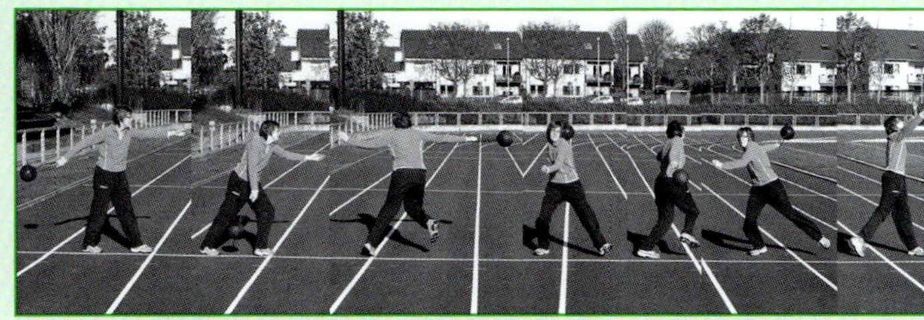

Bild 320: Wurf aus zwei $^1/_1$-Drehungen hintereinander

Stundenabschnitte und Unterrichtsinhalte	Organisatorische Hinweise

Schluss (Wettbewerbsform)

Abschlusswettbewerb „Ostfriesenkönig“

Die Schüler gehen abschließend paarweise zusammen. Der Lehrer erklärt das Prinzip des Abschlusswettbewerbes „Ostfriesenkönig“. Gekämpft wird bei dieser Wettkampfform „Mann gegen Mann“. Der jeweilige Gewinner kommt eine Runde weiter – der Verlierer scheidet aus. Es werden solange Runden gespielt bis zum Schluss nur noch ein Schüler, der Ostfriesenkönig, übrig bleibt (vgl. Material „Organisationsschema Ostfriesenkönig“).

Hinweise:

- Auf ausreichenden Sicherheitsabstand zwischen den einzelnen Paaren achten; die beiden Partner eines Paares werfen aber der Vergleichbarkeit wegen relativ näher zueinander (vgl. Bild 320+321).
- Aus Sicherheitsgründen gibt der Lehrer in jedem Wettbewerbsdurchgang ein Kommando zum Werfen und nach Abschluss aller Würfe eines zum Holen der Schleuderbälle.
- Anschließend werden die neuen Paare aus den jeweiligen Gewinnern des vorangehenden Durchganges zusammengestellt (vgl. Abb. 90). Diese werfen dann wiederum auf Kommando gegeneinander.
- Bei ungeraden Schülerzahlen in einer Wettbewerbsrunde kommt der überzählige Schüler automatisch in die nächste Runde. Dabei sollte die Zusammenstellung der neuen Paare jeweils abwechselnd von rechts und von links erfolgen, damit bei ungeraden Schülerzahlen nicht immer die gleiche Seite bevorzugt wird.

Materialbedarf: Pro Schüler ein Schleuderball.

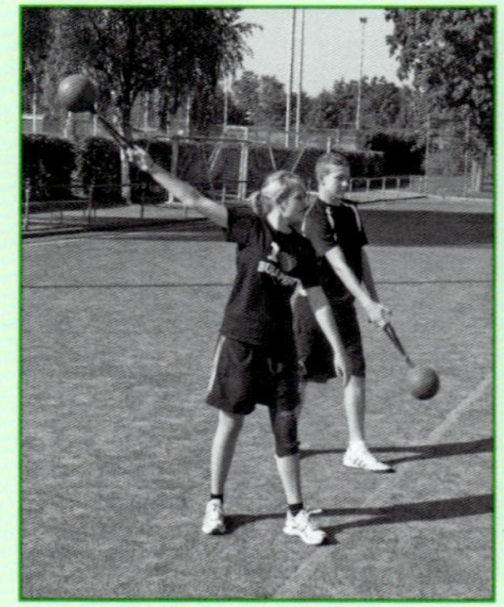

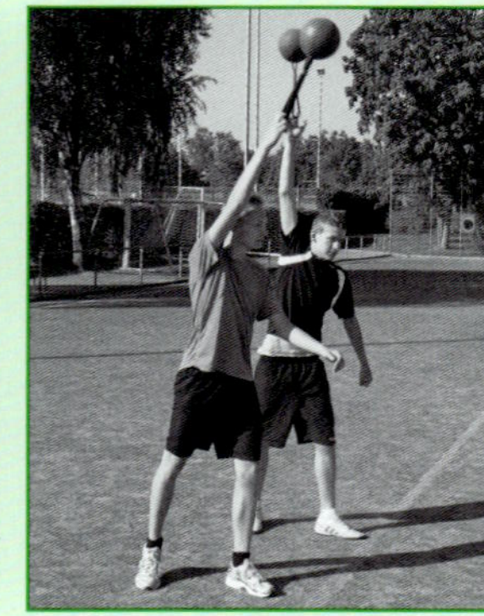

Bild 321+322: Schüler beim Abschlusswettbewerb „Ostfriesenkönig“

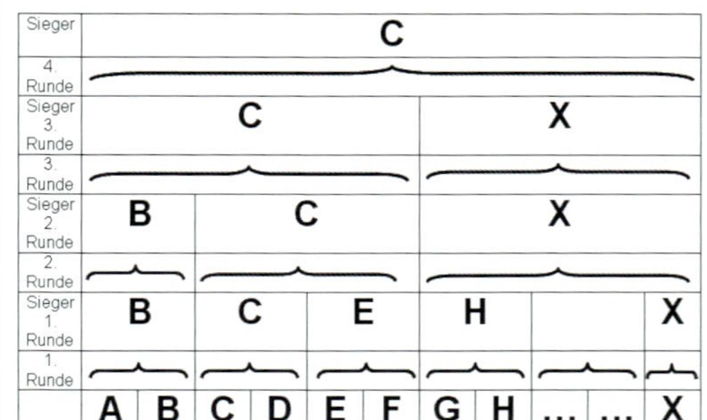

Abb. 90: Organisationsschema „Ostfriesenkönig“

Alternative: Abschlusswettbewerb „Schleuderballspiel“

Als Alternative mit etwas mehr spielerischem Charakter kann das traditionelle Schleuderballspiel gespielt werden. Bei diesem Spiel versuchen zwei Mannschaften à acht Spieler einen Schleuderball immer abwechselnd über die gegnerische Torlinie in den Torraum zu spielen und den eigenen Torraum gegen Angriffe der Gegenmannschaft zu verteidigen. Gewonnen hat die Mannschaft, die bei Spielzeitende mehr Tore erzielt hat.

Spielregeln:

- Der Ball darf nur durch Schleudern aus dem Stand in feststehender Nummernreihenfolge der Spieler dem Torraum des Gegners näher gebracht werden. Geschleudert wird immer abwechselnd (Mannschaft A → Mannschaft B → Mannschaft A → usw.)
- Fliegt oder rollt der Ball in den Torraum und berührt dort den Boden, ist ein Tor erzielt. Anschließend schleudert die gegnerische Mannschaft von der Anwurflinie.
- Wird der Ball innerhalb des Spielfeldes von der gegnerischen Mannschaft in der Luft gefangen, spielt diese mit maximal drei Würfen weiter.
- Landet ein Wurf im Torraum, so zählt dies ebenfalls als Tor.
- Nach dem dritten Wurf oder bei Berührung des Bodens durch den Ball erfolgt erneut ein Schleudern von der Stelle, an der der Ball zur Ruhe kommt.
- Fängt die gegnerische Mannschaft den dritten Wurf ab, so wird dieser ungültig und das Schleudern erfolgt ab der Stelle an der der zweite Schockwurf gefangen wurde.
- Das Spiel ist körperlos, d. h. alle Spieler versuchen, Körperkontakt zu vermeiden. Um den Ball besitzenden Spieler muss eine Zone von 3 m frei gehalten werden, in der sich kein Gegenspieler aufhalten darf.

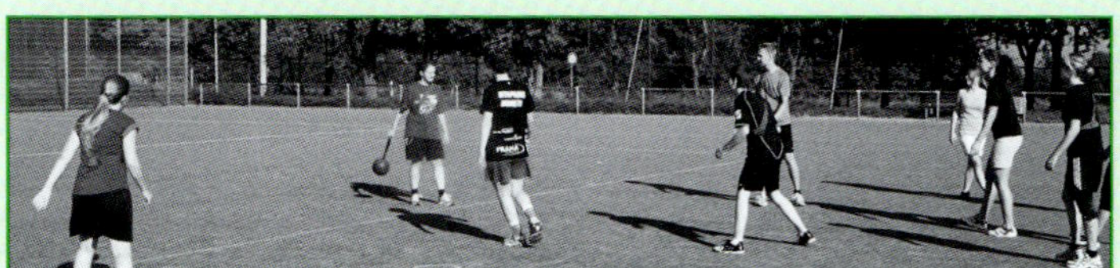

Bild 324: Schleudern im Feld

Materialbedarf: Ein Schleuderball.

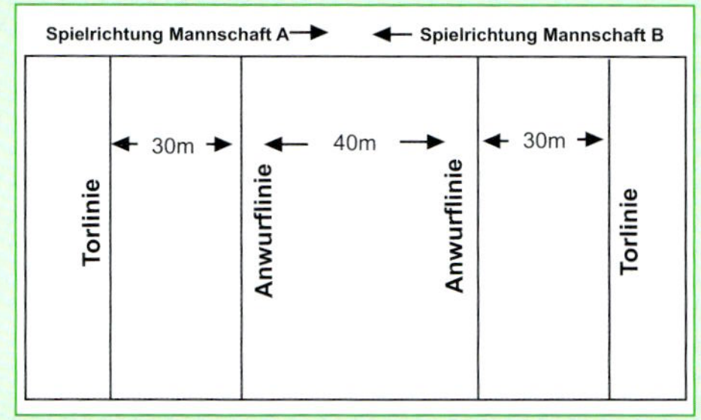

Abb. 91: Spielfeld beim „Schleuderballspiel“

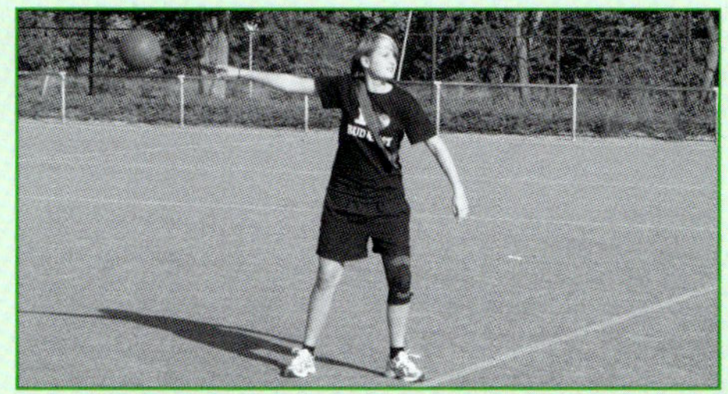

Bild 323: Spielbeginn mit Schleudern

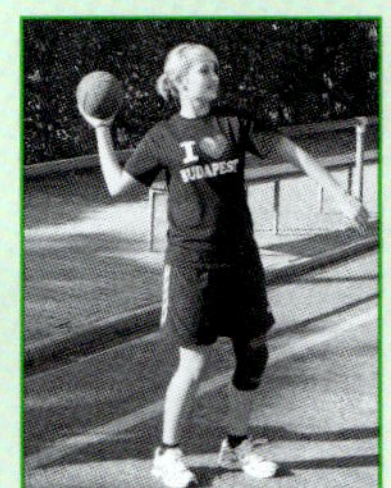

Bild 325: Werfen (Schocken)

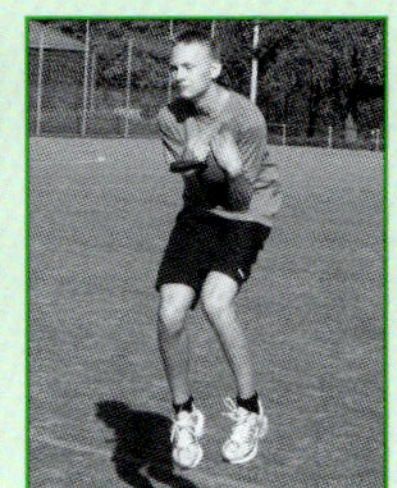

Bild 326: Fangen des Balles

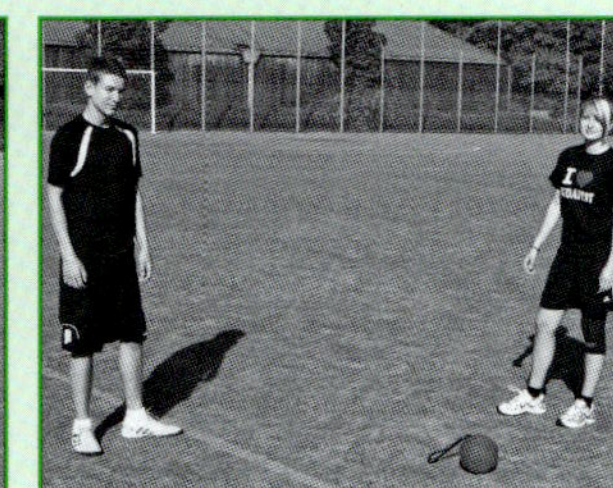

Bild 327: Punktgewinn

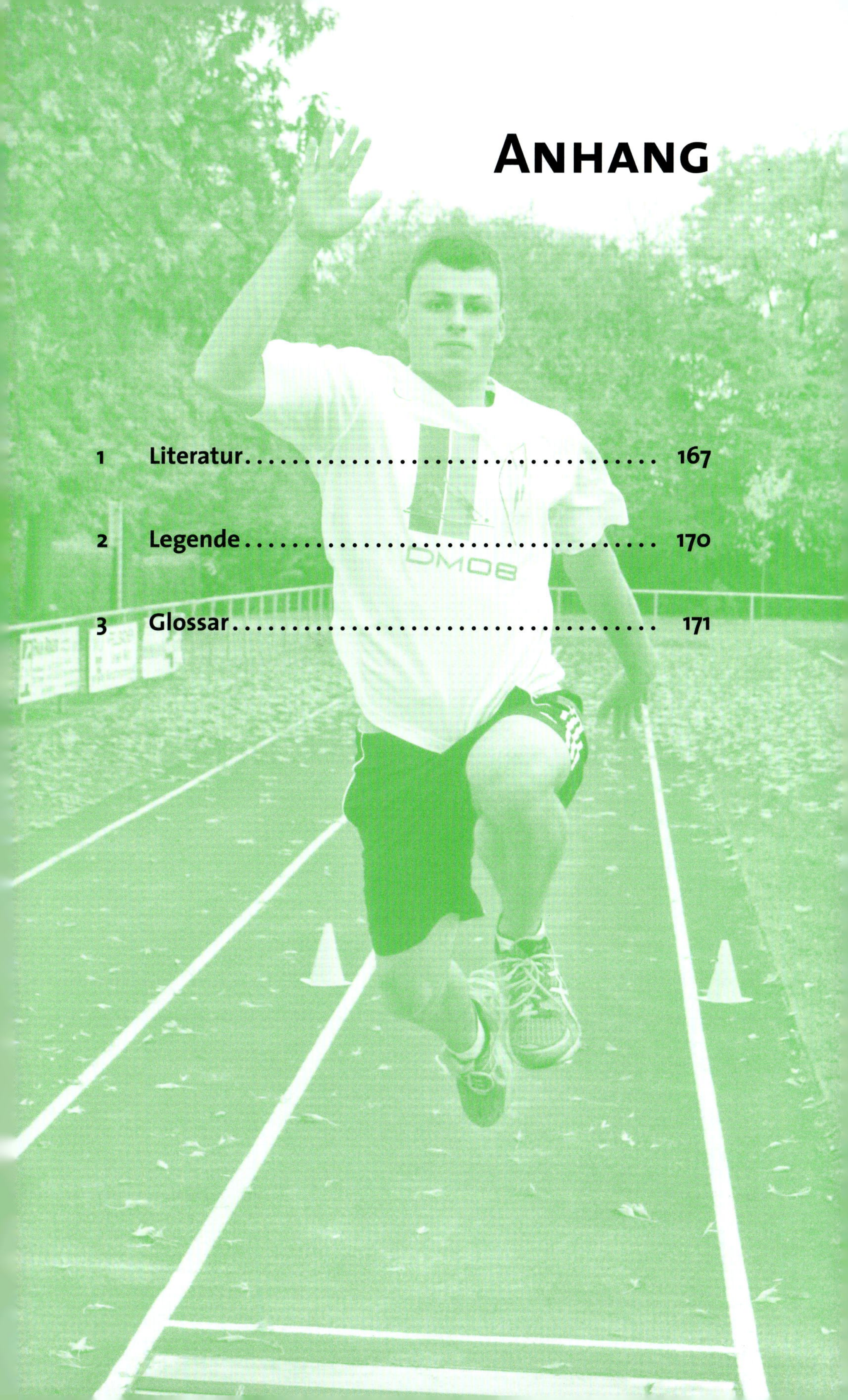

Anhang

1 Literatur

Bader, R., Chounard, D., Eberle, F., Kromer, R. & Mayer, G. (1998). *Schulsportplan Leichtathletik Band 1 Laufen und Sprinten. Hrsg. vom Ministerium für Kultus, Jugend und Sport Baden-Württemberg.* Weilheim/Teck: Bräuer.

Bader, R., Chounard, D., Eberle, F., Kromer, R. & Mayer, G. (2001). *Schulsportplan Leichtathletik Band 2 Springen und Werfen. Hrsg. vom Ministerium für Kultus, Jugend und Sport Baden-Württemberg.* Weilheim/Teck: Bräuer.

Bauersfeld, K.-H. & Schröter, G. (1998). *Grundlagen der Leichtathletik.* Berlin: Sportverlag.

Bayerisches Staatsministerium für Unterricht und Kultus (2008). *Durchführung des Sportunterrichts in den Jahrgangsstufen 11 und 12. Bekanntmachung des Bayerischen Staatsministeriums für Unterricht und Kultus vom 1. Dezember 2008.* Az.: V.6-5K7400-3.67902. München.

Beckmann, H. (2011). Weitspringen erfahren und verstehen – „lohnende" Probleme für den Unterricht in der Sekundarstufe. *Lehrhilfen für den Sportunterricht, 60,* 1–4.

Belz, M. & Frey, G. (2009). *Doppelstunde Leichtathletik Band 1. Klasse 5–7 (10- bis 12-Jährige). Unterrichtseinheiten und Stundenbeispiele für Schule und Verein.* Schorndorf: Hofmann.

Deutscher Leichtathletik-Verband (Hrsg.). (2004). *Schülerleichtathletik. Offizieller Rahmentrainingsplan des Deutschen Leichtathletikverbandes für das Grundlagentraining.* Münster: Philippka-Sportverlag.

Frey, G. (1984). Didaktische Aspekte der Schulleichtathletik. *sportunterricht, 33,* 205–216.

Frey, G. (1984). Methodische Aspekte der Schulleichtathletik. *sportunterricht, 33,* 217–230.

Frey, G., Kurz, D. & Hildenbrandt, E. (1984). *Laufen – Springen – Werfen.* Reinbek: Rowohlt.

Frey, G. (1992). Zurück zum Spielerischen. Editorial. *Leichtathletiktraining, 3,* 4–6.

Frey, G. (1993). Leichtathletik erleben. *Deutscher Sportlehrerverband, Sportlehrertag Kiel,* 6–12.

Frey, G. & Hildenbrandt, E. (2002). *Einführung in die Trainingslehre. Teil 1: Grundlagen* (2. Auflage). Schorndorf: Hofmann.

Göhner, U. (1975). Lehren nach Funktionsphasen I und II. *sportunterricht, 24* (1), 4–8 und 45–50.

Göhner, U. (2012). *Werfen im Sport. Eine Einführung in die Bewegungslehre und Biomechanik des Sports zum Themenschwerpunkt Werfen.* Tübingen: Eigenverlag.

Haberkorn, C. & Plaß, R. (1992). *Spezielle Didaktik der Sportarten. Leichtathletik 1 Didaktische Grundlagen. Lauf.* Frankfurt: Diesterweg.

Haberkorn, C. & Plaß, R. (1992). *Spezielle Didaktik der Sportarten. Leichtathletik 2 Sprung Wurf Stoß.* Frankfurt: Diesterweg.

Joch, W. (Hrsg.). (1992). *Rahmentrainingsplan für das Aufbautraining Sprint.* Aachen: Meyer & Meyer.

Katzenbogner, H. (2002). *Kinderleichtathletik: spielerisch und motivierend üben in Schule und Verein* (Hrsg. vom Deutschen Leichtathletik-Verband). Münster: Philippka-Sportverlag.

KMK (2005). *Einheitliche Prüfungsanforderungen in der Abiturprüfung Sport.* Beschluss der Kultusministerkonferenz vom 01.12.1989 i.d.F. vom 10.02.2005.

Ministerium für Kultus, Jugend und Sport Baden-Württemberg (2004). *Bildungsplan 2004. Allgemein bildendes Gymnasium.* Stuttgart.

Ministerium für Kultus und Sport Baden-Württemberg (1994). *Bildungsplan für das Gymnasium.* Villingen-Schwenningen: Neckar-Verlag.

Söll, W. (2008). *Sportunterricht – Sport unterrichten. Ein Handbuch für Sportlehrer* (7. Auflage). Schorndorf: Hofmann.

Wastl, P. & Wollny, R. (2012). *Leichtathletik in Schule und Verein. Ein Praxishandbuch für Lehrer und Trainer*. Schorndorf: Hofmann.

Wengert, H. G. (1994). Leistungsbeurteilung in der Schule. In G. Bovet & V. Huwendiek (Hrsg.), *Leitfaden Schulpraxis* (S. 221–250). Berlin: Cornelsen.

2 Legende

——→ Laufweg

- - - - - - - - -→ Stoß- oder Wurfbahn

Ⓢ Schüler

Ⓛ Lehrer

▲ Hütchen

3 Glossar

- *ABC des Sprintens/Laufens, Springens, Stoßen und Werfens*: Das ABC setzt sich aus vielen Vorformen des Laufens, Springens und Werfens zusammen, die die koordinative Grundlage dieser Disziplingruppen bilden.

- *Absprungbein*: Der Rechtshänder agiert mit der rechten Körperseite. So ist die „Händigkeit“ eingeschliffen. D. h.: Sein Absprungbein ist links. Das ist der Regelfall. Rechts hat der Linkshänder normalerweise sein Sprungbein.

- *Angleitposition*: Die Ausgangsposition der Rückenstoßtechnik wird auch Angleitposition genannt. Dabei steht der Stoßer mit dem Rücken zur Stoßrichtung am hinteren Kreisrand des Kugelstoßringes und beugt sein Stoßbein. Parallel dazu wird sein Schwungbein angehockt und sein Knie zum gebeugten Knie des Stoßbeins gebracht.

- *Anreizfunktion der Sportnote*: Durch die Aussicht auf Belohnung durch eine gute Note sollen die Schüler dazu gebracht werden, sich mit dem Lernstoff auseinanderzusetzen.

- *Aufwärmen allgemeines*: Es dient dem Aktivieren des Kreislaufes und dem Erwärmen der Muskulatur. Große Muskelgruppen sollen bei vielen Schülern moderat angesprochen werden. Keine übertriebene Intensität einzelner Schüler, also z. B. keine Staffelformen.

- *Aufwärmen spezielles*: Hier geht es um die Vorbereitung auf den Stundenhauptteil. Die entsprechenden Muskelgruppen kommen in einem zielorientierten Bewegungsablauf zum Einsatz. Das bedeutet, dass ein Außenstehender dem Aufwärmen ansehen muss, ob es anschließend um Schnelligkeit, Ausdauer, Sprung oder Wurf gehen wird.

- *Berechtigungsfunktion der Sportnote*: siehe Zuteilungsfunktion der Sportnote.

- *Berichtsfunktion der Sportnote*: Schüler (und Eltern) bekommen über die Sportnoten aktuelle Rückmeldungen über den momentanen Leistungsstand (ihrer Kinder).

- *Block*: In den Wurf- und Stoßdisziplinen spricht man vom „Blocken" in der Abwurfposition. Damit ist ein „starr machen" der gesamten vorderen Körperhälfte gemeint. So entsteht ein für den Abwurf bzw. -stoß günstiges Widerlager.

- *Disziplinierungsfunktion der Sportnote*: Durch die Furcht vor Bestrafung durch eine schlechte Note sollen die Schüler dazu gebracht werden, sich mit dem Lernstoff auseinanderzusetzen.

- *Dreierrhythmus beim Hürdenlauf*: Zahl der Schritte zwischen den Hindernissen.

- *Dreierrhythmus beim Wurf/Stoß*: Fachbegriff für die letzten drei Schritte vor dem Abwurf. Ein Rechtshänder setzt die letzten drei Schritte auf „links – rechts – links".

- *Druckbein*: Siehe Stoß- bzw. Wurfbein.

- *Einerkontakt*: Fachbegriff für das Aufsetzen des Stoßbeines nach dem Angleiten in der Rückenstoßtechnik. Anschließend folgt die Ausstoßbewegung.

- *Einrollen beim Stabhochsprung*: Es meint eine Art „einkugelndes" Anheben der Beine beim Springen mit dem Stab.

- *Einrollen beim Aufwärmen*: Gemeint ist ein Einlaufen mit moderatem Beginn, das mit zunehmender Zeit etwas intensiver wird.

- *Frontale Drehung (1/1-Drehung)*: Einfache Drehbewegung, bei der der Werfer in der Ausgangsposition in die Wurfrichtung schaut. Hieraus wird mit einem Dreischrittrhythmus „links – dreh – links" (Rechtshänder) eine 360°-Drehung ausgeführt und nach dem Setzen des linken Beines abgeworfen.

- *Frontaler Stoß*: Einfache Stoßbewegung, bei der der Stoßer in der Ausgangsposition in die Stoßrichtung schaut. Hieraus wird mit einem Ein- bzw. Dreischrittrhythmus „links" bzw. „links – rechts – links" (Rechtshänder) eine Bewegung in Stoßrichtung ausgeführt und nach dem Setzen des linken Beines abgestoßen.

- *Frontaler Wurf*: Einfache Wurfbewegung, bei der der Werfer in der Ausgangsposition in die Wurfrichtung schaut. Hieraus wird mit einem Ein- bzw. Dreischrittrhythmus „links“ bzw. „links – rechts – links“ (Rechtshänder) eine Bewegung in Wurfrichtung ausgeführt und nach dem Setzen des linken Beines abgeworfen.

- *Heuler*: Spezielles, ungefährliches Wurfgerät für Kinder zur Einführung des Speerwurfs, das beim Fliegen ein pfeifendes Geräusch (Heulton) erzeugt.

- *Hocksprung*: Einfacher Vertikalsprung aus frontalem Anlauf rechtwinkelig zur Latte mit angehockten Beinen.

- *Impulsschritt*: Überholschritt als zweitletzter Schritt des Anlaufs beim Speerwerfen. Dabei wird der Arm in einer Ausholbewegung nach hinten genommen und die Schulterachse entgegen der Wurfrichtung aufgedreht. Der Impulsschritt führt in die Wurfauslage.

- *Individuelle Bezugsnorm*: Die Lernleistungen eines Schülers werden mit seinen eigenen Leistungen zu einem früheren Zeitpunkt verglichen.

- *Ins-and-Outs*: Methode aus dem Schnelligkeits- und Schnelligkeitsausdauertraining (Tempowechselläufe). Dabei werden ohne Pause abwechselnd kurze Strecken mit maximaler Intensität (Sprints) und solche mit leichter Intensität (Trablaufen) bis mittlerer Intensität (Schwunglauf) durchlaufen.

- *Kriteriumsbezogene Bezugsnorm*: Die Lernleistung eines Schülers wird am Erreichen eines Lernzieles bzw. einer Kompetenzstufe gemessen.

- *Mehrfachsprung*: Mehrfachsprünge im Sinne des koordinativ vielseitigen Sprung-ABCs sind methodische Vorformen, die einerseits zwar über den Weitsprung hinausgehen, andererseits aber nicht nur den Dreisprung mit seinem „Links-links-rechts“ oder „Rechts-rechts-links“ beinhalten.

- *Parteiballspiel*: Ballspiel zwischen zwei Mannschaften, bei dem es darum geht, den Ball mit regelgerechten Zuspielvarianten in der eigenen Mannschaft zu halten. Die gegnerische Mannschaft versucht das – ebenfalls regelgerecht – zu verhindern. Gelangt sie in Ballbesitz, so wechseln die Rollen.

- *Rollsprung*: Dieser Sprung ist eine alte Hochsprungtechnik, die für Jüngere oft leichter zu realisieren ist als der Flop und zum vielseitigen Erfahrungsfeld „Hoch springen“ gehört. Als Fortentwicklung des Hocksprungs wird hier nicht frontal, sondern schräg zur Latte (35-40 Grad) angelaufen und mit dem lattennahen Bein – der Rechtshänder = Linksspringer kommt von links – abgesprungen. Das Sprungbein wird im Sinne des „Links abspringen – links landen“ zwischen Latte und Körperschwerpunkt hindurch geführt.

- *Rückmeldefunktion der Sportnote*: siehe Berichtsfunktion der Sportnote.

- *Schockwurf*: Einarmiger Wurf, bei dem das Wurfgerät (z. B. Medizinball) kurz vor dem Abwurf mit nahezu gestrecktem Arm neben dem Körper nach vorne oben beschleunigt wird.

- *Schersprung*: Wie beim Flop wird auch bei dieser simplen, doch zum Abspringen zwingenden Form lattenfern abgesprungen. Der Linksspringer (Rechtshänder) kommt – anders bei Rollsprung und Wälzer/Straddle – von rechts, normalerweise geradlinig, bei der methodischen Vorstufe zum Flop aus dem bogenförmigen Anlauf. Zuerst wird das lattennahe Schwung-, dann das lattenferne Absprungbein über die Latte geschwungen.

- *Schrittweitsprung*: Der rumpfnahe Hocksprung ist die einfachste (nahe liegende, aber auch ineffektivste) Art des Weitspringens. Schwebehangsprung und Laufsprung beinhalten mit ihrer Rückwärtsbewegung und damit der Muskelvorspannung ein erleichtertes Vorbringen der Beine in die Flugparabel bei der Landung. Im Schulsport sind diese beiden Techniken in der Regel illusorisch. Dazwischen liegt der realistische Schrittweitsprung: Das Schwungbein anreißen und fixieren, die Spannung halten, den Unterschenkel des Schwungbeins in die Schrittstellung vorschwingen, das Sprungbein zur Landung vorziehen und Landen.

- *Schub-Druck-Technik*: Übergabeart beim Staffelwechsel; der den Staffelstab führende Arm wird aus der Bewegung nach vorne geschoben und dem ablaufenden Partner von oben in die nach hinten ausgestreckte Hand gedrückt.

- *Schwungbein*: Es leitet bei allen Abdrücken (Sprung, Hürden) die Bewegung koordinativ ein. Der Rechtshänder drückt links ab, agiert mit rechts.

- *Segment*: Innenfläche der Kurve, begrenzt durch die Rundbahn und die Rasenfläche.

- *Selektionsfunktion der Sportnote*: siehe Zuteilungsfunktion der Sportnote.

- *Soziale Bezugsnorm*: Die Lernleistung eines Schülers wird mit einer Referenzgruppe (z. B. mit der Klasse, mit der Klassenstufe, etc.) verglichen.

- *Sprungbein*: Es unterstützt das koordinative Schwungbein muskulär-energetisch, bildet den letzten Kontakt vor der Flugphase.

- *Sprunglauf*: Dieser Begriff meint Schrittsprünge „links-rechts-links-rechts". In der hinteren Stützphase sind das Absprungbein gestreckt, das Knie des Schwungbeins in der Waagerechten, die Fußspitze angehoben. Die ganze Fußsohle setzt nach hinten-unten aktiv greifend im Sinne eines „Vorwärts" bzw. „Vorwärts-hoch" auf.

- *Steigesprung*: Im Gegensatz zum Sprunglauf handelt es sich nach demselben Muster um einen einzelnen Sprung mit Orientierung in die Höhe. Dabei wird die Schwungbeinseite betont: Abdruck – Spannung halten – austragen lassen. Bei mehreren Schritten fällt das Schwungbein nach dem Austragen-Lassen zur Landung herunter, das Sprungbein geht vor und leitet den nächsten seitenbetonten Absprung ein.

- *Stemmbein*: Bei allen Wurf- und Stoßdisziplinen wird das in der Abwurf- bzw. Abstoßposition vordere Bein Stemmbein genannt. Es hat seinen Namen von der Funktion „den Körper gegen den Boden stemmen" und dient der Übertragung der Angleit- bzw. Anlaufenergie auf das jeweilige Gerät.

- *Stoßbein*: Das Druckbein unter der abstoßenden Hand beim Kugelstoßen wird Stoßbein genannt, d. h. Rechtshänder haben das Stoßbein rechts.

- *Strukturbild*: Die bildliche Darstellung des in der Doppelstunde Leichtathletik verwendeten Lehrweges wird inklusive der Aufteilung in Teillernziele für die Unter-, Mittel- und Oberstufe Strukturbild genannt.

- *Theorie-Praxis-Verknüpfung*: Methode, mit der kognitive Anteile in den Sportunterricht eingebracht werden können. In der Regel wechseln sich bei einer Theorie-Praxisverknüpfung im Laufe einer Sportstunde theoretische und praktische Anteile ab.

- *Traben*: Es handelt sich um eine Form mit begrenzter Flugphase, also reduzierter Intensität – kein Sprint, kein Schwunglauf, sondern um eine Art „Jogging".

- *Turbospeer*: siehe Heuler.

- *Wälzer (auch Wälzsprung)*: Dieser Sprung – auch „Straddle" genannt – war vor dem Flop die biomechanisch effektivste Hochsprungtechnik. Sie gehört zu einem vielseitigen Hochspringen und ist für Kleinere, die beim Flop zu einem beidbeinigen Absprung tendieren und für die das Rückwärtsspringen oft Probleme bereitet, mit ihrem vorwärts orientierten Überwälzen der Latte meist geeigneter als die heute dominierende einbeinige Rückwärtstechnik. Um die 40° oder etwas weniger wird wie beim Rollsprung schräg und geradlinig angelaufen, im Gegensatz zum Rollsprung aber nicht von „links auf links" (bzw. umgekehrt), sondern von „links (Sprungbein lattennah) auf rechts (Landung) abgetaucht" und das Sprungbein angewinkelt ausgedreht.

- *Wurfbein*: Das Druckbein unter der abwerfenden Hand z. B. beim Drehwurf wird Wurfbein genannt, d. h. Rechtshänder haben das Wurfbein rechts.

- *Zugwiderstandsläufe*: Methode aus dem Schnelligkeitstraining; mit Hilfe eines Schleppgewichtes werden Sprintläufe durchgeführt. Durch die Reibung zwischen Gewicht und Boden ergibt sich für den Sprinter eine größere Kraftbeanspruchung.

- *Zuteilungsfunktion der Sportnote*: Die Sportnote entscheidet gemäß dem Leistungsprinzip am Ende eines Ausbildungsabschnittes (z. B. Zeugnis am Ende einer Klasse, mittlere Reife, Abitur, etc.) über den Zugang zum nächsten Abschnitt (nächste Klasse, Ausbildung, Studium).